산티아고
까미노의 천사들

산티아고 까미노의 천사들

발행일   2019년 12월 25일

지은이   정운서
펴낸이   손형국
펴낸곳   (주)북랩
편집인   선일영   편집   오경진, 강대건, 최예은, 최승헌, 김경무
디자인   이현수, 김민하, 한수희, 김윤주, 허지혜   제작   박기성, 황동현, 구성우, 장홍석
마케팅   김회란, 박진관, 조하라, 장은별
출판등록 2004. 12. 1(제2012-000051호)
주소   서울시 금천구 가산디지털 1로 168, 우림라이온스밸리 B동 B113, 114호
홈페이지   www.book.co.kr
전화번호   (02)2026-5777   팩스   (02)2026-5747

ISBN   979-11-6299-910-3 03980 (종이책)   979-11-6299-911-0 05980 (전자책)

이 도서의 국립중앙도서관 출판예정도서목록(CIP)은 서지정보유통지원시스템 홈페이지(http://seoji.nl.go.kr)와
국가자료공동목록시스템(http://www.nl.go.kr/kolisnet)에서 이용하실 수 있습니다.
(CIP제어번호: CIP2019052654)

(주)북랩 성공출판의 파트너

북랩 홈페이지와 패밀리 사이트에서 다양한 출판 솔루션을 만나 보세요!

홈페이지 book.co.kr   •   **블로그** blog.naver.com/essaybook   •   **원고모집** book@book.co.kr

길 위에서 천사를 만나다

산티아고
까미노의 천사들

정운서 지음

북랩 book Lab

Should this life sometime deceive you,

삶이 그대를 속일지라도

Don't be sad or mad it!

슬퍼하거나 노하지 마라!

On a gloom day, submit

우울한 날들을 견디면

Trust–fair day will come, why grieve you?

믿어라, 기쁨의 날이 오리니

Heart lives in the future,

마음은 미래에 사는 것

so what if gloom pervade the present?

현재는 슬픈 것

All is fleeting, all will go,

모든 것은 순간적인 것, 지나가는 것이니

What is gone will then be pleasant,

그리고 지나가는 것은 훗날 소중하게 되리니

— *Alexandr Pushkin* 알렉산드로 푸시킨 —

산티아고 순례길[1]

영어 : the Way of St. James, **스페인 :** Camino de Santiago

**유네스코 세계문화유산으로 지정된
스페인과 프랑스 접경에 위치한 기독교 순례길**

예수의 열두 제자였던 야곱(야고보)의 무덤이 있는 스페인 북서쪽 도시 산티아고 데 콤포스텔라(Santiago de Compostela)로 향하는 약 800km에 이르는 길이다.

산티아고(Santiago)는 야곱(야고보)를 칭하는 스페인식 이름이며, 영어로 세인트 제임스(Saint James)라고 한다. 1189년 교황 알렉산더 3세가 예루살렘, 로마와 함께 산티아고 데 콤포스텔라(Santiago de Compostela)를 성스러운 도시로 선포한 바 있다.

1987년 파울로 코엘료의 『순례자』가 출간된 이후 더욱 유명세를 탔으며, 1993년 유네스코 세계문화유산(World Heritage) 지정되자 유럽과 전 세계로부터의 성지순례가 더욱 활발해졌다.

---

1) 출처 : 네이버 지식 백과, "산티아고 순례길", https://terms.naver.com/entry.nhn?docId=9
    38348&cid=43667&categoryId=43667(2019.09.19)

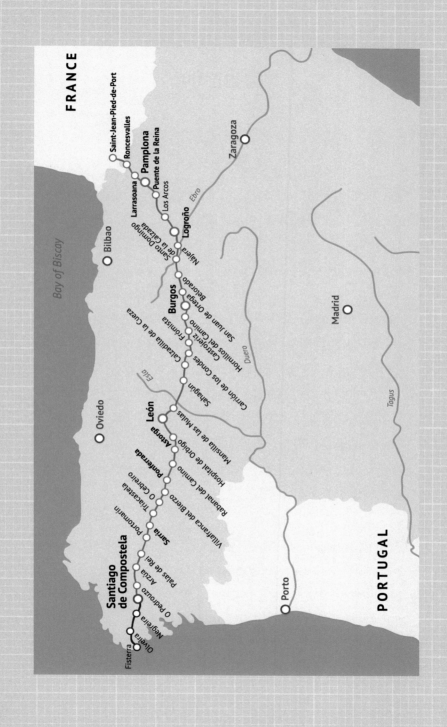

책을 발간하며

나는 매일 하루의 일과를 메모하고 일기를 쓰는 습관이 있다. 그래서 순례를 하면서도 비록 지치고 힘들었지만 그날의 일을 기록하는 데 노력을 기울였고, 그 메모를 토대로 나의 50여 일간의 순례 여정을 돌이켜 보았다.

그날들을 회상하다 보니 완주했다는 의미 외에 부족한 내가 어떻게 이 모든 일들을 해낼 수 있었는가를 성찰하게 되었다.

처음 순례길을 계획할 때부터 돌아오는 날까지 많은 사람들의 도움으로 순례를 마칠 수 있었는데, 이는 나의 능력이 아닌 보이지 않는 이끄심으로 해낼 수 있었음을 확실히 깨닫게 되었다.

분명, 하느님께서 나에게 많은 천사들을 보내시어 인도하시고 보호하여 주셨다는 생각이 들었다. 순례길에서 나와 함께해 주실 거라는 믿음이 현실이 된 것이다.

나는 전문적으로 글을 써 본 경험이 있는 것도, 표현력이 좋은 것도 아니지만, 순례길에서 있었던 이야기를 책으로 써 보고 싶은 마음을 가지게 되었고, 나에게 도움을 준 많은 분들께 감사한 마음을 전하고 싶었다.

이 글을 읽고 순례를 계획하는 이가 있다면 완주 자체에만 목적을 두어 그곳에서 느끼고 경험할 수 있는 많은 일들을 놓친 나와는 달리, 충분한 준비를 통해 조금 더 여유로운 순례길이 될 수 있기를 바란다.

그리고 나와 같이 나이가 많고 언어소통의 문제로 용기가 나지 않거나 두려워 포기하는 이들이 있다면, 힘겨웠던 시작과 헤매던 나의 이야기를 들려주고 그들에게 할 수 있다는 희망과 용기를 주고 싶다.

마지막으로 나의 사랑하는 가족들에게 이 글을 남긴다.

언젠가 자식들이 이 길을 걸을 기회가 온다면, 아버지가 왜 이 길을 고집하며 홀로 걷기를 자처했는지 조금이나마 마음으로 받아줬으면 하는 바람에서다. 또한, 먼 훗날 손주 녀석이 이 길을 걷게 된다면, 적지 않은 나이에 고통과 씨름하며 홀로 묵묵히 걸었던 할아버지를 생각하면 어떤 이의 격려보다도 더 큰 응원이 되지 않을까 하는 생각에서다.

축사

　며칠 전 78세 정운서 아우구스티노 형제님과 만나 이야기를 나누었습니다. 그 어르신은 작년에 산티아고 순례를 무사히 다녀왔습니다. 믿어지지 않았습니다. 젊은이들도 약 800km의 엄청난 길을 완주하기 쉽지 않은 순례길인데, 지형도 잘 모르고, 언어도 통하지 않는 낯선 곳에서 거의 50일을 보내셨다는 것은 거의 기적에 가까운 일이었습니다.

　"어떻게 순례길 완주가 가능했습니까?"

　어르신은 주저 없이 답을 했습니다.

　"가는 곳마다, 어려움에 부닥칠 때마다 수호천사가 나타나 도와주었습니다."

　천사는 다름 아닌 순례길에 동행하던 사람 중에 있었습니다. 길을 헤맬 때 안내해주었고, 몸이 편치 않았을 때 병원을 찾아주고 함께 시간을 보내주었으며, 먹을 것을 함께 나누어주었던 고마운 사람들이 바로 이 어르신에게는 수호천사였습니다. 이 수호천사 없이는 산티아고 순례를 완주하지 못했을 것입니다. 그러기에 어르신은 천사 체험을 오랜 기억 속에 남기고 싶고 다른 사람들에게도 기쁜 소식으로 전해지기를 바라는 마음에 산티아고 순례를 하며 겪었던 수많은 경험을 일기로 썼고, 그 일기장을 모으고 정리하여 책으로 출판하게 되었습니다.

저는 아직도 산티아고 순례가 로망으로 남아 있습니다. 본당 주임 신부이기에 그 많은 시간을 본당에서 할애하기가 쉽지 않고, 또한 오랜 시간을 걷는 것이 제게는 큰 부담으로 다가오기에 선뜻 나서지 못하고 있습니다. 주변에 다녀온 분들을 매우 부러운 눈으로 바라보기만 할 뿐 아직 때가 되지 않았다고 자위해봅니다. 어쩌면 제가 은퇴한 다음 편한 시간에 산티아고 순례를 할 것으로 예상하고 있습니다. 사제 은퇴 나이가 70세니까 어르신보다 그래도 젊은 나이에 충분히 다녀올 수 있으리라 믿습니다.

요즘 순례하는 사람들이 상당히 늘어나고 있습니다. 사람들은 순례를 하면서 자기 인생을 돌아보고 어떻게 살아왔는지, 지금 당면한 문제가 무엇이고 어떻게 해결해야 하는지, 아니면 은퇴 후 제2의 인생을 어떻게 살아갈 것인지를 생각하거나 신앙인으로서 하느님께 더욱 가깝게 다가가기를 추구합니다.

순례는 일종의 '삶의 쉼표'라 할 수 있습니다. 쉼과 휴식의 시간 동안 걸으면서 자신이 살아온 삶을 돌아보게 됩니다. 잠시 멈추고 돌아보게 해주는 순례는 자기 성찰 시간이고 기도의 시간이며, 궁극적으로 하느님과 하나가 되게 해줍니다. 많은 사람들이 일명 '피로사회'를 살아가며 자기를 착취하고 끝없는 일과 성과주의에 매달린 결과 많은 스트레스를 받기도 하고, 어느 때는 우울증에 걸리기도 합니다. 사람들은 자기 파괴적인 삶에서 도피하기 위해 잠시 침묵의 형식을 취하고자 합니다. 그리하여 많은 사람들에게 '산티아고 순례'는 선택이 아닌 필수가 되고 있기도 합니다.

이 책을 읽으시는 독자 여러분은 어떻게 생각하십니까? 어르신이 가신 길을 또 다른 누군가가 걸어가야 할 길임을 느낀다면 여러분에게도 산티아고 순례가 필수가 될 것이라 기대합니다. 이 책을 따라 간접적으로나마 걸어보시겠습니까? 모든 분들을 이 길에 초대합니다. 이렇게 초대해주시는 어르신에게 이 책의 출판을 마음을 다해 축하드리고, 앞으로 이 책이 산티아고 순례를 가는 이들에게 훌륭한 길잡이가 될 것임을 믿습니다. 앞으로 산티아고 순례를 떠나는 분들도 이 어르신처럼 길에서 많은 수호천사를 만나고 그러한 체험을 통해 하느님과 더욱 일치하는 삶이 되기를 바랍니다.

2019. 9. 15.
서울대교구 청담동 성당 주임
김민수 이냐시오 신부

차례

여정의 시작 / 69

기억 속의 길 / 353

순례길을 준비하며

순례의 목적

내가 '산티아고 순례길'[2]을 가보겠다고 생각했을 때는 그리 뚜렷한 목표가 있어서도 아니었다.

몇 년 전 아내의 '대녀(代女)'[3]가 미국으로 이민을 가면서, 그곳 생활이 안정이 되면 부부가 함께 스페인의 산티아고 순례길을 가자고 말했고, 우리 부부도 함께하면 좋겠다고 이야기를 나눈 적이 있었다. 그 이후 산티아고 순례길에 대해 관심을 갖기 시작했고 최근 지인들과 매스컴을 통해 산티아고 순례길에 대한 이야기를 많이 접하게 되면서 순례길을 걷고자 하는 의무감이랄까 사명감이 생기게 되었다.

1,000여 년을 넘어 현재까지 이어온 순례자들의 모습과 야고보[4] 성인의 발자취를 따라 걸으며, 조금이나마 고행의 고통과 숨결을 느껴보고 싶어서이다.

지난해 내 인생 최대의 소용돌이에 휘말리게 되어 적지 않은 충격으로 나 자신을 질책하고 헤어날 수 없는 삶의 회의를 느꼈지만 신앙

---

2) 산티아고 순례길 : 1993년 유네스코 세계문화유산으로 지정된 스페인과 프랑스 접경에 위치한 기독교 순례길
3) 대녀(代女) : 성세 성사나 견진 성사를 받을 때에, 종교상의 후견을 약속받은 여자
4) 야고보(James) : 예수님께서 산에 오르시어 거룩하게 변모하실 때, 베드로, 요한과 함께했던 예수님의 12제자 중 한 분

의 힘으로 견딜 수 있었고, 이번 순례길을 통해 상처받은 나의 마음을 이 작은 걸음을 시작으로 더 강인해지고 싶어서이다.

어릴 때 이북에서 피난 나와 홀어머니와 살면서 겪은 극심한 가난과 주변의 멸시, 냉대를 극복하며 정신적으로나 육체적으로 강하게 살아왔다고 생각했었는데, 최근의 일로 나약해진 나를 발견했기 때문이다.

마지막으로, 지나온 나의 발자취를 돌이켜 보며 어쩌면 홀로 생각할 시간이 필요해서이다. 내 생애 무수히 많은 고난이 있었지만, 이번엔 스스로 찾은 다른 의미의 고행길을 걸으며, 깊은 성찰을 할 수 있는 좋은 기회를 통해서, 남은 인생을 어떻게 보낼 것인가에 대해 고민하고 그 답을 찾기 위해, 산티아고 순례길을 택하게 되었다.

희망의 시작

　잠시라도 산티아고 순례길에 대한 생각을 놓을 수 없었던 나에게 절호의 기회가 찾아왔다.

　산티아고 순례길이 옛 성자들의 순례를 위한 길인만큼 성당에 다니는 나로선 주변인들로부터 이따금 산티아고 순례길과 관련된 얘기를 듣곤 했었다.

　그럴 때 마침 내가 회장직을 맡고 있는 '가톨릭 수지침봉사회' 정기총회를 마치고 마련된 식사 자리에서, 옆자리에 앉은 신 토마스 형제가 산티아고 순례길을 이미 한번 경험하고 다시 갈 계획을 세우고 있다는 소리에 조금의 망설임도 없이 동행 의사를 밝혔고, 그 또한 흔쾌히 받아주었다. 그리고 옆자리에서 우리의 얘기를 경청하던 시몬 형제도 회장님이 가면 함께 가겠노라 했다.

　그 누구보다 든든한 조력자가 생겼다는 생각에서일까? 예전보다 '더욱 박차게 준비하겠노라!'고 다짐하고 또 다짐하였다.

찾아온 절망감

"세상에 계획대로 되는 여행은 없다고 하지 않았던가!"

준비하는 과정이야 그동안 그곳을 다녀온 사람들의 이야기와 그들이 발간한 책 그리고 인터넷 검색을 통해 정보를 입수하면 되지만, 실제 현지에서는 시시각각으로 변하는 상황에 대처해야 하기 때문에 그럴 것이다. 처음 계획과는 조금 어긋나긴 했지만 동행을 찾은 나로서는 좋은 기회라 할 수 있었기에, 앞으로의 일정 논의를 위해 자주 만남을 가지며 정보공유를 통한 좀 더 구체적인 계획을 세울 수가 있게 되어 더할 나위 없이 좋았다.

더욱이 아내도 이 여정에 함께 하고 싶다고 하니 용기와 힘이 되어 그곳으로 나 자신을 인도하는 강한 끌림을 실감하지 않을 수가 없었다.

그러나 기대가 크면 실망도 크다고, 이 여정의 강력한 조력자가 되어줄 신 토마스 형제에게 "개인적인 사정으로 동행이 어렵다."는 전갈을 받은 것은 그와 헤어진 며칠 뒤였다.

나는 곰곰이 자신을 돌아보았다.

순례길에 대한 부족한 지식과 언어의 장벽, 타국이라는 낯섦과 두려움, 마주칠 수많은 사람들과의 어색함을 감당하기가 힘들어 누군가의 도움이 절실히 필요했던 나는 혼돈에 빠졌다.

'나는 대체 왜 그곳을 가려 하는 것일까?'

수많은 질문들을 자신에게 던져보지만 돌아오는 대답은 그저 정적만 흐를 뿐이다.

'정녕 이대로 포기해야 하는가?'

지금 이 여정이 그토록 타인에게 의지를 해서라도 가야만 하는 가치가 있는 일일까?

새로운 시작

작은 탄식과 함께 '난 아직도 나 자신을 위한 그 무언가를 할 준비가 되지 않았구나!'라는 생각이 문득문득 들었다. 그리고 다짐했다.

'그래 이번에 꼭 해 보리라 다짐해본다. 아내와 시몬 형제도 함께하지 않는가.'

이렇게 든든한 조력자가 있으니 이 얼마나 다행인가 생각하며, 나 자신에게 다시 용기와 힘을 주었다. 그리고 부족한 나를 채우기 위해 이 여정에 필요한 모든 일들을 여유롭게 진행하기로 결심했다.

아무래도 실제로 다녀온 경험자들의 의견이나 경험담이 현실적으로 많은 도움이 되기에, 어느 날 산티아고 순례길과 관련된 정보를 검색하다 한국에서 운영 중인 '까친연(까미노의 친구들 연합)'[5]이란 곳을 알게 되었고, 회원으로 가입하여 적극적인 정보수집 및 설명회 참석을 통해 수많은 경험담과 유용한 정보를 얻을 수 있는 계기가 되었다. 또한 산티아고 순례길에 대한 부족한 정보는 서점에서 책자를 구입하여 매일 조금씩 공부를 하기 시작하였다.

---

5) 까친연(까미노의 친구들 연합) : 국내에서 운영 중인 스페인 산티아고 순례자를 위한 정보
  공유사이트(https://cafe.naver.com/camino2santiago)

스스로가 끈을 놓지 않으면 끊임없이 기회는 오나 보다. 그리고 그 기회는 기다림이 아니라 스스로 찾고 만들어야 한다는 교훈 하나를 깨우치는 순간이기도 하다.

또 다른 기회

까친연 설명회에 참석할 기회를 얻은 것은 이 여정을 준비하면서 가장 행운이 아니었나 싶다. 그곳에서의 인연은 나에게 정말 뜻밖의 희망과 용기를 주는 계기를 만들어 주었다.

설명회는 이미 순례길을 다녀온 이들의 경험담이나 순례 중 주의 사항, 비상상황 발생 시 대처법, 그리고 꼭 봐야 할 주요지역에 대한 설명 등 다채로웠지만, 정녕 나에게 필요한 구체적 설명은 배제된 듯 하여 아쉬움을 금할 수 없었다.

진행자의 설명에 집중하는 참석자들의 진지함에 방해가 될까 싶어 질문도 제대로 하지 못했기에 안절부절못하고 그저 나에게 돌아올 질문의 기회만 엿볼 때, 옆자리에 앉은 젊은 친구와 눈이 마주쳐 어색함을 떨쳐버리기 위해 가벼운 눈인사를 건넸다. 그러자 그 역시 나지막한 소리로, "안녕하세요."라며 답례를 한다.

그의 이름은 후니(애칭)란다. 실명을 사용하지 않고 군이 애칭을 쓰는 이유가 남달라 보여 더욱 관심이 가는 친구였다. 그 또한 이번 산티아고 순례길을 준비 중에 있었고, 나중에 안 사실이지만 이미 세 번의 산티아고 순례길을 걸은 베테랑이었다는 사실이 나를 놀라게도 하였다. 그보다 그 여정을 위해 다니던 회사에 두 번이나 사직서를 제출했다는 사실에서 나로선 시도조차 할 수 없는 용기와 배포가 느껴졌다. 이런 친구였기에, 알 수 없는 신뢰감과 믿음이 내 가슴 한구석에 자리 잡았다.

아무튼 그렇게 그와의 첫 만남이 시작되었고, 설명회를 마치고 가진 가벼운 저녁 식사 자리에서 담소를 나눌 때, 그는 순례길이 처음인 나에게 필요한 물품 목록 및 유용한 현지의 정보는 물론이거니와 도움이 필요하면 언제든 개인적으로 연락을 하라며 연락처를 남기는 작은 배려도 잊지 않았다.

물론 귀찮을 만큼 연락하고 싶은 마음은 굴뚝같았지만 아들 정도의 나이라 부담도 되어 망설이는데, 그가 다음주에 시간이 되니 만나서 좀 더 구체적으로 도울 수 있는 방법에 관한 이야기를 나누자고 먼저 도움의 손길을 내미는 것이 아닌가!

이미 세 번의 경험을 통해 별로 준비할 게 없으니 시간이 남는다며 미소를 지어 보이는 그가 당시에는 나의 구원자처럼 보여 더할 나위 없이 기쁘고 다행스러웠다.

인연의 연속

까친연에서 만난 인연으로 후니 씨와 재회하게 된 후, 순례길 준비는 한층 바빠졌고 즐거운 시간의 연속이었다.

그를 만나기 전에 나름대로 준비를 했다고 생각했지만 정녕 세심한 부분들을 놓치고 있었다는 것을 알게 되었고, 이런 나를 그는 잘 챙겨주며 진심 어린 조언을 해 주었다.

처음 그를 만났을 때 그냥 젊은 친구라고만 단정지었던 내게 '불치하문(不恥下問)'[6]의 의미를 되새기게 했다. 마치 스승이나 인생의 선배처럼 느껴진 것이다.

지하철역 부근 한 카페에 자리 잡은 우리는 아주 오랜 시간 동안 이야기의 끈을 이어갔고, 설명을 듣는 내내 작은 부분이라도 놓칠까 초조해 하는 내 모습에, 그는 사뭇 진지하게 때론 즐겁게 설명을 해 주었다.

그가 준비한 자료는 무려 수십 페이지에 달하는 컬러 인쇄물이었고 중요 부분은 반드시 색칠을 하여 강조해주기도 하였다. 나이 많은 나에 대한 세심한 배려라 생각하니 그렇게 고마울 수가 없어 설명을 듣는 중에도 연신 고맙다는 말을 아끼지 않았다.

---

6) 불치하문(不恥下問) : 자신보다 못한 사람에게 묻는 것을 부끄럽게 여기지 않는다는 말

오늘의 만남이 있기 전 그와 몇 번 통화하며 준비과정에서 궁금했던 사항에 대해 리스트를 보낸지라 기대 이상의 꼼꼼한 자료와 질문에서 놓친 부분까지 챙긴 인쇄물은 흡사 여행가이드북이라고 해도 손색없을 정도로 필요한 정보가 가득했다.

대부분의 정보는 나와 같이 초행이거나 나이가 많은 사람을 대상으로 작성된 것이라 그의 깊은 배려에 고맙고 또 고마울 따름이었다.

공항 이동 방법, TGV 열차 승하차 방법, 환승 후 생장(순례길 시작 첫 지역) 가는 방법, 알베르게[7] 예약 및 찾기, 선택 방법 심지어 ATM 현금인출 방법 등 순례를 하는 동안 발생할 몇 가지 상황에 대한 대안까지 제시한 구체적이고 아주 실용적인 정보로만 작성이 된 자료들이었다.

'생면부지(生面不知)'[8]인 사람한테 자신의 시간을 할애하여 준비하는 동안 아주 즐거웠다고 말하는 그에게 나는 넌지시 물어본다.

"후니 씨, 혹시 성당 다녀요?"

그는 대답했다.

"아니요. 형님! 저는 무교입니다. 아니 자신을 믿는 '자만교'라고나 할까요?"라며 '껄껄껄' 웃어댄다.

그는 나를 "형님"이라고 부른다. 아들뻘이지만 친근감을 주는 '형님'이라는 말로 부른다고 한다. 기분이 좋다. 왠지 젊어지는 기분이랄까? 싫지 않았다.

---

7) 알베르게(Albergue) : 산티아고 순례길을 걷는 순례자들의 숙소로 공립(시립) 또는 사립 방식으로 운영
8) 생면부지(生面不知) : 태어나서 만나 본 적이 없는 전혀 모르는 사람이란 뜻의 말

아무런 대가 없이 이렇게까지 준비해준 그가 혹시나 평소 성당이나 교회를 다니며 봉사활동이 몸에 배어 그런가 싶은 마음에서 나왔던 질문이었다.

그렇게 시작된 그와 나의 인연은, 여정이 끝난 후에도 계속 이어졌다. 나는 참으로 복 많고 행복한 사람인가 보다.

또 다른 동행

후니 씨와의 만남으로 계획했던 모든 일들이 순조롭게 진행되던 어느 날, 한 통의 전화가 왔다. 나와 함께 순례길을 걷기로 한 시몬 형제였다. 이번 여정을 위해 그에게 몇 가지 부탁한 일 때문에 전화를 한 거라 생각했다.

모든 일이란 게 그렇지 않은가. 혼자서 모든 걸 감당할 수 있을지라도 독자적으로 진행하다 보면 부담감도 커지고, 더욱이 하나에서 열까지 모든 걸 챙길 수 있는 상황이 아니게 된다.

시몬 형제는 주변 지인들과 등산을 다니며, 나름 여행에 대한 경험이 풍부한 인물이다. 그래서 이번 여정에 동행하게 되어 여러모로 위안이 되었다.

그는 까친연에서 만난 일행 중 순례길에 함께 동행하면 좋을 것 같은 '문 프란치스코'라는 형제님이 있어, 나의 의견을 묻고 싶다고 했다. 그와 동행한다면 우선 예약한 비행기 표의 변경이 필요하고, 만나서 일정에 대한 세세한 이야기를 해 줄 참이라고 했다. 그래서 그러라고 동의했다.

몇 주 후, 독립문역 '안산 둘레길' 까친연 걷기모임에 참가하였다가 시몬 형제를 만났다. 언제나 그렇듯 밝은 모습에 활기차 보인다. 둘이서 이런저런 일상 얘기를 나누다 이내 순례길로 화제가 바뀌었다.

걷기 모임에 동행한 다른 이들이 주변 풍경에 매료되어 감탄하는 동안, 나의 눈과 귀는 시몬 형제에게 집중되었다. 우리는 순례길에 관한 이야기꽃을 피우느라 다른 이들을 의식할 틈이 없었다.

그 이튿날 시몬 형제에게서 만나자는 전화가 왔다. 그래서 봉사 장소인 청담동 성당에서 만났다.

'왠지 모를 불길한 기분이 드는 이유는 뭘까?'

약속한 장소에 도착하니, 나를 보는 그의 얼굴이 밝아 보이지는 않았다. 1분이 마치 몇 시간인 듯 느껴졌다. 침묵을 지키던 그가 입은 열기 시작했다.

그의 얘기는 이러했다. 이틀 전 안산 둘레길을 걸을 때 나의 걸음걸이를 유심히 지켜보니, 걸음걸이도 느린 데다가 절뚝거리기까지 했다는 것이다. 그 모습을 보니 자신은 도저히 나와 동행할 엄두가 나지 않는다고 했다. 그래서 '포기' 하란다. 더욱이 나와 동행하여 그 먼 거리를 걷는다는 건 자신으로서는 도저히 감당하기 힘든 시련이 될 것이라고 했다.

내 가슴에 상처가 난 순간이었다. 다시 말해, '내가 그의 짐이 될 것이고, 자신은 그 짐을 감당할 수 없다는 것이 아닌가!'

결국 순례길의 거리와 그 길을 걷는 고통 때문이 아니라, 나 때문에 포기하겠다는 변명을 늘어놓는 것이었다.

그의 말이 다른 이들보다 더욱 서운하고 배신감으로 몰려왔던 이유는 내가 설령 걷지 못하면 일정 거리를 버스로 이동하거나 천천히 걷는 방법도 있고, 나와 같이 보조를 맞추기 위해서 순례 기간을 여유 있게 계획하여 함께하자는 제의를 그가 먼저 했었기 때문이었다. 처음 예매한 에어 프랑스 항공권을 문 프란치스코 형제 부부와 같은 대한항공으로 변경한 이유도 그가 제안했기 때문이었다.

비참한 순간이다. 아니 어쩌면 그의 대답이 현실적인지도 모르겠다는 생각을 잠시 해보지만, 이내 서운한 맘이 물결처럼 밀려와 가슴속 깊이 눈물이 머금어졌다. 차라리 개인 사정으로 못 간다고 했으면 그러려니 하고 이해하는 척 넘어가려고 했건만. "처음부터 혼자 계획하고 준비한 만큼 혼자라도 가라."며 기죽지 않게 용기와 힘이 되는 말이나 건넬 것이지.

나는 응답했다.
"나 혼자 가겠습니다."
나는 모든 일을 결정하기 전에는 심사숙고하지만, 한번 결정한 일에는 결코 포기하지 않는 성격이라고 단호하게 답변했다.
하지만 그의 판단이 옳은 것이란 생각도 들었다. 모든 것이 부족한 나로 인해서 그가 감당해야 할 고통이 너무도 클 것은 자명하리라 생각이 들어서다.

완벽한 독립
그리고 새로운 장벽

완벽한 혼자가 된 지금의 나, 이제 남은 건 나의 결단뿐!

용기가 생겼다. 자만일지도 모를 용기가 꺼져가던 나의 심장에 불을 지폈다.

그러고 보니, 산티아고 순례길 계획에 대해 아들, 딸들에게는 아직 말을 하지 못했다. 그들의 허락을 구하는 건 아니지만, 최소한 나의 행적에 대해 알고는 있어야 할 자식들이다.

가끔 가족모임을 하는데, 그날도 이런저런 얘기를 하며 식사 중에 산티아고 순례길을 간다고 얘기를 하였다. 예상대로 깜짝 놀라며 아들딸 가족 모두가 심하게 반대를 했다. 이유는 지금 나이도 있고 불편한 다리와 말도 안 통하는 곳에서 어떻게 할지 걱정이 되기 때문이란다.

"산티아고 순례길을 꼭 가시고 싶으시면 성당 엠마오 동호회에서도 같은 날 출발한다니 그분들과 같이 가시면 어떻겠어요? 더구나 아버지 혼자서 가시는 것은 절대 불가능하니 포기하세요!"

아들은 한 마디 한 마디에 무게를 실으며 어떤 빈틈도 보여주지 않을 듯한 표정으로 단호한 태도를 보였다.

그럼에도 나는, "너희들이 아무리 반대해도 난 이 순례길을 꼭 가고 싶다, 너희 도움 없이 내가 준비해서 갔다 올 테니 그리 알아라."라고 응답했다. 내 평생 아내를 포함하여 자식들에게 이처럼 단호하게 나의 주장을 펼쳐본 것 또한 처음인 듯하였다. 더 이상 할 말이 없었다.

가족들은 나에 대한 걱정으로 계속 반대했지만 반복되는 이야기에 대화는 진전이 없었고, 그렇게 무거운 분위기 속에서의 저녁 식사를 끝내고 집으로 돌아오는 내내 가슴 한구석이 뚫린 듯 아려왔다. 나와 함께하려던 아내조차도 "자식들의 의견에 따르는 것이 좋겠다."고 하며 "포기한다."고 하니 더욱 답답할 뿐이다.

한편으론 이렇게 자식들한테 통보를 하고 나니 모든 게 정리가 된 듯하여 홀가분하기도 했다. '이제 남은 건 준비뿐이다!'라고 생각하니 무거웠던 마음이 한층 가벼워짐을 느낀다.

그러나 마음 한구석에선 순례하는데 너무도 부족한 것이 많은 나이기에 자식들의 반대를 질책하고 싶지 않았고, 반대하는 것이 당연한 것이라는 생각도 들었다. 또 나를 걱정해서 반대한다는 생각에 행복하다는 마음도 들었다. 객관적인 측면에서 보면 혼자 갈 수 없다는 판단은 자명했기 때문이다.

갈등이 오기도 했다. '과연 위험과 고통을 무릅쓰고 혼자서 가야하나? 왜 그렇게도 순례길에 집착하는 것인지?'

이렇게 스스로에게 포기하라고 수도 없이 반문하며 생각 또 생각하게 되었다.

시간 나는 대로 종로에서 신 토마스 형제와 동행하여 여정에 필요한 장비를 살피러 이곳저곳을 누비며 다녔다.

물론 체력 단련도 게을리하지 않았다. 매일 아침 주변 공원을 걷고, 주말이면 산에 오르고, 종종 7~8kg 정도의 배낭을 메고 왕복 18km 정도 되는 인천 대공원을 걸어서 갔다 오기도 했다. 매일 헬스장을 오가며 규칙적인 운동으로 생활을 이어 갔다.

그리고 하느님께 더욱 소리 높여 기도를 했다.

'힘을 달라고, 용기를 달라고, 지혜를 달라고.'

이미 순례길을 다녀온 경험자들의 이야기를 빌리면, 하루 평균 20~25km 정도를 매일 7~10kg에 달하는 배낭을 메고 걷는다고 하니, 어지간한 체력으론 버티기 힘든 나날의 연속이 될 것은 사실이었다. 여기와는 전혀 다른 문화권에 생활환경은 물론이거니와 식사도 맞지 않을 테고 호텔에 투숙하지 않는 이상은 다양한 사람들과 잠자리를 함께해야 하기에, 나이 든 나로선 걷기도 전에 지쳐버릴 상황임에 틀림없다.

돌이켜 보면, 이 모든 과정을 겪으면서 뭔가 성숙해진 듯한 감회가 돌았다. 무엇이 더 성숙해야 할지 모르겠지만, 단순히 "산티아고 순례길을 걷겠노라!" 선포하고 준비해온 시간 동안 많은 이들의 이목과 관심을 받으며 도와준 이도, 그렇지 않은 이도 결국엔 나에 대한 관심과 사랑이 아니겠는가!

그러기에 '나는 참으로 행복한 사람이다.' 그리고 '여태껏 잘 살아왔노라!'고 자신에게 조용히 속삭여 주고 싶었다.

"나 너와 함께 있으니 두려워하지 마라, 내가 너의 하느님이니 겁내지 마라, 내가 너의 힘을 북돋우고 너를 도와주리라, 내 의로운 오른팔로 너를 붙들어 주리라(이사 41:10)."

늘 마음이 허전하거나 시련을 겪을 때면, 읊조리던 성경 구절이 계속 떠올라 더욱 용기를 내었는지도 모른다.

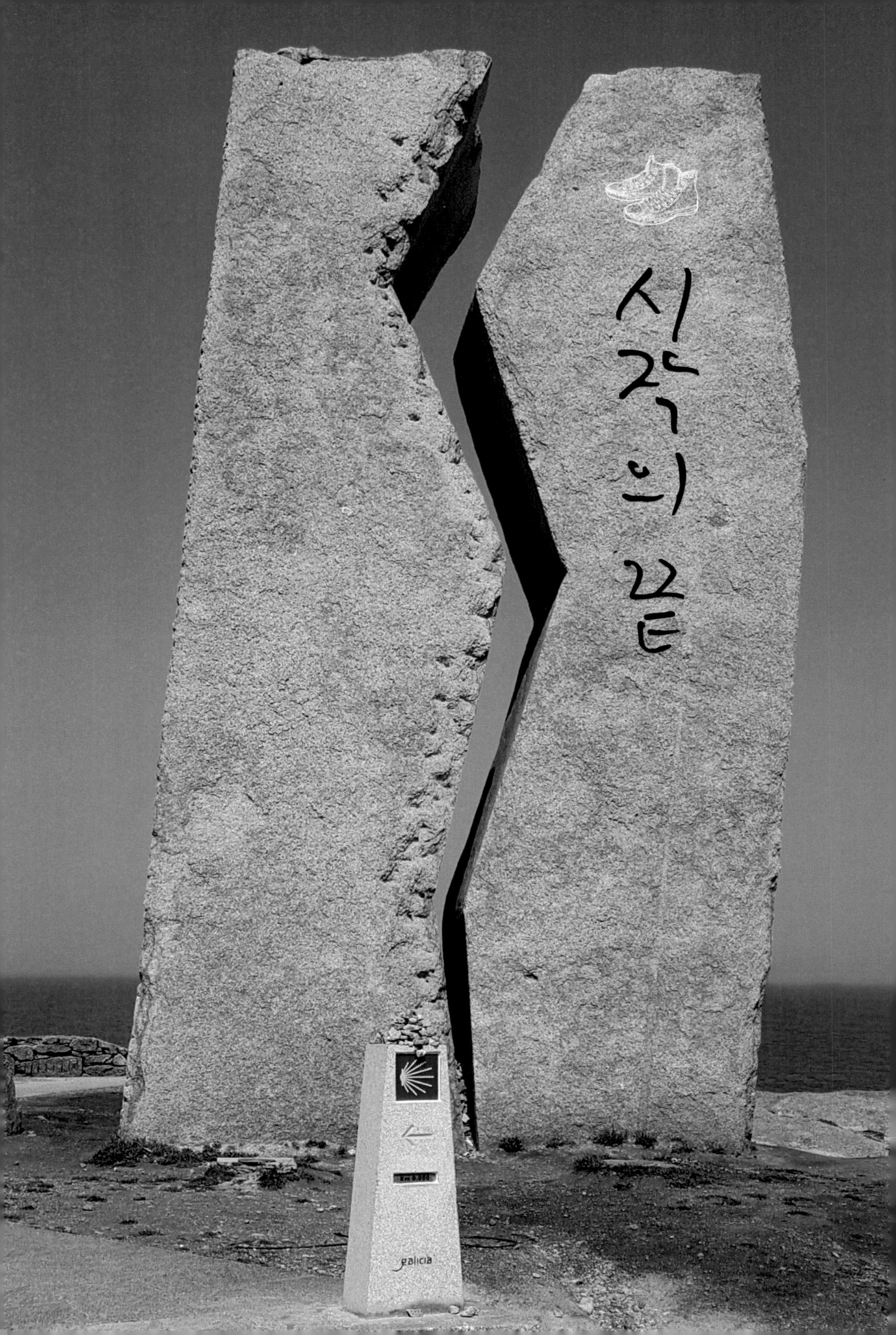
시작의 끝
galicia

환송의 만찬

DAY+0 2018년 5월 6일(일) 맑음
Routes of Santiago de Compostela in France + 0days
At Home 0km

떠나기 하루 전날이다.

처음에 가지 말라고 강력하게 반대를 했던 아들과 딸 가족이기에 기대도 안 했는데, 곧 다가오는 어버이날과 맞물려 산티아고 순례길을 떠나는 나를 위해 가족들이 식사 자리를 마련해 주었다.

며칠 전 여행경비로 쓰라며 제법 큰 돈을 송금해 주었으니, 고행의 길로 떠나는 나를 말없이 격려해준다는 생각이 들어 그동안 섭섭했던 마음이 눈 녹듯이 사라지며 위안이 되기도 하고 고마운 생각이 들었다.

그렇게 식사를 마치고 내일 출발하는 나를 배웅하기 위해 온 가족이 함께 집으로 돌아왔다. 홀로 떠나는 나에 대한 자식들의 걱정을 알기에, 순례 전체 일정과 내가 알고 있는 현지정보와 내용들을 자세히 설명해 주었고, 각종 자료를 큰딸 루치아에게 건네주었다.

한편 아내 데레사는 말없이 나의 배낭을 물끄러미 살펴보더니 빠뜨린 게 없나 확인하며, 아들, 며느리, 딸들이 준비해온 상비약이며 밑반

찬, 속옷, 세면도구, 선크림, 간식 등과 올리비에 하우스(파리에 지낼 게스트하우스)에 줄 선물까지 꼼꼼히 챙기느라 온 집안이 어수선했다.

특히 큰딸 루치아는 영어를 못하는 나를 위해 공항 통과를 대비한 답변 내용과 여행자 보험증권, 가족 연락처 등을 영문으로 작성해서 배낭과 보조 가방에 넣어 주며 일일이 체크해 주었다.

가족들이 나의 배낭 속 짐을 챙기는 모습을 물끄러미 보노라니, 흐뭇하기도 하고 감사한 마음이 들기도 했다. 그리고 행복했다.

이별 아닌 이별

DAY+1 2018년 5월 7일(월) 맑음
Routes of Santiago de Compostela in France + Odays
Incheon to Paris 8,976km(Airport 이용)

드디어 출국일이다.

이상하리만큼 그동안의 불안하고 착잡했던 마음이 오늘만큼은 조금 차분해지는 기분을 느낀다. 그동안 몇 차례의 사건들로 이제는 마음이 단단해진 걸까?

새벽에 일어나서 매일 하는 묵주기도를 하는 동안 아내는 가족들 아침 식사 준비를 하고 아들, 딸, 사위, 며느리는 다시 한 번 나의 배낭을 확인하며 빠진 게 없나 꼼꼼히 살펴줬다.

벌써 몇 번째인지 모른다.

큰딸 루치아는 내가 문제가 발생했을 때를 대비해 확인 또 확인한다. 신경을 제일 많이 써주어 참으로 고맙기만 하다.

그동안 가족들의 반대를 예상하여 혼자라도 가려고, 사전에 인천 공항 제2 터미널의 위치 및 탑승 수속 방법 등을 확인하기도 했었는데, 아들, 며느리, 딸들이 공항까지 배웅해 주기 위해 함께 밤을 보냈으니 참으로 고마울 따름이다.

집을 나서기 전 이번 여정의 안
전과 무사귀환을 기원하는 의미로
잠시 다 같이 기도를 올린 뒤, 한
층 무거워진 배낭을 트렁크에 싣고,
공항으로 출발하였다.

시내를 빠져나와 조금씩 멀어져
가는 시가지를 창문 너머로 바라보

Dear Officers,

Hello,
I am writing this letter for my father who
really wants to go through the Way of St.
James, Camino de Santiago.
He can not speak English, French, and
Spanish and he is also weak at hearing, so
he probably don't understand what you are
asking.
He is planning to stay in Paris for 3days, go
to Spain for the Camino de Santiago for
about 50days, back to Paris, and come back
to Korea on June 28th.
I will write the place info he will stay in Paris
and emergency contact in Korea.
If he has any problems, please call the
number below.
Thank you for understanding. I really
appreciate it.
                          Sincerely, Hyejung

딸 루치아가 써준 메모

다 문득, 우리나라가 그동안 얼마나
발전하고 성장했는지를 깨달았다. 그리고 새삼스레 대단해 보였다.

어릴 적 홀어머니와 정신없이 앞만 보고 내달렸던 지난 과거를 회
상하니, '이 좋은 세상에서 살고 있으니 참으로 행복하구나.'하는 생
각이 들었다.

평일이라 공항은 한산했다. 주말 같으면 인산인해로 붐볐을 곳이지
만 마음을 차분히 가라앉히고, 배웅 나온 가족들과 작별인사를 하기
에 적절한 분위기라 좋았다.

애들은 아직도 뭔가 미심쩍은지, 여행 중에 챙겨 먹을 간식거리와
비상연락처를 다시 한 번 챙기며 "자주 연락하셔야 돼요." 한다.

모든 수속절차를 마치고 게이트를 나오는 순간, '이젠 정말 혼자가
되었구나!'라는 뇌리를 스치는 한마디가 절로 흘러나오며 조금은 두
려움마저 느껴졌다.

탑승을 기다리며, 시몬 형제가 나에게 소개해 주었던 천안의 '문 프란치스코 형제'에게 전화를 하고 만나게 되었다. '프란치스카'라는 부인과 함께 순례를 한다며 인사를 나누었다.

부부가 함께 이 순례 여정에 오른다니 부럽기도 했고, 교우이기에 자연스레 대화를 나눌 수 있어서 좋았다. 나는 부족함을 솔직하게 얘기하고, 프랑스 공항에서 수속을 할 때나 한인 숙소에 갈 차량을 못 찾았을 때 도와 달라고 부탁하기도 했다.

30분 정도 탑승 지연이 되었지만, 어느덧 기내에 들어서게 되었다.

11시간 이상을 비행해야 하니, '기내에서 무엇을 할까?' 생각하다가 우선 묵주기도를 하였다. 그동안의 스트레스와 피로에 겹친 탓일까? 기류를 타고 비행기가 안정을 찾는 동안 자고 있었던 자신을 발견한 건, 이륙 후 4시간을 넘기고 첫 번째 기내 식사 서비스를 하려 분주히 승객들에게 메뉴를 물어보는 승무원의 소리를 듣고서다.

그리고 또 4시간이 지났을 무렵, 두 번째 기내 식사 서비스를 받고서야, 어느덧 한국을 떠나 저 멀리 유럽 어딘가의 창공을 비행하고 있음을 비행 서비스 모니터를 보고 알아차렸다. 곧 프랑스 샤를 드골 공항에 도착한다는 안내방송이 흘러나왔고, 탑승 전 걱정했던 모든 근심이 이내 사라져버렸다.

'아~ 드디어 내가 여기 왔구나!'라는 생각에 실로 감탄하지 않을 수 없었다. 말 못할 두려움과 낯섦을 부정하지 않을 수 없지만, 그 또한 이 여정이 끝나는 날까지 함께해야 할 벗이 아닌가! 막 프랑스에 도착한 것만으로도 가슴이 설레고 흥분되는 순간이었다.

입국절차는 예상보다 단조로웠고 문제없이 통과했기에 긴장이 풀린 상태로 짐을 찾는 곳으로 향했다.

배낭을 찾고 출국장으로 나가자마자 올리비에 하우스에 전화를 시도했으나 전화 연결이 되지 않았다. 순간 당황하기 시작했다. 게다가 메일로 알려준 출구도 달라 픽업차를 찾는 장소를 찾을 수 없어 더욱 난감했다. 순간 어찌할 바를 몰랐다.

문 프란치스코 부부는 이런 나의 난처함을 눈치채고선 갈 길을 가지 않고 자신의 전화를 로밍하고 전화를 할 수 있도록 도움을 주었다.

천만다행이었으나 이번엔 의사소통이 되지 않는다. 출구도 승차장소도 알 수가 없음이다. 답답했던지 문 프란치스코 형제가 통화를 시도했다.

출구도 승차 장소도 전혀 다른 곳이었다. 한참을 통화하며 길을 헤매다 가까스로 픽업차를 만날 수 있었다. 하지만 주차를 오래 할 수 없는 위치라 얘기를 나눌 수도 없이 차에 올라타야만 했다.

나는 "고맙다."는 말만 연신 했다. 내가 떠나는 모습을 보며 안도하고 손을 흔들던 문 프란치스코 형제. 우리는 그렇게 헤어졌다.

'후~유, 첫날부터 이렇게 헤매니 앞으로의 여정이 얼마나 험난할까?' 하며 걱정이 되었다. '과연 해낼 수 있을까? 만약, 문 프란치스코 형제의 도움이 없었다면?' 생각만 해도 아찔하다.

사실 11시간 이상의 비행으로 시차 적응도 문제지만, 긴장감 탓인지 픽업차를 타고서도 마음이 진정되지 않았다. 잠시 후, 픽업하러 나오신 분이 올리비에 하우스의 주인임을 알았다. 그분도 순례길을 종주했다면서 일주일 정도 되니 걷는 데 적응했었다는 말을 끝으로 별로 말이 없었다.

퇴근 시간이라 그런지 이곳 역시 서울처럼 교통정체가 몹시 심했다. 그렇게 게스트하우스 픽업차량에 몸을 싣고 숙소에 도착할 때쯤, 이미 바깥에는 어둠이 내리깔리고 있었다.

게스트하우스 실내로 들어서는 순간, 갑갑함과 침울함이 감도는 일반적인 서양 대도시와 다르지 않음을 알 수 있었다.

내가 3일 동안 투숙할 방에는 좁은 창문과 자그마한 2층 침대가 하나 있었다. 어두컴컴한 탓에 조금은 답답하고 시계가 없다면 밤낮의 구분이 쉽지 않을 정도였다.

하지만 그보다 더 나를 괴롭힌 것은 2층 침대의 높이가 예상외로 낮아 아래쪽에 걸터앉거나 누웠다가 잠시 일어서는 순간, 몇 번이고 위쪽 침대 프레임에 머리를 부딪히는 모욕을 당하지 않을 수 없었다는 사실이다.

공항에서부터 이곳 숙소에 오기까지 얼마나 많은 인내의 시험관문을 통과했는지 모른다.

홀로 하는 해외여행인 만큼 각별히 신경을 써 한국인이 운영하는 숙소에 픽업 서비스까지 신청하며 이곳에 도착했건만, 정녕 도착하고 보니 픽업 위치를 잘못 가르쳐 주어 문 프란치스코 형제 부부의 도움이 없었더라면 순례의 시작을 한국대사관에서 할 뻔했다. 그러나 다행히 픽업차를 만나 무사히 숙소에 도착할 수 있었고, 숙소를 운영하는 아주머니와 인사를 주고받게 되었다.

아주머니는 남편분과 둘이 살면서 남는 공간을 순례자들에게 제공하는 듯싶었다. 인사를 주고받은 후, 부탁받은 식재료와 준비한 선물을 건네주었다. 뜻밖의 선물에 놀란 기색을 보이며 연신 감사하다는 말을 듣고 나니, 조금 전까지 응어리졌던 서운함과 실망감이 일순간 사라지는 것을 느꼈다.

아주머니가 말을 꺼낸다. 10여 년 전 우연히 산티아고 순례길을 다녀온 이후, 심경의 변화가 생겨 누군가를 위해 봉사해야겠다는 생각이 들었다고 한다. 그래서 민박을 시작하게 된 것이고, 오직 순례자들을 위한 공간으로만 제공하며 다양한 한국 분들과 만나고 대화하면서 마음의 치유를 얻었다는 얘기였다.

그녀의 구구절절한 이야기는 자정이 넘어서야 끝났다.

새로운 만남

DAY+2 2018년 5월 8일(화) 맑음
Routes of Santiago de Compostela in France + 0days
At Olivie house 0.0㎞

'시차 때문일까?'

어젯밤 자정이 넘어 취침했음에도 불구하고 서너 시간째 잠들지 못하고 눈을 떠보니, 시곗바늘이 새벽 3시를 향해 달리고 있었다. 하지만 더 이상 잠들지 못했다. 시차 때문일 거라 믿고선 포기하듯, 늘 집에서의 습관처럼 몸과 마음을 이끌던 묵주기도를 시작하였다.

아침 7시가 가까워서야 거실에서 누군가의 인기척을 느끼고 나가 보니, 아주머니가 앞치마를 두르는 중이었다. 나와 눈이 마주치자 그녀가 가볍게 인사를 건넨다.

"안녕히 주무셨어요? 잠자리가 불편하셨죠? 답답하시면 근처 산책이라도 하고 오세요."

미소 지으며 방 열쇠를 건네주길래 받아 밖으로 나왔다.

5월의 봄이라고 느끼기엔 쌀쌀한 날씨 탓에 몸을 가만히 둘 수가 없어 가볍게 뛰기 시작했다.

아주머니가 가르쳐 준 대로 조금만 나가니 공원이 보였지만, 문이 굳건히 닫혀 있는 게 아닌가? 당황하지 않을 수 없었다. 하는 수 없이 공원의 울타리 외곽을 따라 산책을 하면서 아름다운 공원과 건물들을 감상하며 한 바퀴 돌고 곧장 숙소로 돌아왔다.

아주머니가 식사를 챙겨준다. 서양식 메뉴랄까. 샌드위치, 야채, 바나나 등 간단한 메뉴였다.

아침 식사 후 이번 여정의 전체 일정을 다시 한 번 꼼꼼히 확인해 나갔다. 돌이켜 생각해보면, 테제베 열차 파업으로 어쩔 수 없이 이곳에서 3일간 지내야 했지만, 순례를 준비하는 나에게 시차 적응과 피로 해소를 위해 좋은 시간이었다고도 생각되었다.

지금이 아니고서야 또 언제 와볼 곳이란 말인가! 어쩌면 시차 적응을 핑계로 파리에서 며칠 동안 관광을 즐기고 싶었던, 또 다른 나의 갈망이 아니었나 싶다.

숙소 아주머니께 주변에 가볼 만한 곳과 맛집 등 걸어서 구경할 만한 몇 곳을 추천받아 지도에 표시하고선 집을 나섰다. 예전에 패키지 상품으로 해외여행을 종종 할 땐 정말이지 주머니에 손만 넣고 따라다녔었는데, 이것저것 신경 쓰고 알아야 할 게 너무 많아 이따금 뒷골이 욱신거림을 느끼곤 했다.

파리 구경은 역시 센 강 변 주변을 걸으며 파리의 전형적인 풍경을 감상하는 게 아니겠는가! 물론 에펠탑도 빼놓을 수 없는 곳이긴 하지만. 뉴스나 매스컴에서 테러와 관련한 불편한 소식을 들어서인지 왠지 가기가 조금은 꺼려지기도 한다.

'벌써 수십 년 전인가?'

　조금은 젊은 나이에 아내 데레사와 함께 했던 해외여행의 짧은 여운이 이곳에서 다시 느껴지는 순간이다. 그때나 지금이나 변함없이 같아 보이지만 사선으로 그어진 주름만이 세월의 흔적을 말해주는 듯하다.

　장날인가 보다. 관광객과 현지인으로 보이는 듯한 사람들이 웅성웅성하며, 저마다 대화를 나누느라 시끌벅적하다. 여기도 주기적으로 장이 열리는 걸 보니, 우리나라와 별반 다를 게 없음이니라….
　'하긴 사람 사는 곳이 다 같지 뭐!'
　유유히 흐르는 강물을 따라 손님을 가득 태운 유람선이 보이기 시작한다. 마치 이곳에서 오랫동안 머문 사람처럼 여유롭게 손을 흔들어 보이자, 이내 답례가 온다.

'여유로움이 이런 거구나!' 생각을 하는 찰나, 문득 '한강 둔치에서 한강유람선을 목격하고 손을 흔들어 보인 적이 있던가?' 하는 생각이 들었다.

'여유로움이란 단어 자체를 잊고 살았던 건 아닐까? 왜 그렇게도 숨차게 살아왔는지? 그래서 무엇을 이루었는지?' 보이는 거라곤 세월의 주름뿐이건만…. 고개를 세차게 흔들어 본다.

그렇게 센 강을 벗 삼아 걷는 동안, 점심 무렵이 가까워지자 거리의 생동감이 더욱 감돌기 시작했다. 몰려드는 인파는 말할 것도 없다. 쌀쌀하던 아침 기온도 훌쩍 올라 덥기까지 하다. 잠시 점퍼를 벗어 한 손에 집어 들고 이내 에펠탑으로 발걸음을 옮겼다.

에펠탑 주변의 분위기는 예전의 모습을 찾기가 어려웠다. 대대적 공사인 듯 온통 높은 철판으로 둘러싸여 예전의 모습을 전혀 볼 수가 없어서 몹시 아쉬웠다. 몰려드는 관광객으로 에펠탑 부근을 포함한 주요지역이 환경파괴로 심각한 몰살을 앓고 있는 느낌이었다.

많은 인파와 최근 테러사건으로 그런지 에펠탑 출입에 대한 검문 검색을 보노라니, 에펠탑 정상에 올라가는 것조차 엄두가 나지 않아, 인증사진 한 장만 간직한 채, 이내 발걸음을 돌렸다.

숙소로 향하는 길은 가던 길 건너편인데 왔던 길을 되돌아가는 길이 분명함에도 사뭇 분위기가 너무 달라 눈앞이 희미해지기까지 한다. 웬만해선 한번 간 길은 잃지 않고 갈 정도로 길눈이 밝던 내가 어리둥절하다. '나이 탓인가?' 조금은 한심하다는 생각도 들었다.

길 잃은 도시의 고양이처럼 골목 이곳저곳을 누비다 낯익은 길을 발견하고서 안도의 한숨을 내쉬는 순간, 잠시 잊고 있었던 배고픔의 허기가 다시 밀려 왔다.

주변을 둘러보니 다행히 오후 시간에 맞춰 문을 연 가게들이 몇 곳 보여, 문밖에 내건 메뉴판을 이리저리 훑어보지만, 그나마 친숙한 영어 글자라곤 찾아볼 수가 없다. 한 해 수십만 명의 외국인 관광객이 몰려드는 이곳에서 오로지 자기 나라의 언어만을 고집하는 프랑스인들이 우리나라와 비교해서 왠지 우월해 보이는 순간이다.

어쩔 수 없이 돌아섰다. 도저히 용기가 나지 않아 물어볼 겨를조차 없음이니라….

숙소에서 멀지 않은 곳에 다다랐을 무렵, 반가운 문구를 발견하고는 나의 입가에 왠지 모를 미소가 감돌았다.

"정식당."

틀림없는 한글 간판이 걸린 한인식당이었다. 식당 종업원인 듯한 현지인이 나를 물끄러미 바라보더니, 이내 메뉴판을 들고 와선 미소 지어 보이며 한마디 건넨다.

"어서 오세요."

능숙한 한국말에 흠칫 놀라기도 하였지만, 식당 주인이 한국인이라 한국어를 가르쳐준 것이라 단정 짓고 메뉴판을 펼쳐보았다. 한글과 영어 그리고 프랑스어. 3개 국어로 설명된 메뉴 이름과 그림들이 나를 만족시킨다.

제일 먼저 눈에 들어온 비빔밥을 시키기로 결정했고, 주문과 동시에 나온 비빔밥을 한순간에 해치웠다. 팁 포함 16유로, 약 2만 원짜리 비싼 비빔밥을 먹은 셈이다.

그렇게 음식값을 지불하고 곧장 숙소로 돌아왔다. 샤워를 하며 온몸에 묻은 먼지를 말끔히 씻어내고, 간단히 빨래도 마쳤다. 마치 순례길을 걷다가 그날 숙소에 도착하여, 해야 할 일을 하듯이 말이다. 순례 전에 사전 훈련이라도 하는 느낌이다.

잠시 낮잠을 청해보지만, 이내 눈앞에 뭔가 아른거림을 느끼고 살짝 눈을 떠보니 주인아주머니시다. 낮잠을 자면 분명 새벽에 일어나 이른 아침까지 뜬눈으로 밤을 지새우게 될지도 모른다는 걱정에서 나를 일부러 깨우러 오신 것이란다. 하긴 틀린 말도 아니었다.

'어제의 나를 돌이켜보면 지당하신 말씀이다.'

저녁쯤 되어 바깥 산책도 하며, 인근에서 저녁 식사를 해결할 참이었지만 아주머니가 이미 상을 차려 주었다. 소박하지만 푸짐하게 차린 상을 마주하고 그녀와 이런저런 이야기를 많이 나누었다.

마지막 여유

DAY+3 2018년 5월 9일(수) 맑음

Routes of Santiago de Compostela in France + Odays

At Olivie house 0.0㎞

새벽 2시에 눈이 떠졌다.

이곳에 도착한 지 벌써 이틀째이건만 아직도 시차에 적응하느라 나의 몸은 좀처럼 잠이 들지 못한다. 몽유병 환자라도 된 듯, 힘겹게 몸을 일으켜 침대에 걸쳐 앉은 채 시계만 멍하니 바라보다 문득 생각난 듯 핸드폰에 번역 앱을 설치해본다. 혹시라도 있을 이동 간 소통에 대비해서다.

내일이면 이제 혼자서 이곳 몽빠르나스역(Monparnas St.)에서 바욘 역(Bayonne St.)까지 열차로 이동 후, 환승하여 생장 역(Saint jean pied port St.)까지 버스로 이동해야 하기에, 필요한 몇 마디 문장을 번역기에 입력하고서야 겨우 다시 잠이 들었다. 물론 알람 맞추는 걸 잊지 않았다.

하지만 이른 아침, 주인아주머니의 아침 식사하라는 소리를 듣고서야 겨우 일어났다. 한국과의 시차를 생각지도 않은 채, 알람을 맞춰 놓은 것이다. 혼자 피식 웃어본다.

산티아고 까미노의 천사들

'아직 시차와의 적응에서 헤어나지 못하고 있구나.'라는 생각이 들어서였다.

아침 식사를 하는 내내 아주머니가 거의 대화를 주도했다.

본명이 '가타리나'라고 말문을 연 그녀는 20대에 파리로 유학을 와서 학위취득 후, 한국의 대학에서 강의(벽에 그림 액자가 많이 걸려 있는 것으로 보아 미술전공인 것 같다)도 하며 꽤 이름을 알린 대학교수였다고 한다.

좁은 이곳으로 이사 오기 전 잔디밭이 집을 에워쌀 정도로 큰 집에 살았지만, 순례길을 걸은 이후 인생의 전환점을 맞이하여 모든 걸 정리하고 남편과 이곳에 정착하여 순례자들에게 숙박을 제공하며 소박한 삶을 살고 있다고 한다. 그동안 한국의 사회적 지위가 높은 분이거나 연예인들도 많이 다녀갔다고 하니, 새삼 이곳에 머물고 있는 자신이 놀라울 따름이란다.

한참을 그녀의 이야기들로 방안을 가득 채우는가 싶더니 대뜸 나에게, "저기 혹시 연예계에서 활동하시지 않으셨나요?"라며, 진심 가득한 눈빛으로 물어본다.

고개를 좌우로 흔들며 아니라고 강하게 부인을 해보지만, 몇 번이고 되물어보며 믿지 않는 표정으로 의미심장한 미소를 짓는 그녀를 보니, 나도 궁금해지기 시작했다.

'대체 우리나라 연예인 중에 나와 닮은 사람이 누굴까?'

　그렇게 그녀가 준비한 아침 식사와 의미심장한 대화를 끝내고, 내일 바욘 역까지 타고 갈 TGV 출발지인 몽파르나스 역의 위치 확인 및 이곳에서 꽤 유명하다는 '기적의 메달성당(Chapelle Notre Dame de la Medaille Miraculeuse)[9]'에 잠시 들러 이번 여정의 안전을 기원하는 기도를 드리고 싶었던 탓에 숙소를 나와 발걸음을 옮겼다.

---

9)　기적의 메달성당(Chapelle Notre Dame de la Medaille Miraculeuse): 성모님 발현 2번째 장소로 1830년 11월 27일 뤼드박(프랑스) 파리 성 빈첸시오 바오로 자비 수녀회 內 소성당에서 카타리나 라부레 수녀에 의해 목격됨

내일 여기까지 헤매지 않고 찾아오기 위해서라도 사전답사가 필요했고, 파리에서의 마지막 날을 허무하게 집안에서만 시간을 보내기 싫어서였다. 숙소에서 역까지의 거리는 대략 2km 내외로 가까워서 쉽게 찾을 수 있었지만, 도무지 성당을 찾을 수가 없었다.

출발 전 지도를 휴대폰 카메라에 캡처하여 왔건만, 방향을 읽을 수가 없었다. 지나가는 현지인에게 용기 내어 카메라로 찍어온 지도를 보여주며 손짓을 해 보이지만 그마저도 마음대로 되지 않는다.

그야말로 낭패였다. '에~휴' 이내 한숨이 절로 나온다.

삼십 분이 훌쩍 지났을 무렵, 마지막으로 용기 내어 젊어 보이는 듯한 이들에게 물어보는데, 상냥해 보이는 아가씨 둘이 그곳에 데려다주겠다며 따라오라는 손짓을 보낸다. 그 간단한 프랑스말로, '감사하다'는 'Merci'가 그 순간 생각이 안 나던지 원, 그저 답답한 심정이다.

대략 300m 정도를 그녀들과 걸은 듯하다. 친절이라는 것이 이런 것이구나 하는 생각을 잠시 하는 동안, 만약 오늘 이와 같은 친절을 받지 못하고 끝내 성당을 찾지 못해 숙소로 돌아갔더라면, 파리에 대한 나의 인상은 어떠했을까?

성당 안으로 들어서니 거의 미사가 끝날 무렵이라 서로들 평화의 인사를 나누고 있어 얼떨결에 나도 반갑게 인사를 건넸다.

낯선 이방인의 출현에 놀라는 기색 없이 자연스레 인사를 서로 주고받았지만, 성체를 함께 모시지 못한 아쉬움을 뒤로 한 채 점심시간이 된 듯 성당 문을 닫아 그곳을 나서야만 했다.

하지만 왔던 길이라 익숙할 만도 하건만, 여전히 나에게는 미로와 같았다. 이리저리 한참을 헤매다가, 결국에 숙소 부근 낯익은 곳을 발견하고서야 안도의 한숨과 함께, 한참 때를 지나 밥 달라 아우성치는 눈치 없는 허기진 배를 겨우 달래어 본다.

다행히 여느 식당과 달리 큼지막한 사진으로 메뉴가 표기되어있어 주문하기도 쉬웠고, 현지 음식이라 적절한 가격에 한 끼를 때울 수 있었다.

이미 해는 기울어 조금은 어둠이 내리깔리는 때인지라, 늦기 전에 도착해 다행이라는 생각이 들었다. 여전히 길을 잃어버릴까 하는 걱정에 밤에는 바깥출입을 할 엄두가 나질 않는다.

그렇게 숙소에 도착한 시각이 저녁 7시경이다. 하지만 텅 비어 있어야 할 방에 낯선 이가 기다리고 있었다. 산타이고 순례길을 마치고 한국으로 돌아가기 전, 이곳 파리에서 잠시 휴식을 가지기 위해 찾아온 창원에서 산다는 50대 중반쯤 되어 보이는 나보다 젊은 교우였다. 그는 창원의 월영성당 이 요셉 형제란다.

이번이 세 번째 순례이고, 그것도 무려 이번 여정은 1,600km를 걷고 이곳에 왔다니 부럽고 놀라울 따름이다. 부인도 9월쯤이면 홀로 순례길에 오를 예정이라고 한다. 그 역시 성당을 다니는 사람이었다. 그리고 한 마디 건넨다.

'걸을 땐 모든 잡념 버리고, 내 힘이 아닌 오직 하느님의 힘으로 걷는다고 생각하라.' 나의 입장에서 보면 그럴듯한 얘기다.

그와 자정이 넘도록 순례길 에피소드며, 우리 나이 때 느끼는 인생 관련 이야기를 나누다, 새벽 2시가 가까워서야 잠이 들었다.

드디어, 순례길의 첫 발걸음을 위한 작은 내디딤이 시작되는 내일을 맞이하기 위한 밤을 보낸다.

순례길을 찾아서

DAY+4 2018년 5월 10일(목) 추움
Routes of Santiago de Compostela in France + 0days
Olivie house to Saint Jean Pied de Port 0km

자정이 넘어 잤음에도 불구하고, 이른 새벽 5시 30분에 알람이 울리기까지 서너 번이나 잠에서 깨야만 했다. 조용히 새벽기도를 마치고 나니 이 요셉 형제도 6시 30분경 일어났다.

기상과 동시에 그가 대뜸 건네는 말은 순례 기간 동안 침대에서라도 꼭 운동을 하라면서 방법을 보여준다. 그리고 스페인 기본 인사말 3가지는 꼭 알아야 한다면서 선창을 하며 따라 해 보라 하기까지 한다.

"올라(Hola: 안녕하세요?)"

"그라시아스(Grasias: 고맙습니다)"

"부엔 까미노(Buen Camino: 좋은 순례길 되세요)"

조금은 어색했지만 전혀 내색하지 않은 채, 경험자의 조언이라 생각하며 한 마디 한 마디 조심스레 후창을 해 보였다. 마치 군대에서 복명복창이라도 하듯 말이다.

한참은 형님뻘인 내가 초행길인 데다, 여러모로 미숙해 보인 탓에 순례길을 걸으며 필요한 정보도 몇 가지 알려주는 것 같았다. 모든 것이 부족해 보이는 나이기에 도움을 주려는 마음이라 느껴져서 너무도 고마웠다.

아침 식사로 나온 삶은 달걀과 샌드위치 그리고 몇 가지 신선한 채소와 과일을 나눠 먹는 동안에도, 그의 조언은 계속 이어졌다. 그리고는 내 배낭을 저울에 올려 보는 게 아닌가!

저울의 바늘이 9kg을 가리키자 고개를 한번 갸우뚱하더니, 풀어보라는 손짓을 해 보인다. 마치 군대에서 훈련을 준비하는 병사에게 군장 검사라도 하듯이 말이다.

옆에서 물끄러미 우리의 대화와 행동을 지켜보던 주인아주머니는 그런 모습이 재미있다는 듯이 입가에 미소를 띠며, 배낭을 풀어헤치는 내 옆으로 살며시 다가와 꺼내는 물품들을 받아 가지런히 바닥에 보기 좋게 정리하기 시작했다.

그의 말은 이어진다.

자기 체중의 10%가 넘으면, 무릎에 무리가 가서 걷지 못할 수도 있으니, 미리 불필요한 물품은 여기에 보관했다가 순례길 이후에 다시 찾아가라는 것이다. 결국, 내려놓은 물품은 가이드북 책자를 비롯한 몇 가지 전자기기들이다.

다시 무게를 달아보았더니, 저울의 바늘이 7kg을 가리킨다. 고작 2kg을 줄인 것이지만, 훗날 이 무게는 순례길을 걷는 동안 후회 없는 선택이었음을 절실히 알게 되었다.

생장으로 떠나는 열차 시간이 다가와서인지 풀렸던 긴장감이 다시 요동치기 시작한다. 3일간의 이곳에서의 휴식을 마치고 오늘 드디어 순례길의 시작점인 그곳 생장 피에르 포터로 넘어간다.

마지막 작별인사를 나누고 떠나려는데 참에, 그래도 못 미더운지 카타리나 자매와 요셉 형제는 인사를 뒤로 한 채, 역까지 배웅을 해 준단다. 한사코 말려도 보았지만, 내가 너무도 부족한 것 같으니 도움을 주려는 것이 분명했다.

'삼십여 분을 걸었을까?'

이윽고, 몽파르나스 역이라고 쓰인, 큰 간판의 역명이 보이기 시작했다. 우리나라의 KTX 열차와 비슷해 보이기도 했다. 역사 안으로 들어선 우리는 열차 시간과 역명 그리고 탈 곳을 재차 확인하고 나서야 마지막 작별인사를 서로 주고받았다.

참으로 고마운 분들이다. 순례를 준비하면서부터, 지금껏 이렇게나 많은 분들에게 도움과 위안을 받는 자신을 보니, '나는 참 행복한 사람이구나.' 하는 생각을 지울 수가 없었다. 사실이 그랬기 때문이다.

그들과의 마지막 작별인사를 끝으로 승차시간에 맞추어 열차에 올랐다. 승차권은 이메일을 주고받으며 부탁해서 카타리나 자매가 구매했기에 바로 승차할 수 있었다. 좌석은 2층이었다. 열차가 출발할 때까지 손을 흔들어 준다. 이렇게 고마울 수가….

한국에서 이층 버스를 타본 경험은 있지만 2층 열차를 타보긴 생전 첨이다. 야간에 이용하는 승객을 위한 침대칸도 마련되어 있다고 하니 나로선 신기할 따름이다.

그도 그럴 것이 프랑스는 땅도 넓고, 유럽 대부분의 나라는 연합이라 여권이나 비자 없이도 마음대로 드나들 수 있다고 하니 장거리를 이동할 때는 침대칸이 필요할 수도 있겠구나 생각이 든다.

우리나라도 언젠가 남북이 통일되고 나면 열차를 타고 중국이나, 러시아를 거쳐 유럽 전역으로 손쉽게 갈 수 있는 날이 반드시 오리라 믿는다.

'조금은 긴장한 탓일까?'

장거리 열차나 버스를 타면 이내 잠이 들곤 했었는데 정신이 말똥말똥하다. 한 정거장을 지나 두 번째 정거장에 닿았을 무렵, 나의 빈 옆자리에 현지인 듯한 여성분이 자리를 살피더니 이내 착석을 했다. 내친김에 조심스레 그녀에게 목례를 한 후, 말문을 열어 보았다.

역 정거장에 정차할 때마다 안내 방송과 안내판에 역명이 표기되어 나왔지만, 혹시라도 놓칠까 봐 미연에 대비하기 위해 탑승권을 보여주며 바욘 역(Bayonne St.)에 가야 하니 가까워지면 알려달라고 부탁하기 위해서이다. 물론 나는 영어를 잘 구사하지 못한다. 그럼에도 불구하고, 용기 내어 말을 건넨 것은 믿는 구석이 있어서다.

바로 휴대폰에 설정한 통역 앱이다. 하지만 나의 그러한 기대감도 1분이 채 가시지도 않아서 절망감이 되어 돌아왔다. Wi-Fi가 되지 않는 곳에선, 사용할 수가 없다는 사실을 안 것이 고작 옆자리 여성분에게 말을 걸고 나서야 알았기 때문이다.

당혹스러운 순간이다. 그녀 역시 당혹스러운지 입술을 꼭 다문 채, 내 눈만 주시할 뿐 더 이상 진전이 없다.

그녀는 아마도 나의 승차권을 보며 바욘에 가는 것으로만 생각했지, 그곳에 도착하면 알려달라는 나의 'SOS' 신호를 알아차리지 못했음이니라.

옆자리 승객인 그녀와 어색한 분위기를 동반한 채, 그렇게 열차는 끝이 없을 것 같은 넓은 초원과 계속 이어지는 농촌의 풍경 속을 지나 4시간여를 달렸을 무렵, 목적지인 바욘에 나를 내려놓고 이내 사라졌다.

최종 목적지인 생장까지 가는 승차권을 예매하긴 했으나, 이곳은 자주 열차에서 버스로 환승해야 하는 경우의 수가 빈번하게 발생한다고 하니, 오늘이 바로 그날인가 보다.

바욘 역을 빠져나와 역사와 바로 인접한 공터를 두리번거리니, 사전에 숙지했던 정보대로 버스터미널 같은 곳이 보였다.

배낭을 짊어 멘 순례자인 듯한 무리들이 듬성듬성 보여, '아! 저기구나!' 하며, 순간 알아차렸다. 차분히 발걸음을 그쪽으로 옮겨 버스

대기 열인 듯한 줄에 서서, 살며시 배낭을 바닥에 내려놓았다. 안도의 한숨과 함께 이제 여유도 생겨났다.

　바욘 역에 도착하여 이곳을 찾는 동안 주변의 풍경이 전혀 눈에 들어오지 않았거늘, 이제 제법 시야를 넓히고 주변 감상을 하며 안구의 피로를 조금씩 풀어나갔다.

　옛 유럽의 숨결이 그대로 담긴, 조용하면서도 고풍스러움마저 느껴지는 도시임이 분명했다. 낡고 오래되면 부수고 새로 건물을 세우는 우리와는 다르게, 옛것을 그대로 간직한 채 모던(Modern)함을 자연스레 조화시킨 그런 도시 말이다. 이런저런 감상에 젖어 한 시간여를 보냈을 무렵 생장으로 떠나는 버스가 들어왔다. 배낭을 짊어 멘 사람들이 이내 우르르 버스 승차를 시작하였고, 나도 가벼운 마음으로 승차하였다.

　오후가 한참 지나 저녁 무렵이 다 되어 시장하기도 하겠건만, 바욘으로 오는 열차 안에서 아침에 준비한 치킨을 먹었던 탓일까 전혀 배고픔을 느끼지 못했다. 이곳에서 한 시간 반 정도의 거리에 순례길의 시작점인 생장이 있다고 하니, 가슴이 설레어서 일지도 모르겠다.

　승객들의 승차권을 일일이 확인하고서야 우리를 태운 버스는 출발했다. 빈 좌석이 없을 정도로 버스는 꽉 찼다. 그리고 대부분이 배낭을 멘 사람들이다. 그런데 한국 사람은 내 시야에 들어오지 않는다. 바로 나와 같은 순례자들이다!

　파리에서 출발해 바욘으로 오는 동안에도 느꼈지만, 창밖으로 보이는 대부분의 풍경은 초원과 들판 그리고 우리와 별반 다를 게 없는 한적한 농촌 그대로의 모습이었다.

저녁 8시가 가까워서야, 버스 종착지이자 나의 순례길 시작점인 생장에 다다랐다. 버스에서 내린 후 서둘러 배낭을 멘 이들을 따라 걸었다. 이곳에 오면 제일 먼저 해야 할 일이 있기 때문이다. 순례자 사무실에서 순례자 여권을 만들고, 오늘 밤을 지새울 방을 배정받아야 하기 때문이다.

정류장에서 십여 분 거리에 순례자 사무실이 위치하였고, 먼저 온 이들이 줄을 서서 차례를 기다리고 있어, 나도 얼른 한 줄에 끼였다.

출발 전 한국에서 미리 이곳 순례자 사무실의 위치와 사진을 통해 보았었지만 낯설기는 마찬가지였다. 수많은 나라별 사람들의 틈 사이에 끼어 알아듣기 힘든 언어로 말이 뒤섞여 왁자지껄한 소리를 들노라니, 마치 시장통을 방불케 했다.

순례자 사무실에는 5, 6명 정도의 봉사자가 일하고 있었고, 영어로 순례자들과 접촉하고 있음 직했다. 하지만 나에겐 영어조차도 버겁다. 내 차례가 되어 머뭇거리는데, 봉사자 한 분이 내가 한국인처럼 보여서인지 한글로 된 설명서를 내보이며 읽어보란다.

산티아고 까미노의 천사들

순례자 여권 작성 방법과 순례길을 걷는 요령 등 간략한 안내 문구가 한글로 쓰여 있다는 게 놀라울 따름이다. 그만큼 많은 한국인들이 이 길을 많이 걷는다는 증명이 된 셈이 아니겠는가!

설명서를 꼼꼼히 읽고, 드디어 순례자 여권을 손에 집었다. 왠지 모를 감격의 순간마저 느껴진다. 이제 방만 배정받으면 된다. 순간 주위를 둘러보니, 일본인 듯한 세 명과 나만 남았다는 사실에 조금은 당혹감을 감출 수가 없었다.

'그 많든 사람들은 다 어디로 간 거지?'

나중에야 안 사실이지만, 오늘 숙박할 방이 없어 저마다 알아보느라 그리 소란스러웠다고 하니, 그저 영문도 모른 채, 내 차례만 기다리며 당연히 방을 주겠지 한 자신이, 조금은 창피하기 그지없이 느껴지는 순간이다.

순례자 사무실의 봉사자 한 분이, 나에게 무어라 열심히 영어로 설명을 한다. 당연히 '쇠귀에 경 읽기' 다. 내가 이해를 못 하고 있음을 직시했는지, 더 이상의 설명은 무의미하다는 걸 알고는 이내 메모장에 시간을 적어주며, 저녁 9시까지 이곳으로 다시 오라는 손짓을 해 보인다.

나를 위해 똑같은 내용을 몇 번이나 설명도 하고, 그마저 통하지 않아 메모까지 주며 상황을 설명하려고 노력하는 모습에 너무 미안한 마음이 들어 연신, "오케이… 땡큐!"라는 말을 남기고 저녁 식사를 해결하기 위해 밖으로 나왔다. 밖은 이미 어둠이 깔려 내려앉은 지 오래다. 시계를 보니 8시쯤 되었으니, 약속한 9시까지는 한 시간 정도 여유가 생긴 셈이다.

순례자 사무실에서 가까운 식당에 들러 '닭(Chicken)'이라는 영문으로 쓰인 메뉴를 보고 누가 뭐라 할 것도 없이 주문했다. 닭 한 마리를 부위별로 찢어 기름에 튀긴 후, 살짝 소스를 곁들인 영락없는 우리나라의 치킨 맛이다.

가격도 닭의 크기로 봐선 우리나라보다 괜찮은 편이라고 생각한다. 저녁을 거뜬히 먹은 후, 약속 시각이 임박하여 다시 순례자 사무실을 찾아갔다. 그곳엔 나처럼 방 배정을 받지 못해 돌아갔던 일본인 순례자 3명이 먼저와 서성이고 있었다. 가볍게 목례를 한 뒤, 첨에 이곳에 왔을 때 눈에 들어오지 않았던 사무실 내부를 둘러보기 시작했다.

산티아고 순례길에 대한 수많은 인쇄물과 사진들이 지난 세월을 말해주듯 누런색으로 변해 벽면에 잔뜩 붙어있고, 그동안 이곳을 다녀간 수백, 수십만 명의 사람들의 인사와 명언들이 마치 박물관을 연상케 할 정도였다. 그렇게 주변을 둘러보며 잠시 시간을 보내는 동안, 아까와는 다른 환한 미소를 지으며, 순례자 봉사자 한 분이 한국분인 듯한 중년 여성과 함께 사무실 안으로 들어섰다.

그녀의 이름은 베로니카였다. 세례명을 사용하는 걸 보아 나와 마찬가지로 성당을 다니며, 순례를 위해 이곳에 왔음을 의례 짐작할 수 있었다.

그들은 나를 사이에 두고 한참을 영어로 대화를 주거니 받거니 하더니, 이내 베로니카로 소개한 그녀가 침울한 표정으로 나를 보며 방이 없다며 어쩔 줄 몰라 한다. 아무런 책임도 없는 그녀가 생면부지의 나를 그렇게까지 대해주어, 잠시 눈시울이 불거짐을 느꼈다. 그녀에게 감사했기 때문이다.

이제 나를 포함해 방을 배정받지 못한 순례자는 일본인 세 명뿐이다. 이것도 순례길에서 겪어야만 하는 시련이라 생각하니, 앞으로 펼쳐질 나의 여정이 순탄치만은 않겠다는 생각이 문득 들어, 조금은 기운이 빠진다. 잠시 후, 베로니카 자매가 나와 일본인 순례자들을 주시하더니, 빈방을 구했는지 따라오라는 손짓을 보이며 앞장서 걷기 시작했다.

한 십여 분을 걸었을까?

붉은 자연석 벽면으로 지어진 나름 예스러운 풍채를 보이는 중세풍의 집을 가리키며, 저곳이 오늘 쉬어갈 방이라고 나와 일본인들에게 소개한 뒤, 내일 아침 7시경에 자기가 머무는 숙소로 찾아오라며, 멀찍이 보이는 한 집을 손가락으로 가리키고는, 이내 미소 가득한 웃음을 보이고는 사라졌다. 제대로 된 감사의 인사도 전하지 못한 채 말이다.

하지만 이미 어둠이 내려앉은 후라, 방향감각을 상실한 나에게 내일 아침 이 집을 벗어나는 것조차 힘겨울 것 같았다. 우여곡절 끝에 이곳에 도착하여, 산티아고 순례길에 맞는 첫 밤인 만큼 많은 기대를 한 것은 아니지만, 또다시 맞이할 오늘 같은 경우로 의욕을 상실하지 않기를 간절히 기도해 본다.

집주인 듯한 중년의 사내는 나와 함께 온 일본인들을 2층 방으로 안내하더니, 나에겐 2층에 자리 잡은 2층 침대가 하나 놓인 독방을 내어주며 편히 쉬라는 제스처를 보이곤 사라졌다.

'후유! 얼마나 다행인가?'

　지긋이 나이 들어 보이는 나에 대한 배려라 생각하니, 말이 통하지 않는 이곳에서도 사람 냄새는 여전히 좋을 뿐이다. 하긴 입구를 들어서며 하룻밤에 21유로라고 설명하던 그에게 이해할 수 없다는 표정으로 얼굴이 뚫어져라 쳐다보기만 했으니, 오죽 답답했겠는가!

　결국, 작은 쪽지위에 21유로라는 표기를 하고서야 겨우 이해할 수 있었던 나도, 참 답답한 사람이 아니겠는가!

　여기 순례길 위에 또 하나의 소중한 추억을 새기며, 긴장이 풀린 탓일까 샤워 후 금방 깊은 잠에 스르르 빠져들었다. 나도 모르는 사이에….

낯섦의 길

DAY+5 2018년 5월 11일(금) 맑음

Routes of Santiago de Compostela in France + 1day

Saint Jean Pied de Port to Orisson 8.0㎞ / 8.0㎞

Saint Jean Pied de Port ——— 5.0km ——— Hunto ——— 3.0km ——— Orisson

이른 새벽 알람 소리에 눈을 떴다.

어렵사리 무거워진 눈꺼풀을 밀어 올리며 동공을 확장시켜, 어둠 속에 가려진 시곗바늘을 주시했다.

새벽 다섯 시 반이다.

낯선 이곳에서 긴장한 탓에 밤새 소변을 참지 못해, 다섯 번이나 일어나 혼자만의 전쟁을 치렀음에도 불구하고 어쩐지 몸은 가뿐하다.

조용히 침대 한편에 걸터앉아 산티아고 순례길의 첫 시작과 함께 무사히 이 여정을 마칠 수 있기를 지향으로 묵주기도를 했다. 그리고 배낭을 정비한 후 짊어지고 나섰다.

어제 베로니카 자매와의 약속을 지키기 위해 이른 아침 숙소를 나와서 아래층으로 내려오니, 어젯밤 함께 이곳에 투숙했던 순례자들이 빵과 커피 등으로 아침 식사를 하고 있었다. 사실 나는 그것을 무료로 먹어도 되는 것인지도 알지 못했다.

말문이 떨어지지 않아 빤히 그들을 바라보는데, 멀찍이 한쪽 구석에 앉아 식사를 하던 중년의 한 남자가 말 대신 손짓으로 자리에 와서 앉으라는 제스처를 보여, 나도 모르게 빈자리에 걸터앉아 조용히 빵 한 조각과 커피 한 잔을 쫓기는 사람처럼 먹고 이내 그 자리를 떠났다. 베로니카 자매와의 약속을 지키기 위해서였다.

생면부지의 나에게 어젯밤 도움을 준 그녀를, 기다리게 한다는 것은 예의가 아니었기에, 마음은 이미 이곳을 떠나 문밖을 나서고 있었기 때문일 것이다.

그녀가 알려준 숙소를 찾는 건, 그리 어려운 일이 아니었다. 그녀가 머문다는 숙소 앞에 닿았을 때, 사람의 인적은 어디에도 찾아볼 수가 없었다.

'여기가 아닌가?' 순간 머리를 스치는 한 마디다. 그녀의 숙소를 쉽게 찾았다는 나의 생각은 오만이었을까?

주변을 아무리 둘러보고 살펴보아도 도대체 비슷비슷한 모습의 건물들로 분간조차 되지 않는다. 나는 결국 그렇게 거리를 헤매다, 그녀와의 약속을 지키지 못한 채, 숙소로 발걸음을 돌려야 했다.

하지만 이조차 나에겐 시련의 연속이 될 줄이야!

묵었던 숙소로 돌아갈 길조차 분간이 되지 않아, 또 헤매고 있는 자신이다. 이른 아침이라 자욱한 안개와 어둠 속에서 내가 할 수 있는 게 있겠냐 말이다. 이따금 순례자로 보이는 듯한, 배낭을 멘 사람들만 드문드문 보일 뿐, 도대체 내가 갈 길은 전혀 보이지 않는다. 소리 없이 입 밖으로 내뱉는 소리는 그저 한숨 소리뿐이다.

오늘의 목적지는 여기서 약 8km 정도 거리에 있는 오리손(Orison)이라는 알베르게라서 걷는 부담이 덜해, 좀 더 이곳 생장 주변을 구경하고 가려고 했건만, 짙은 안개가 자욱해서 위치와 방향을 종잡을 수도 없는 데다, 좀처럼 마음의 여유가 생기지 않는다. 하는 수 없이 발걸음을 옮겼다. 산티아고 데 콤포스텔라를 향한 무거운 첫걸음을 말이다.

이따금 나를 앞질러 가는 순례자에게 오리손 방향을 가리키며, 나의 방향이 맞는지 재확인하고 나서야 안도의 한숨을 쉴 수 있었다.

그 옛날 나폴레옹이 스페인 정복을 위해 수십만의 군사를 이끌고 넘었다는 피레네(Pyrenees) 산맥을 하루에 지나기에 나에겐 무리인지라, 한국에서 떠나기 전 이미 예약했던 오리손에 하루 머물며 내일을 위한 기력을 보충하기로 하였다.

피레네 산맥 정상을 기준으로 프랑스와 스페인의 국경이 접하고 있다고 하니, 나는 아직 프랑스에 있음 직하다. 그도 그럴 것이 피레네 산맥을 넘기 전 순례자들이 하는 인사말만 봐도 알 수 있다. 프랑스 말로 "봉쥬르(bonjour)" 하니 말이다. 그리고 산맥의 정상을 넘고 나면 다시, "올라(Hola)" 하며 스페인식 인사말을 하는 걸 보면 참으로 신기하기도 하고, 자기 나라말에 대한 자긍심이 얼마나 대단한지 엿볼 수 있을 것 같기도 하다.

'얼마쯤 걸었을까?'

피레네 산맥을 오르며 만나는, 첫 번째 언덕길에 이르니 이내 오리손이라는 안내간판이 나의 시야에 뚜렷하게 들어왔다. 그리고 이내 안도의 한숨이 절로 나왔다. 마치 안식을 찾은 듯한 마음이다. 어느새 자욱하던 안개도 조금씩 걷히면서 시야도 좋아졌다.

오월이라 봄기운이 물씬 풍길 줄 알았건만, 이곳 날씨는 벌써 초여름에 접어든 듯하다. 무성한 잡초들과 커다란 나뭇가지에 핀 잎들이 제법 그럴싸해 보였다.

이제 피레네 산맥도 한눈에 들어올 만큼 하늘도 맑아졌다. 구름 한 점 없이 잔잔히 불어오는 바람마저, 초여름을 지나 가을의 정취를 느끼기에 충분했다.

'이곳은 정말 환상적이구나!'

나도 모를 감탄사를 자아내는 동안, 길 잃은 양처럼 땅만 바라보고 걷던, 나의 시선은 이미 저 멀리 넓은 초록빛으로 물든 초원과 유유히 풀을 뜯는 양과 소떼가 너무나도 평화로워 보일 정도다.

그리고 한편에 자리 잡은 축사와 목장들의 모습을 보노라니, 별거 아니라고 생각한 소박한 이 광경 속에서 바쁘게 살아온 나의 지난 시간들이 겹쳐 나도 모를 눈물이 왈칵 쏟아졌다.

'감사의 눈물이다.'

살아있기에, 살아서 생명의 숨을 쉬고 있기에, 이곳의 아름다운 풍경을 감상할 수 있어서다. 만약 내가 지난날의 실수로 삶을 자포자기한 채 남은 생을 포기했다면, 과연 이토록 아름다운 모습을 이 두 눈으로 볼 수 있었겠는가. 이 순간만큼은 주변을 의식하지 않은 채, 눈물을 흘릴 수 있는 나의 길 위에서 나만의 시간을 음미했다.

하지만 이도 잠시일 뿐.

가파른 길을 숨을 헐떡이며 오르다 쉬기를 반복하며, 아름다운 풍경을 놓칠세라 찍어대는 사진 탓에, 흘렸던 눈물마저 말라버렸다.

오늘의 목적지인 오리손 알베르게는 인터넷을 통해, 이미 그 모습을 머릿속에 각인시킨 탓에, 기대감으로 부푼 나에게 거리는 아무런 문제가 되지 않았다. 아니 그렇게 믿고 있다.

정오에 이를 무렵, 저 멀리에 인터넷 사진으로만 보아왔던 오리손 알베르게의 윤곽이 드러나기 시작했다.

나보다 먼저 도착한 몇몇 순례자들의 모습도 보이고, 피레네 산맥을 넘기 전 잠시 휴식을 취하며 힘을 보충하는 이들의 모습을 보노라니,

이제 정말 산티아고 순례길에 들어섰음을 말해주고 있는 듯하다.

　이곳은 피레네 산맥을 넘기 전 산 중턱에 자리 잡은 자그마한 대피소 건물로 순례자들을 위해 내부를 개조하여 숙식을 제공하고 오직 예약제로만 받는데, 그마저 성수기에는 자리를 구하기 힘들다고 하니 그 인기가 굉장함을 실감할 수 있었다.

　오리손 알베르게의 문을 열고 들어섰다. 프랑스인으로 보이는 한 중년의 여인이 나를 보더니 이내 인사를 건넨다.
　"안녕하세요."
　조금은 어색한 발음이지만 자연스레 인사를 건넨다. 이미 수많은 한국인들이 이 길을 다녀갔고, 누군가는 이곳에 머물며 휴식을 취했을 것이다.
　그녀의 자연스러운 "안녕하세요."라는 인사말이 그것을 증명해주지 않는가. 현지인이 건네는 한국 인사말에 잠시 놀라 주춤한 뒤, 그녀에게 응대할 수 있었다. 한국에서 인쇄해온 예약 증서를 그녀 앞에 살며시 내밀었다. 잠시 뚫어져라 바라보더니, 1시가 넘어야 방을 배정해줄 수 있으니, 잠시 밖에서 휴식을 취하라고 있으란다. 최소한 난 그렇게 이해했다.

나무로 만든 베란다 같은 넓은 야외식 공간이 눈에 들어와 커피 한 잔을 주문했다. 정말 이렇게 여유로울 수가 없다. 시간이 멈춰 버렸으면 하는 바람도 잠시 해본다. 커피 향도 너무나 좋다. 주변을 산책하며 이름 모를 각양각색의 풀이며, 나무들을 벗 삼아 콧노래도 흥얼거려 보았다. 물론 사진도 빼놓을 수 없다.

그렇게 여유로운 시간을 보내는 동안 오늘 아침 나의 실수로 약속을 지키지 못한 베로니카 자매와의 재회를 여기서 하게 된 것은 또 하나의 축복이 아닌가 싶다.

내가 아침에 약속장소에 나오지 않아 얼마나 걱정하며, 혹여나 간밤에 문제가 생긴 것은 아닐까 하는 염려로 나를 위한 기도를 많이 했다며 눈시울을 붉히는 그녀에게 미안할 뿐이다.

그녀는 오늘 이곳에 머무르지 않고, 피레네 산맥을 넘어 론센스바예스(Roncesvalles)에 머무를 계획이라고 한다. 아쉬움을 뒤로한 채, 그녀를 보내줘야만 했다.

아직 그곳까지는 산길 15km 이상이 남았기에 서둘러 가야만 해지기 전에 도달할 수 있기 때문이다. 이 여정이 끝나기 전 다시 만날 무언의 약속을 하며 그렇게 그녀를 떠나 보냈다. 그리고 다행히 그녀가 떠나기 전 Wi-Fi가 잡히지 않아 한국에 소식을 전할 수 없었던 상황이었었는데, 가족들이 걱정한다면서 전화를 하라면서 부추겨 내가 미처 생각지도 못했던 딸 루치아에게 안부를 전해줄 수 있어서 얼마나 안도가 되었는지 모른다.

　그렇게 시간을 보내고 나니 한 시간이 훌쩍 흘러 드디어 방을 배정받았다. 제법 깔끔하게 꾸민 실내 인테리어며, 침대들이 아늑함을 더해준다. 한 방에 10명 정도가 잘 수 있는 2층 침대 5개가 있는 방이다. 아직 이른 시간임에도 불구하고 방은 벌써 만원이다. 이곳의 인기를 다시 한 번 실감할 수 있는 순간이다.

　나만 제외하고, 대부분 외국인들로 가득 찬 방안을 보니, 갑자기 숨이 막혀온다. 외톨이가 된 듯한, 그런 기분이 드는 이유는 외국어를 전혀 구사하지 못하는 압박 때문일 거라 생각이 드는 순간, 왠지 낯익은 얼굴이 나의 시야에 들어왔다.

　이전에 파리공항에 도착하여 길을 헤매던 나에게 파리에 머물 숙소인 올리비에 하우스까지 갈 수 있도록 도움을 주었던, 문 프란치스코 형제와 그의 아내 프란치스카 자매를 다시 만날 수 있었다. 기쁨을 보일 새도 없이 달려가 반가운 인사를 건넸다.

　그들과의 뜻밖의 재회는 나에게 더할 나위 없는 기쁨이었다. 그들 역시 이곳에서 나를 다시 만나게 될 줄은 상상도 하지 못했다는 듯 연신 웃으며, 그동안 안부를 묻느라 잠시도 입을 다물지 못했다. 젊은 나이에 부부가 함께 이 길을 걷는다는 것에 그저 부럽기만 할 뿐이다. 그들과의 뜻밖의 재회에 심취해 있는 동안, 나로 인해 그들만의 시간을 너무 뺏는 것 같아 미안한 마음에 개인 정비를 위해 할 일이 있다며 자연스레 자리를 피해 주었다.

　그리고 그들로부터 중요한 정보 하나를 건질 수 있었다. 내일부터

연 3일 동안 기상변화로 비 소식이 예상된다는 것이다. 그래서 무거운 배낭을 메고 빗속을 걷는다는 건 쉽게 감당해 낼 수 없어 배낭 탁송 서비스를 이용해 다음 목적지까지 원하는 알베르게에 배달을 시킬 것이라며 나에게도 그렇게 할 것을 당부했다.

그들의 말을 귀담아듣기를 잘했다고 생각한 것은 나중의 일이었다. 그 당시 그들의 말을 무시하고 3일 동안 무거운 배낭과 함께 빗속을 걸었을 것을 상상하니 오금이 저려온다.

처음 오리손에 도착했을 때, 나에게 인사를 건넸던 중년의 여인에게 탁송 서비스 예약봉투를 받고, 문프란치스코 형제의 도움을 받아 영문으로 필요한 사항을 기재했다. 요금은 한 번에 편도 8유로란다.

내일 아침 예약봉투에 8유로를 넣고 배낭에 매달아 카운터 앞에 놓으면 된다고 하니, 앞으로 필요할 때면 종종 이용해 보는 것도 이 여정을 무사히 마칠 수 있는 효율적인 방법이라 생각이 들었다.

아직은 정오 때라 햇볕이 좋았다. 빨래를 하기에 좋은 날씨라, 그동안 밀린 속옷과 양말을 빨아 널었다. 그리고 샤워를 하려니, 1유로를 샤워부스에 넣어야 5분 정도 따뜻한 물이 나오는 방식이었다. 나에게, 이 모든 일들은 낯설기만 하다.

집에선 늘 물 걱정 없이 편하고 한가하게 샤워를 했었건만, 5분 내외로 샤워를 마쳐야 한다니 예전 군대에서 신병일 때가 문득 생각나게 하는 순간이다.

그렇게 5분 샤워를 마치고 휴식을 취하는 동안 저녁때가 되어 식당으로 향했다. 이미 식당은 오늘 이곳에 머무는 사람들로 가득 찼다.

문 형제 부부는 한자리를 잡고 앉아, 서로 이야기꽃을 피우고 있었다. 자연스레 그들 옆에 앉아 식사를 주문하고 이야기에 동참했다.

출발 전 한국에서 오리손을 예약할
때 숙소 예약비용이 38유로로 다른 곳
과 비교해 비싸다고 생각했지만 나중
에 알고 보니 저녁 만찬까지 포함된 가
격이었다. 이 또한 문 프란치스코 부부
가 알려주지 않았다면 이 멋진 식사를
하지 못했을 것이다. 메뉴는 닭고기나
해삼류 그리고 콩 종류의 수프와 함께
와인이 나왔다.

식사 도중에 옆 테이블에 앉은 한 외국인이 반갑다는 듯 인사를
건네는데, 제대로 응대를 해주지 못해 무안함을 느끼는 데 전체 소
개 시간이 시작되었다.

문득 이곳에 오기 전, 순례길에 경험 있는 지인에게서 들은 얘기가
생각났다. 작은 알베르게에 머무르면 함께 식사를 하며 자기소개를
나누며 위로의 시간을 갖는다는 얘기를 들은 바가 있었는데, 오늘이
바로 그날인가 보다. 나와 다르게 문 형제는 아주 유창한 영어 실력
덕분에, 외국인들과 쉽게 친해지며 이야기의 끈을 놓지 않는 듯했다.

시계방향으로 자기소개가 시작되었고, 내 차례가 왔을 때 머쓱
함을 뒤로한 채, 겨우 입을 뗀 게 "I am a Korean! I don't speak
English, sorry."였다. 더 하고 싶어도 할 얘기도 없었을 뿐만 아니라,
사실 아는 영어 단어조차 생각나지 않았음이니라. 창피하기도 하고
부끄러워서 앉은 자리가 좌불안석이라 생각이 드는 찰나, 박수 소리
가 여기저기서 흘러나왔다.

나중에 문프란치스코 형제로부터 들은 얘기로, 고령에 홀로 이 길 위에 섰다는 그 자체만으로도, 충분히 놀라운 일이라 박수를 받을 만한 일이라는 것이다.

각자의 소개가 거의 끝나갈 때쯤, 대부분 와인으로 취기에 올랐는지 저마다 목소리도 높아지고 웃음이 끝날 줄 모르는 분위기가 되어, 나도 모를 웃음이 절로 나왔다. 말없이 있는데도 옆 사람과 대화조차 건네지 못했건만, 왠지 즐겁다는 표현이 맞는 것 같다.

오늘 밤 이곳에 머무는 30여 명의 순례자들은, 저마다 다양한 국적의 사람들로 뒤섞여 있었다. 하지만 전혀 서로 개의치 않고, 아주 오래전부터 알고 지낸 친구처럼 유쾌한 대화가 오고 갔다.

'이조차도 나에겐 생소하고 신기할 따름인 이유는 뭘까?'

산티아고 순례길을 선택하고 반드시 최종 목적지에 무사히 닿아야겠다는 결심만을 했었는데, 오늘에야 비로소 또 하나의 과제를 자신에게 내렸다.

오늘 저녁을 계기로 단순히 걷기만 하여 목적지에 도착하는 것이 아닌, 이 길 위에 선 모든 상황에서 스스로 즐거움을 찾고, 길에서 만나는 이들과 가벼운 인사라도 건네며, 용기를 주고 때론 용기를 받으며 가치 있는 시간을 보내겠다는 마음의 변화가 생겼다.

오늘은 그 어느 시간보다, 나에게 많은 생각을 하게끔 하는 오리손에서의 첫 밤을 보내며, 평화로운 잠자리에 들었다.

고난의 길

DAY+6 2018년 5월 12일(토) 안개/비/우박

Routes of Santiago de Compostela in France + 2days

Orisson to Roncesvalles 17.0㎞ / 25.0㎞

여느 때와 같이 새벽 5시 30분에 맞춰놓은 알람 진동소리에 눈을 떴다.

오늘은 걸으면서 기도를 할 생각에, 늘 하던 묵주기도를 생략하고, 어두워 잘 보이지도 않는 침대 주변을 오로지 손가락의 감각만으로 더듬으며, 어젯밤 풀어놓은 배낭을 다시 싸기 시작했다.

어렴풋이 아직도 잠에 취해 코를 고는 이, 언제 일어났는지 부스럭거리며 배낭을 싸는 이도 보였다. 보청기를 하지 않으면 거의 들을 수가 없어, 휴대폰 알람을 진동으로 해놓고

옆에 두고 잤는데, 행여
나 그 소리가 주위 사람
들에게 민폐가 되지 않을
까 신경이 쓰였지만, 아직
은 알람에 의존해 일어날
수밖에 없는 상황이었다.

어젯밤 준비한 배낭 탁송 용지에 8유로를 넣고, 이미 카운터 앞에
한 줄로 나란히 놓인 다른 이들의 배낭 한편에, 나의 배낭을 소리 없
이 내려놓았다. 문제는 '과연 나의 배낭이 다음 목적지인, 론세스바
에스에 무사히 도착할 수 있을까?' 하는 의구심과 함께 말이다. 하지
만 믿어 보기로 한다.

조용히 걸음을 옮긴 곳은 숙박과 함께 운영하는 작은 매점이었다.
간단히 빵과 우유 그리고 오렌지 주스로 아침 식사를 해결했다. 솔
직히 선택할만한 메뉴가 전혀 없었다는 표현이 맞는 것 같다. 그래도
든든히 먹었으니 기운은 난다.

창문 너머로 보이는 바
깥은 아직 자욱한 안개로
길조차 정확히 확인할 수
없을 정도였다. 어제의 그
장엄하던 피레네 산맥조
차 말이다.

산티아고 까미노의 천사들

보조 배낭에 물과 판초 우의 등 걷는 동안에 꼭 필요한 것만 챙겨 넣었다. 보조배낭이라고 해야 스틱케이스이지만 나름의 쓰임새가 있었다. 문밖을 나서는데 안개라고 생각한 그것은 비였다. 다시 문안으로 황급히 들어가 판초 우의를 쓰고 다시 걸음을 재촉했다.

어젯밤 잠이 들기 전, 문 형제 부부와 따로 출발하기로 한지라, 서둘러 그곳을 벗어났다. 부부가 함께 온 자리에 다른 이의 존재가 서로 조금은 부담이 될까 싶어서다. 물론 그 결정은 잘한 일이었다.

산티아고 순례길을 걷기 위해, 한국에서 트레이닝을 준비하며 느낀 것이지만 나의 걸음이 다른 이들보다 대체로 느려서 혼자 걷는 것이 마음이 더 편했기 때문이다. 물론 걸으면서 앞서거니 뒤서거니 하며 서로를 챙겨가며 갈 수도 있지만 어차피 혼자 걷기 위해 온 시간인 만큼 자신만의 시간을 갖고 싶은 마음이 컸다. 발걸음이 어느 때보다 가볍다. 비가 오는데도 불구하고 말이다. 조용히 마음속으로 새벽에 숙소에서 하지 못한 묵주기도를 하며 한 걸음 한 걸음 옮겨 나갔다.

얼마를 걸었을까 비로 착각했던 안개마저 심술이 났는지 더욱 짙어지고 비마저 거세져 시간이 지날수록 가시거리가 짧아져 걸음이 더뎌졌다. 30m 앞을 분간할 수 없을 정도다. 배낭을 탁송 보내지 않았더라면 더욱 힘든 시간이 아니었을까 생각하니, 문 형제의 조언에 또 한 번 감사의 마음을 전해본다.

앞, 옆을 분간할 수 없어 땅만 보고 '걷는 내 모습이 힘들어 보여서일까?' 나를 앞질러 지나가는 한국인 한 분이, "앞만 보고 걸으라는 하느님의 계시가 아닐까요?"라는 의미심장한 말을 남기고 이내 나의 시야에서 자취를 감추었다.

'하느님의 계시라?'

왠지 그럴싸한 뜻인 것 같아 생각을 해보니 힘겨운 발걸음을 옮기는데, 어느새 마음 한구석이 편해진다. '무엇이든 생각하기에 따라 상황은 다르게 전개될 수 있구나'라는 깨달음을 얻은 듯 다시 힘차게 발걸음을 옮겼다.

예상과 달리 날씨는 더욱 악화하여, 비바람은 강해지고 추위마저 점점 나의 몸을 움츠러들게 한다. 겨우 뒤집어쓴 판초 우의가 조금은 추위를 막아 주긴 하지만 역부족이었다.

따뜻한 차 한 잔에 따끈따끈한 아랫목이 왜 이렇게 그리운지 나지막이 입가에서 흘러나오는 한마디,

'아, 집에 가고 싶다~'

주위를 둘러보지만 아무것도 보이지 않는다. 이따금 들려오는 정체를 알 수 없는 딸랑거리는 방울 소리만 적막감을 잠시 깨울 뿐이다. 분명 나는 가파른 언덕을 걷고 있다. 희미하게 보이는 길옆 절벽의 아찔함은 이제 더 이상 나를 위협하지 못했다.

'그렇게 얼마를 걸었을까?'

보이는 길옆으로 소형 트럭으로 보이는 한 대의 차 주변으로 순례자들의 모습이 보이기 시작했다. 이 길을 걷느라 목마르고 지친 이에게, 잠시나마 휴식과 배고픔을 달래줄 물과 음식을 판매하는 차였다. 얼마나 반가운지 따끈한 커피 한잔을 주문한 뒤 단숨에 들이켰다. 마치 물을 마시듯 말이다. 얼어붙은 몸이 조금은 녹는 듯, 온화한 기운이 온몸 구석구석을 돌아다니며 위로해 주는 듯하다.

그렇게 잠시 휴식을 취하는 동안 세차게 내리던 비는 이내 우박으로 변해 성난 황소처럼 하늘에서 바닥으로 쏟아 붓는다. 가히 위협적이다. 저것에 머리라도 정통으로 맞는다면 얼마나 아플지 상상이 가지 않는다. 아니 어쩌면 시작과 동시에 더 이상 순례길을 걸을 수 없을지도 모른다는 생각에 차량에 처진 비 가리개로 재빨리 몸을 숨겼다.

하지만 이러한 생각을 한 건 나뿐만이 아닌 듯싶다. 주변에서 휴식을 취하던 모든 이들이 모여들었고 협소한 자리 틈에 서 있기조차 어려울 지경이다.

다행히 우리의 휴식을 위협하던 우박은 잠시였고, 이내 발걸음을 재촉하는데, 문 형제 부부를 다시 만나 추억 삼아 기념사진을 한 장 남기고 다시 각자의 발걸음을 옮겼다. 비가 오는 데다가 너무 추워서 사진 찍는 것이 쉽지 않았다. 더구나 무릎보호를 위한 스틱을 양손에 들었으니 더욱 어려울 수밖에.

피레네 산맥의 어느 이름 모를 숲속 길을 걷노라니, 자그마한 대피소로 보이는 곳에 대여섯 명 정도 겨우 들어갈 공간에 열 사람이나 몸을 움츠리고 휴식을 취하는데, 잠시라도 나의 몸을 저곳에 맡기고 싶은 마음에 비집고 들어가 보려고 애써 보지만 쉽지 않다. 자리를 양보할 맘이 전혀 보이지 않던 그들이 하나둘씩 떠나고 난 뒤에야, 겨우 안으로 들어가 서 있을 수 있었다.

추위와 싸우느라 많은 에너지를 소비한 탓에 배고픔이 거세게 밀려왔다. 다행히 오리손를 떠나기 전 챙겨 온 음식으로 배고픔을 달랠 수 있었다. 소박한 점심을 먹은 셈이다.

엊저녁 피곤한 나머지 이름도 모른 채 주문하였는데, 바게트 속에 소금으로 염장한 말린 쇠고기 같은 것이 들어 있었다.

나중에 안 사실이지만, 그 빵의 이름은 '보카디요(Bocadillo)'라고 한단다. 어제저녁 오리손에서 예약해서 받아오지 않았다면 점심을 구할 곳이 없어 굶었을 것이다.

이곳 사람들은 거의 주식으로 보카디요를 먹고, 빵에 들어가는 속재료에 따라 그 종류도 다양하다고 한다.

'배고픔 때문이었을까?'

평소 같으면 딱딱한 바게트를 잘 먹지도 않았겠지만, 그날의 바게트는 너무 맛있게 먹었다. 너무도 추워서 덜덜덜 떨면서도 허겁지겁 씹어 삼켰다. 하지만 양이 적은 탓일까? 굶주림에 허덕이던 배고픔을 잠재우기엔, 턱없이 부족했다.

그래도 잠시나마 거센 비바람으로부터 휴식을 취하고 음식을 먹으니, 한결 몸과 마음은 평온을 되찾는 듯했다. 이런 것이 소박한 일상으로부터 얻는 행복이 아닐까 싶다. 그동안 우리가 잊고 살았던 그 작은 수많은 행복의 조각들을 말이다.

피레네 산맥의 정상을 넘은 지 좀 된 듯하다.

한참을 지나서야, 프랑스에서 국경을 넘어 스페인의 영토를 걷고 있음을 이제야 자각하다니… 나도 참 정신이 없나 보다 싶어 헛웃음이 절로 나왔다.

무턱대고 걷고 있는 자신에 대한 외침이다. 그러고 보니, 유럽은 연합국가(EU)[10]라 나라 간 국경 없이 자유로이 넘나들 수 있다니, 이 얼마나 좋은가. 분단 조국인 우리나라를 보면, 비통함마저 든다. 언젠가 통일이 되면 고향을 가보리라 수없이 많은 날과 시간을 보내며 염원했건만, 살아생전에 가볼 수나 있을지 이제는 의문마저 든다.

어쨌든 지금 이 순간만큼은 산티아고 순례길을 걷고 있으니, 더할 나위 없이 행복하고 좋을 뿐이다.

목적지인 론세스바예스에 가까워질수록 순례자들의 모습이 이전보다 많이 눈에 들어왔다. 행여나 길을 잃을까 봐, 사람들의 행렬을 따라 걸어 보려고 애써보지만, 안개가 자욱이 끼고 내린 비로 흙길이 온통 진흙으로 변해 미끄러질까 봐 속도를 내기도 여간 쉽지 않다.

그렇게 앞서가는 순례자들의 뒤를 쫓다시피 가는데, 마침 문 형제 부부가 크게 외치는 소리가 들렸다.

"형제님! 형제님! 그쪽은 경사가 가팔라서 위험하니 이 길로 가세요!"

인사를 건넬 새도 없이, 길 안내를 하며 사라지는 그들 부부였다. 결정적인 순간마다 나타나 도움을 주고선 사라지는 그 부부의 뒷모습을 멀찍이 보니, 마치 길을 안내하는 인도자처럼 보였다.

---

10) EU(European Union) : 유럽의 정치·경제 통합을 실현하기 위하여 1993년 11월 1일 발효된 마스트리흐트 조약에 따라 1994년 1월부터 사용된 유럽공동체(EC)의 새 명칭이며, 현재 회원국은 28개국이다

'하느님의 심부름꾼'

이런 표현이 적절한지 모르겠지만, 그것과 비슷한 느낌이랄까나?

아무튼 참으로 고마운 사람이다.

어느덧 목적지에 거의 다 왔음을 직감했지만, 도무지 안내표시를 찾을 수가 없어, 다른 순례자들이 지나갈 때까지 기다리기로 했다.

얼마 지나지 않아 나의 판단은 적중했다. 그들을 따라 목장 같은 곳의 철책 문을 열고 걷다 보니, 산길을 다시 만나고, 한참을 더 가니 눈앞에 고풍스런 옛 성채가 그 웅장함을 드러내며 나의 시야를 완전히 뒤덮는다.

산티아고 까미노의 천사들

그곳은 바로 론세스바예스(Roncesvalles)였다. 수도원의 내부를 개조해 순례자들을 위한 숙박을 제공한다는 글귀를 책에서 본 듯하다.

잠시 주위를 두리번거리다 성안으로 들어가는 문으로 보이는 듯한 철문을 열고 안으로 들어가니, 나보다 먼저 도착한 순례자들의 모습과 방을 배정받기 위해 카운터에서 접수대기를 기다리는 사람들로 인산인해였다. 그도 그럴 것이, 이곳엔 순례자를 위한 알베르게가 여기뿐이니, 선택의 여지가 없기 때문이다.

행여나 비에 젖을까 비닐로 꽁꽁 싸매 보조 가방에 넣어둔 여권과 순례자 여권을 들고 줄 선 사람들의 뒤에 섰다. 사실 이때까지도 생장에서 받은 것 중, 어느 것이 정확히 순례자 여권인지 몰랐던 나였다.

순례길에서 처음 접하는 상황이라 어리둥절하다. 오리손에선 이미 인터넷으로 예약을 끝냈기에 여권을 보여줄 필요가 없었기 때문이다. 순례자들이 비슷한 시간대에 몰리는 바람에 한참을 기다린 끝에 내 차례가 되어 접수를 하려 하지만, 도무지 알아들을 수가 없다.

그곳에 접수를 담당하던 직원도 답답한지 쪽지에 방 번호만을 적어준 뒤, 숙박료가 쓰인 가격표를 내밀고서는 12유로를 가리킨다. 그렇게, 숙박료를 지불했지만 순간 또 다른 해결해야 하는 과제가 남았음을 인지했다. 바로 탁송 배달된 배낭이다.

말이 통하지 않으니 물어볼 엄두가 나지 않아 애가 타는 가운데, 혹시나 문 형제를 볼 수 있을까라는 기대감에 주위를 둘러보지만, 그는 도통 보이지 않는다.

난감한 순간이 아닐 수 없다. 한편으론, 나 스스로 해결한 것이 여기 와서 하나도 없다는 생각에 자괴감마저 든다. 마침 접수할 때 정리를 하던 직원으로 보이는 듯한 중년의 남자에게 배낭에 대한 행방을 서투른 손짓 발짓을 해가며 물으니, 나를 어디론가 데려간다.

그를 따라 건물 밖을 나와 길을 건너는가 싶더니, 보기만 해도 엄청 커 보이는 건물 내부로 나를 인도한다. 아마도 창고로 활용하는 건물인 듯싶다. 어두워서 보이지도 않는 창고 안의 전등을 켜는 순간, 어렴풋이 나의 것으로 보이는 초록색 커버로 덮인 배낭이, 한쪽 구석에 놓여진 걸 발견하고는, 어찌나 반가운지 나도 모르게 괴성을 지를 뻔했다. 그에게 연신 고맙다는 인사를 건네고, 배낭을 챙겨 배정받은 방으로 발걸음을 옮겼다.

숙소는 3층이었다.

나지막한 칸막이를 사이에 두고, 한 칸에 두 사람씩 자는 단층침대였다. 조금은 저렴한 호텔 같은 느낌마저 든다. 더욱이 맞은편에는 한국인으로 보이는 젊은 아가씨가 자리하고 있었다. 순간 필요할 때 도움을 받을 수 있겠구나 생각하니, 한편으론 안심도 되었다.

예전 대피소를 개조해 숙박소로 활용하던 오리손에 비하면, 이곳 시설은 참으로 깨끗하고 넓어서 맘에 들었다. 오늘은 비바람과 씨름하며 걷노라, 흠뻑 젖어 버린 판초 우의와 등산복 그리고 속옷과 양말을 샤워하면서 대충 빨아 널었다. 집에서처럼 세탁기를 이용해 빨 수 있는 상황도 아니거니와, 이런 일에 익숙지 않아 대충해버린 것인지도 모르겠다.

오리손에서 8시경에 떠나, 이곳 론세스바에스까지 20여 km를 걸어 대략 7시간 반 만인 오후 3시 30분경 도착한 것이다. 그나마 다행인 것은, 가파른 언덕길과 악천후를 버티면서, 염려했던 무릎과 발목이 아직 건재하다는 사실에 뿌듯함마저 느꼈다.

순례 초기에 나를 포함해, 대부분의 순례자들이 우려했던 순례길의 최고 어려운 코스인 피레네산맥을 무사히 넘었다는 사실만으로도 스스로에게도 자랑스러워할 만한 일이 아닐 수 없다.

그나마 일찍 도착했기에 개인 정비도 쉽게 마치고, 얼마간의 휴식도 취할 수 있어 좋았지만, 여전히 내리는 비로 인해, 이곳 성채의 경내 구경을 하지 못해 아쉬움을 금할 수 없었다.

자리로 돌아와 잠시 눈을 붙일 수 있을까 싶었는데, 눈치 없는 배꼽시계가 밥 달라고 신호를 보낸다. 저녁 식사 때가 된 것이다.

접수할 때 카운터 벽면에서 보았던, 순례자 메뉴가 7시 30분과 8시 30분 두 차례에 걸쳐 10유로에 식사를 제공한다는 안내 문구가 생각나, 잠시 눈을 붙인 뒤 8시경에 침대에서 일어나, 조금은 무거워진 발걸음을 옮겼다. 그리고는, 한참을 접수처 부근을 둘러 보았다. 식당을 찾기 위해서다. 하지만 어디에도 식당으로 보이는 공간은 없는 것이 아닌가?

마침, 낮에 배낭을 찾아준 남자 직원에게 순례자 메뉴판을 손가락으로 가리키니 7시 30분은 없고, 8시 30분에 식사를 제공한다고 알려준다. 그리고 보니, 접수할 때 미리 예약을 해야 되는데 말이 통하지 않아, 그냥 방 배정만 한 것 같았다. 아무래도 이곳에서의 저녁 식사를 기대하기 어려울 것 같았다. 어찌해야 될지….

여전히 그칠 줄 모르는 빗속을 우산을 들거나 우의를 뒤집어쓴 채, 저마다 어딘가로 목적을 가진 듯, 바삐 오가는 사람들의 모습이 보인다. '저들은 분명 식당을 갔다 오는 사람들'이라 확신한다.

잠시 후, 우산을 쓰지 않은 채, 빗속을 황급히 달려 내 쪽으로 오는 아가씨가 보이는데 한국인이라 직감했다.
"안녕하세요, 혹시 한국분이세요?" 말을 건네 보았다.
"아~ 안녕하세요"라며 나의 행색을 물끄러미 보더니, 자기보다 연배가 높아 보여서일까, 가볍게 허리를 굽히며 인사를 건넨다.
"혹시, 저녁 식사하고 오셨어요?"라고 물었다.
"예, 저녁 먹고 왔어요." 그녀가 답했다.
"제가 어디로 가서 저녁을 먹어야 할지 몰라서 그러는데, 죄송하지만 가르쳐주실 수 있나요?"
그녀의 깍듯한 예의에 반해서일까, 손녀 같은 어린 아가씨이지만 정중히 물어보았다. 식당은 여기서 200여 m 더 가야 한다고 한다. 그러고는 안내해 줄 테니 따라오란다. 아무래도 나이 드신 노인 혼자서 그곳을 찾기란 여간 어려운 일이 아님을 직시한 모양이다.
"제가 모셔다드릴 테니 따라오세요"

"근데, 혹시 식사 티켓은 있으세요? 다시 그녀가 나에게 말을 건넸을 때는 이미 어느 레스토랑에 닿았을 때쯤이다.

"식사 티켓이라뇨? 그게 뭐죠?"

어리둥절하다는 듯 고개를 갸우뚱거리며 물어보았다.

식사를 하려면 해당 식당의 티켓을 사전에 구매한 뒤, 정해진 시간에 와서 식사를 한다고, 그녀가 설명을 해주었다.

난처한 일이 아닌가! 그러한 정보에 대해 전혀 몰랐던지라, 식당에 가서 그냥 사 먹으면 되는 줄 생각했었는데 또다시 바보 노릇을 했으니… 어찌할 바를 모르며 주춤하는 나를, 애처롭다는 눈빛으로 응시한다.

"그럼 잠시 여기서 기다려보세요"라며 식당으로 안으로 들어가더니, 카운터에 앉은 중년의 여인에게 뭔가를 열심히 설명하는 듯하다. 아마도 나의 사정을 설명하며, 식사 티켓 판매를 부탁하려는 그녀의 의지가 아닌가 싶다. 이미 식당 문 앞에는 식사 오픈 시간을 기다리며, 줄을 늘어선 사람들로 분주하다. 그리고 저마다 한 손에는 식사용 티켓으로 보이는 쿠폰을 쥐고 있었다.

그렇게 식당의 카운터 중년 여인과 한참을 씨름하던 그녀는 결국 나에게 다가와 식사를 할 수 있게 되었으니 걱정하지 말라며 재차 위로의 말을 전한다. 그런 아가씨에게 뭐라고 감사의 말을 전해야 할지

몰라 몇 번이나 고맙다는 말을 전했다. 오히려 나보다 그녀가 식사 티켓을 구매하기 위해 노력을 다하는 모습을 보니 그저 고마울 따름이다.

내가 물으니 부천에서 온 '김상은'이라고 소개한 뒤, "식사 맛있게 하라며, 계신 동안 도움이 필요하며 언제든지 찾아와 달라."는 말과 함께 근심 어린 눈빛을 보내며 숙소로 발걸음을 돌리는 그녀의 뒷모습이 사라질 때까지 바라보았다. 그리고 마음속으로 그녀가 여정을 무사히 마치고, 바라는 목적을 달성하기를 간절히 기도해주었다. 내가 그녀를 위해 할 수 있는 최선이기 때문이다.

한국에 돌아가면, 아니 이 여정을 하는 동안에도 나의 도움이 필요한 이들이 있다면, 오늘에 내가 받았던 작은 도움의 손길을 반드시 나눠주리라 다짐해본다.

나는 그렇게 굶주림에 아우성치는 뱃속을 달래기 위해, 고대했던 식당 오픈 시간이 되어 안으로 입장하였다. 식사는 순례자 메뉴로 나왔고, 가격은 10유로였다. 이 가격은 앞으로 지나치게 될 수많은 마을의 식당에서, 거의 동일한 가격에 순례자 메뉴로 판매하는 것임을 알게 되었다.

한 테이블에 8명 정도가 앉을 수 있게 미리 세팅되었고, 나도 한자리 자리 잡고 앉았다. 일행으로 보이는 외국인 다섯 명과 동석하게 되었는데, 식사보다 이야기에 푹 빠져 왁자지껄하다. 세계 어디를 가나 여자들은 다 똑같나 싶어 피식 웃어본다. 너무나 친근할 정도로 이야기를 나누는데, 자리는 함께했지만 그 속에 속할 수 없다는 생각에 조금은 머쓱해진다.

처음 테이블에 앉을 때부터, 내 옆에 앉은 두 명의 모녀인 듯한 사람들에게 관심을 저버릴 수가 없었다. 분명히 한국인이다. 의심의 여지조차 없지만, 식사를 하는 내내 말문을 굳게 다문 채, 먹는 데만 집중하는 모습이 왠지 다른 이들에게는 전혀 관심이 없다는 듯, 시위라도 하는 듯 보여 용기 내어 내가 먼저 말을 건네 보았다.

"안녕하세요, 혹시 한국에서 오셨나요?" 당연히 알면서도 모른 척 물어본다. 어머니로 보이는 듯한 여인이 나의 질문에 응대했다.

"예…" 그녀의 대답은 간결하면서도, 더 이상 대화를 원하지 않는다는 귀찮은 듯한 말투이다. 다시 두 번째 말문을 열었다.

"따님하고 순례길에 오셨나 봐요?" 당연한 질문에 괜스레 내가 머쓱해진다. "예…" 역시 같은 대답이다.

괜한 질문을 했나 싶어, 더 이상의 대화를 이어가기 곤란에 상황에 이르렀다. 어색한 분위기가 최고조에 달했을 때, 마침 적당한 타이밍에 주문한 두 번째 요리가 나와, 어색함과 적막감이 감돌던 분위기에서 그나마 조금은 벗어날 수 있었다.

'그래, 그냥 식사나 하고 어서 가서 쉬어야겠다.' 혼잣말로 중얼거려 본다. 불필요한 대화로 그들의 여정에 괜히 간섭한다거나 불편함을 주어서 머쓱하기도 하고 후회스러웠다.

순례자 메뉴는 표준메뉴인 듯, 세 가지 코스로 나오는 게 정석인가 보다. 첫 번째는 수프, 샐러드, 파스타 두 번째는 메인 메뉴(스테이크 돼지고기, 닭고기, 생선 중 택일), 마지막으로 아이스크림, 케이크, 요거트 그리고 커피 정도의 후식이다. 물론 와인은 항상 빼놓을 수 없는 기본 메뉴에 포함된다.

언제나 그렇듯, 식사 중에 마시는 와인은 적당히 취기를 불어 일으키며 식욕을 돋우고 온몸을 따뜻하게 발열시켜주는 마력을 지닌 듯하다. 더욱이, 피곤으로 얼룩진 순례자에겐 이만한 수면제도 없을 듯하다.

식사 후, 자리에서 일어나 식당을 벗어나는 마지막까지, 그들 모녀와 아무런 대화도 나누지 않았다는 것에, 여전히 석연찮은 마음뿐이다.

치유의 길

DAY+7 2018년 5월 13일(일) 눈/비/흐림

Routes of Santiago de Compostela in France + 3days

Roncesvalles to Zubiri 23.0㎞ / 48.0㎞

Roncesvalles   9.0km   Alto de Mezkiritz   10.0km   Alto de Erro   4.0km   Zubiri

어김없이 휴대폰 알람은 5시 30분에 꿈속을 헤매고 있는, 잠든 나를 귓전에서 흔들어 깨운다.

어제 이곳에 도착했을 때, 나보다 먼저 도착해 옆자리에 자리 잡고 있던 한국 아가씨도 언제 일어났는지, 헤드 랜턴을 켜고 배낭을 꾸리고 있다. 아직 잠속에 취해있을 다른 순례자들의 수면을 방해할까 싶어 조심스레 배낭을 싸는데, 여간 신경이 쓰이지 않는다.

순례자 숙소인 알베르게 대부분은 공립이든 사립이든 정해진 시간 아침 7시에 실내등을 점등할 수 있다고 하니, 이 또한 오랜 시간을 거슬러오며 정해진 하나의 규칙임에 분명하다.

대충 배낭을 꾸리고 세면장으로 까치발을 해서 걸음을 옮긴 후, 물소리를 최대한 줄여 고양이 세수를 했다. 대도시 부근의 공립 알베

르게는 사립시설에 비해 수용 인원이 백 여 명 이상 한층, 한방에 들어갈수 있다고 하니 나만 생각해서 될 문제가 아니었다.

이번 순례를 하면서 한 가지 결심한 일이 있었다.

한국에서였더라면, 감히 창피해서 주위의 시선 때문에 시도하기가 꺼려지는 일인지라, 이왕 외국에 나와서니 그것도 순례길인 만큼 그것에 좀 더 다가가 보자는 의도였다. 수염을 길러 보자는 것이다.

77세의 노인이 영화에서나 나올법한 근사하고 멋진 턱수염을 기대하는 건 아니지만, 사실 순례를 하며 매일 수염을 깎고 정리한다는 것 자체가 귀찮은 일이다. 하지만 이 여정이 마무리될 무렵에 길러진 나의 턱수염을 보노라면 왠지 이 여정이 얼마나 길고 험한 싸움이었는지 자신의 모습을 통해 재발견할 수 있을 것 같은 기대감 때문인지도 모르겠다.

이제 모든 준비가 끝났다.

옆자리 한국 아가씨의 모습도 나의 시야에서 사라진 지 오래다. 배낭을 짊어 메고 1층 식당으로 내려가 준비했던 물과 빵으로 간단히 아침 식사를 한 뒤, 7시 30분경에 숙소를 나왔다.

어제 흐리고 비가 오는 탓에, 주변 풍경을 제대로 볼 수 없었건만, 아침에 맞이한 이곳은 수도원 건물 주변으로 작고 아담한 고풍스런 시설들이 적절한 조합을 이루며 아름다움까지 자아내고 있었다.

언제 다시 이곳을 방문하게 될지도 모르는 시점에서 날씨 탓으로 제대로 구경하지 못한 게 못내 아쉬워 발걸음이 쉽사리 떨어지지 않는다. 날씨는 여전히 흐리다. 자욱한 안개는 아침이면 늘 함께한다.

　수도원 건물을 벗어나 조금 걸으니 비포장도로가 나온다. 어제 내린 비로 길은 이미 질고 군데군데 고인 물들로 걷기가 쉽지 않다. 제법 큰 물웅덩이를 만나면 마치 강을 건너듯 모험도 감수하지 않을 수 없었다.

　어느덧 목장 길옆을 걷노라니 저 멀리 이름 모를 산에는 하얀 눈이 내려 이곳과의 날씨 차이가 확연히 다름을 보여준다. 지금 걷고 있는 여기도 비가 완전히 그친 것도 아닌 데다 이른 아침이라 쌀쌀하기는 마찬가지다. 벌어졌던 옷섶을 가슴 쪽으로 모아본다. 조금이라도 체온을 뺏기기 싫어서였다.

　한국을 떠나기 전, 우물도 두 종류가 있다고 들었다. 음용 가능과 불가능이다. 무턱대고 물을 마셨다가는, 병원 신세를 면치 못할 거라고 신신당부를 했던 기억이 난다. 다행인 건, 음용 가능 여부를 확인할 수 있는 방법이 있어 확인만 잘하면 된다는 것이다.

우물에는 다음과 같은 글귀가 쓰여 있다.

지역마다 차이는 조금 있지만 보통 스페인어로 'Posible' 또는 'Imposible' 새겨져 있거나, 영어로 'Drink 혹은 ○, ×' 표시된 곳도 있다고 하니 조금만 신경을 쓰면 쉽게 확인이 되니 별 어려운 일도 아니다. 하지만 간혹 아무런 표식이 없는 곳도 있으니 그냥 지나쳐 다음 우물을 찾거나 급하면 식당에서 생수를 구입하는 게 확실한 방법일 것이다.

얼마를 걸었을까?

한국인 60대 중반 정도로 보이는 노부부를 만났다. 내 또래는 아니지만 반가움을 감출 수 없어, 먼저 다가가 인사를 건네 보았다.

"안녕하세요! 아니 올라~" 한국말로 인사했다가, 스페인식 인사를 재창해 보았다. 이왕 순례길에 섰으니 "올라!"에 익숙해지는 게 당연한지도 모른다.

나를 조금 앞서가던, 노부부는 뒤돌아 나를 확인하고는 환한 미소를 지으며, 무척이나 반가운 표정으로 인사를 받아주었다.

"아~ 안녕하세요, 반갑습니다."

노부부가 거의 동시에 답했다.

"오늘 처음 한국분을 뵙습니다. 너무 반갑습니다."

나보다 더 반가운 어투다.

"아니, 혼자 오셨어요?" 놀라운 표정으로 남편이 묻는다.

"예, 혼자 왔어요."

"우와, 정말 대단하시네요!" 이번엔 아내가 말했다.

아무리 보아도 자기네들 보다, 한참은 연배가 있어 보여 도저히 믿기지 않는다는 표정이다.

"실례지만, 올해 몇이세요?" 한국적인 표현의 질문이다.

"아~ 예, 일흔일곱입니다만…."

그들 노부부는 수원에서 왔고, 가톨릭 교우라서 그런지 더욱 반가움을 금치 못했다. 그들은 김 프란치스코와 안젤라 부부란다. 그들은 이미 파리를 시작점으로 하여, 스페인 산티아고 순례길 중 프랑스 길(Routes of France)의 시작점인 생장피에르포터(Saint Jean Pied de Port)까지, 이미 700km 이상을 걷고, 이어서 프랑스길 800km를 걷는다는 것이다. 파리의 올리비에 하우스에서 만난 이 요셉 형제처럼.

그것도 한 번도 아닌 세 번째인가 네 번째라고 하니 실로 놀라움과 감탄사를 자아내지 않을 수 없었다.

"아니, 정말로 그 먼 길을 두 분이서 걸어왔다고요?" 반신반의하며 물었다.

나는 지금 산티아고 순례길의 800km를 도전하는 것도 버거울까 봐, 망설이며 수많은 고민을 거듭했었는데, 그들은 여러 번 이 길을 걷고 있다니 참으로 대단하고 놀라지 않을 수 없었다.

잠시 그들과 합류하여 걷기로 했다.

김 프란치스코라고 소개한 안젤라 자매님의 남편은 오랜 여행에서 배어 나오는 경험에서인지, 성격 탓인지 조금 재미있는 분 같았다. 걷다가 외국인이 지나가면 같이 사진도 찍어주고 곧잘 대화도 시도하면서 서로의 안부를 묻는 듯했다. 처음 만나는 순례자임에도 불구하고 말이다.

아침에 흐렸던 하늘은 온종일 비를 오락가락 내리며, 걷기에도 힘겨워하는 나를 괴롭히기라도 하듯, 판초 우의를 썼다가 벗었다를 반복하게 만드는 심술을 부린다. 하지만 아름다운 시골 꽃길임에는 분명했다. 잠시라도, 시선을 뗄 수가 없을 정도다. 그러기에, 휴대폰 카메라에서 손을 뗄 여유조차 없을 정도다.

목장 옆으로 딸랑거리는 소리가 나서 보니, 소의 목에 단 방울 소리가 빗속을 가르며 메아리처 울러 퍼진다. 어제의 피레네 산맥을 넘을 때 들리던, 바로 그 소리의 주인공임을 이제야 알아챘다.

김 프란치스코 형제는 아내보다는 주변 순례자들에게 관심이 더 많은 듯했다. 그래서 '안젤라'라고 소개한 노부부의 아내와 같이 걸으며 많은 애기를 나누었다. 살아오며 겪은 평범한 일상의 그런 애기들을 말이다. 그렇게 한참을 걸으며, 산모퉁이 길을 지나는데 특별한 안내 문구를 발견한 것은 점심때가 다가왔을 때다.

'치유의 길'이라는 스페인 말로 적힌 표지판을 발견했다.

혼자였으면 알지도 못하고 무심코 걸었을 이 길을, 몇 번의 순례길 경험이 있는 안젤라 자매가 말해줘서야 알았다.

'치유의 길'

어쩌면 나 자신에게 상당한 의미를 부여하는 글귀다. 여태껏 살아오면서 뇌리에 쌓였던, 온갖 부정적인 마음을 모두 떨쳐 버리고 마음의 치유가 되었으면 좋겠다는 생각에, 나도 모르는 사이 묵상기도를 하기 시작했다.

'순례길을 걷는 나의 목적이 사실 마음의 치유가 아니겠는가!'

한국을 떠나기 전, 기도를 하며 부정적인 생각들을 많이 떨쳐 버렸다고 생각했었는데, 그것은 자만이었던 것 같다. 떨쳐버려야 할 게 아직도 남았다고 생각하니 말이다.

'오늘 이곳에서 모두 떨쳐 버리리라.'

묵묵히 그리고 말없이 다짐해본다.

"나는 세상의 빛이다. 나를 따르는 이는 어둠 속을 걷지 않고, 생명의 빛을 얻을 것이다(요한 8:12)."라는 말씀을 묵상하며 이젠 어둠 속을 걷지 않고 생명의 빛을 얻어 모든 마음의 응어리가 풀어져 그동안 받았던 마음의 상처가 치유되리라 믿어본다.

우리는 치유의 길목에 자리 잡은 한 작은 Bar에 들러, 말라버린 목을 시원한 맥주와 커피로 잠시 목을 적시며 간단히 점심을 해결했다.

식당 주문에 아직 서툰 나였기에, 노부부가 시켜먹는 음식과 같은 메뉴를 골라 주문했다. 김 프란치스코 형제는 음식이 나오자 내가 아무것도 모르는 것 같으니 가이드처럼 하나하나 설명을 해주기 시작한다. 남을 위해 많은 도움을 주려는 마음가짐이 많으심이 분명했다. 아내는 남편의 그런 모습을 빤히 바라보며 미소 지을 뿐이다.

짧은 점심시간을 끝내고 다시 길을 걷기 시작했다.

어디쯤엔가, 어제 론세스바예스에서 서로 방이 달라 만나지 못했던 문 프란치스코 형제 부부를 다시 만났다. 문 프란치스코 부부와 인사를 나누며, 마을 어귀에 다다랐을 무렵, 작은 가게에 들러 이것저것 군것질거리를 사주고 싶은 맘에 달려갔지만, 일요일이라 굳게 닫힌 문만 애타게 바라보다 돌아섰다.

'아, 오늘이 일요일이구나!'

솔직히 날짜와 요일 감각을 잊은 지 오래다. 순례길에선 별 의미가 없기 때문이다.

순례길을 걷다 보면 배낭에 꼭 넣고 다니는 게 있다. 바로 '비상식량'이다. 오늘처럼 공휴일이거나, 알베르게에서 식사를 제공하지 않거나, 알베르게 근처에 마땅한 식당이 없을 때를 대비해서다. 그래서 길을 걷다 마을을 접하면 근처 가게에 들러 조금의 식량을 구비하는 게 습관화되는 게 좋을 듯싶으나, 아직 미숙한 점이 한둘이 아니다.

순례길을 시작하고, 처음으로 동행이 많이 생겼다. 그것도 다 같은 한국인 교우들로 말이다. 오늘의 동행은 뭔가 신선하고 활기에 차있다.

'왠지, 에너지를 받는 기분이랄까?'

이렇게 하여, 다섯 명이서 나란히 길을 걸으며, 이야기꽃을 한창 피울 무렵, 길옆으로 묘지형상의 한 돌로 쌓은 듯한 윗부분에 나무를 엮어 만든 십자가 하나가 꽂혀 있는 것을 보게 되었다.

누가 먼저랄 것도 없이 거의 동시에 발걸음이 멈추었고, 그곳을 향해 성호를 긋고 묵묵히 시선을 주시했다. 아주 잠시 동안의 침묵이었다.

"순례자의 무덤이군요." 먼저 침묵을 깬 것은 안젤라 자매였다.
"네, 그렇군요." 프란치스카 자매가 답했다.

순례길에서 처음 맞이하는 경험이다.
"아~ 이게 순례자의 무덤이라고요?" 나는 의아한 듯 되물었다.
"예, 예전에 순례길을 걷다 길에서 돌아가신 분들입니다." 안젤라 자매는 내가 처음 순례자의 무덤을 보는 것이 이상한 듯 진지하게 답해주었다.

"혹시, 피레네 산맥을 넘을 때 이와 비슷한 형상을 보지 못하셨나요?"

나는 전혀 보지 못했다. 아니 보았다 하더라도 그것이 무덤일 것이라고는 상상도 못 했을 것이다.

"피레네 산맥을 넘다 보면 종종 보였을 겁니다."

"아마, 그날 안개와 비로 시야가 나빠 그냥 지나치신 모양입니다."

무덤을 자세히 들여다보았다. 마치 박물관의 전시물을 보듯이 말이다.

돌무덤 중간 부분에 수염이 하얀 백발의 노인 사진이 놓여 있었고, 사진 위에는 오래된 글씨체로 희미하게나마 연도가 보였다. 순례길을 걷다 죽음을 맞이한 날짜를 표시한 것이 분명해 보였다. 이름도 쓰여 있었지만 흘림체로 알파벳을 표시해서 읽을 수가 없었다.

우리는 말없이, 아니 더 이상의 말은 필요가 없었음이다. 성호를 긋고 잠시 묵상기도를 하며 숙연한 분위기를 자아내었다. 순례길을 걷다 죽어간 어느 이름 모를 순례자의 묘지 앞에서 기도를 해보긴 처음이었지만, 앞으로 이 여정이 끝나는 동안 수없이 하게 될 것이라는 예감이 든다.

한편 '순례길을 걷다 죽을 수도 있겠구나.' 하는 생각이 잠시 들자, 나도 모를 긴장감이 한층 높아졌다. 그리고 엉뚱한 상상을 해본다.

'만약, 내가 죽는다면….'

'가족들이 나의 시신을 수습하는 데 얼마나 애를 먹을까.'

말도 안 되는 상상이었지만, 그 상황에서도 나는 내 시신을 수습하는 가족들 걱정을 하고 있다니. 고개를 세차게 흔들었다. 바보 같은 상상에 불필요한 고민을 한 자신을 떨쳐 버리려고 말이다.

　잠시 그 자리에 서서 기도를 마친 우리는 다시 걸음을 옮겨 다음 목적지, 수비리(Zubiri)로 향했다. 얼마 못 가서 길옆에 자리 잡고 앉아 다리를 마사지하며 휴식을 취하고 있는 베로니카 모녀를 우연히 다시 만나게 되었다.

　오리손에서의 아쉬움을 달래며 헤어졌던 그녀를 이곳에서 다시 만나게 되다니 너무나 기쁘지 않을 수 없어, 입가에 웃음이 떠나지 않았다.

　"안녕하세요, 베로니카 자매님."

　"아, 안녕하세요. 여기서 다시 뵙다니 인연인가 봐요."

　사실 알고 보면, 인연 운운할 것은 아니었다. 어차피 순례길은 한 방향이라, 개인별 특별한 상황이 없는 한, 만나고 헤어짐이 부지기수이기 때문이다.

　"하하하! 그러게 인연인가 봅니다." 이를 드러낼 만큼 호탕하게 웃어 보인다.

　베로니카 자매의 맞은편에 앉은 귀여운 소녀를 자기 딸이라고 소개하자, 눈치를 챈 듯, 우리의 대화를 지켜보기만 하던 소녀가 벌떡 일어나, 나에게 공손히 인사를 건넨다.

　"안녕하세요."

　앳된 목소리로 인사를 걸어온 베로니카 자매의 딸은 올해 초등학교 4학년이란다. 같은 또래의 학년에 비해 키가 커 보여, 중학생인 줄 알았다. '그러고 보니, 손자 사도 요한 태경이도 올해 초등학교 4학년이 아닌가!' 좀 더 관심을 갖게 되었다.

　베로니카 자매는 딸을 학교를 잠시 쉬게 하고, 교육 삼아 여기 순례길에 함께 올랐다고 하니, 참으로 대견하게 느껴졌다. 아마 이 순례길을 통해서 더욱 강인한 몸과 마음을 길러 주기 위한 엄마의 마음이라고 생각되기도 했다.

　오후 3시경에 이르러서야 우리 동행은 수비리라는 자그마한 마을 어귀에 들어섰다. 동행 중 가장 경험이 많은 김 프란치스코 부부를 따라 그들이 정하는 숙소에서 오늘의 여정을 풀기로 했다.

　알베르게에 도착 후 여권과 순례자 여권을 함께 제시하니, 스탬프를 찍어 주고는 아무 침대나 골라잡으란다. 이곳은 침대 배정이 아닌 선착순으로 순례자를 받는다고 한다. 하긴 사립을 제외하고는 모든 공립 알베르게는 선착순이다. 다만 침대 배정을 하느냐, 그렇지 않으냐의 차이일 뿐.

　어제 묵은 론세스바에스에 비하면 시설이 낡고 부족해 보였지만, 순례자에게 이보다 더한 것은 사치가 아닐까! 비를 막아줄 지붕과 바람을 막아줄 벽만 있으면, 순례자는 충분히 편안하게 잘 수 있음 직하다.

잠시 동안의 개인 정비를 마치고 김 프란치스코 부부를 따라 알베르게 근처 식당에서 함께 저녁 식사를 하며 못다 한 얘기를 나누었다. 이른 저녁 시간대라고는 하나 어둠이 내려앉기 시작하면 꽤 쌀쌀한 날씨 탓에 바깥에 오래 서 있기가 힘들다. 그래서인지 거리는 온통 조용하지만 식당 안은 시끌벅적하여 신기할 뿐이다.

　오늘도 역시 순례자 메뉴다.
　어제는 닭요리를 시켜 먹었으니, 오늘은 소고기 스테이크를 먹어보기로 했다. 세 명이 한자리에 앉은 테이블은 우리뿐이었고, 혼자이거나 두 명씩 모여 앉아 식사를 하는 테이블이 대부분이었다.
　순례자들 틈 사이로 마을 주민인 듯한 사람들도 와서 식사를 하는 모습이 보였다. 이제 겨우 삼 일이 지났건만 제법 스페인식 식사에 익숙해져 가는 자신을 보노라니 대견스럽기까지 하다.

　아직은 한국 음식이 전혀 그립지 않다.
　부디, 이 여정이 끝날 때까지 그래 주기를 간절히 바라는 마음이다.

오해의 길

DAY+8 2018년 5월 14일(월) 맑음

Routes of Santiago de Compostela in France + 4days

Zubiri to Pamplona 20.5㎞ / 68.5㎞

오늘은 수비리에서 팜플로나까지 약 20km를 걸을 예정이다.

보통 하루에 약 20km에서 25km를 걷는다고 하니, 오늘 거리도 적당한 거리인 셈이다.

7시 30분경 김 프란치스코 형제 부부와 함께 숙소를 나왔다.

이른 시간인데도 문을 연 Bar가 보여, 잠시 들러 요기를 하기로 했다. 아침에 일어나 '카페 콘 레체(Cafe Con Leche)'[11]를 마시지 않으면, 뭔가 허전할 정도로

---

11) 카페 콘 레체(Cafe Con Leche) : 스페인 커피로 물과 커피 그리고 우유를 섞은 커피의 한 종류

익숙해져 버린 자신을 볼 때면 나도 모르는 사이, '산티아고 순례길을 즐기며 걷고 있구나!'라는 생각이 머릿속을 맴돈다.

피레네 산맥을 넘을 때부터 짓궂던 날씨는 흐렸다가 비가 오다가를 반복하더니, 오랜만에 햇볕이 내리쬐는 쾌청한 날씨를 선사한다.

순례길을 걷노라면 날씨의 영향에 상당히 많은 이변이 발생하기에 관심을 안 가질 수 없는 상황이다.

더욱이 쾌청한 날씨는 하느님이 주시는 순례자를 위한 최고의 선물임이 분명하다. 쾌청한 하늘 아래 푸른 초원의 모습은 멀리서 보면 마치 파도가 물결치듯 그 분위기가 나의 마음을 사로잡았다.

더없이 넓은 밀밭 사이를 걷다가도, 소와 양떼를 풀어놓은 목장의 좁은 옆길도 잠시 걸어본다. 그럴 때면 가축의 분비물 냄새도 왠지 싫지가 않다. 한가로이 풀을 뜯는 모습을 사진에 담고 싶어 카메라 셔터를 누르기 바쁜 나이다. 도시 속에서는 '언감생심(焉敢生心)'[12]이랄까. 상상조차 할 수 없는 일인 것이다.

산티아고 순례길을 걷는 이들은 저마다의 목적이 존재한다고 한다. 그것이 종교적이든, 건강이든, 인생의 터닝 포인트를 찾기 위함이든, 수만 가지의 이유 중 원하든 그렇지 않든, 자연스레 경험하고 배우게 되는 그들만의 목적 하나쯤은 있으리라.

'자연과의 조화… 어울림이랄까?'

정확히 뭐라 표현해야 적절한지는 모르겠지만 도심을 벗어나 자연과 공존하는 법을 배울 수 있다는 것은 사실인 듯싶다.

---

12) 언감생심(焉敢生心) : 어찌 감히 그런 마음을 품을 수 있겠냐는 뜻으로, 전혀 그런 마음이 없었음을 이르는 말

그렇게 주변 정취에 취해 걷노라니, 학교 정문에서나 볼법한 커다란 쇠창으로 된 큰 대문에 걸린 문구가 눈에 들어왔다.

'Cuidado con los perro'. 무슨 뜻인지 한참을 들여다보는데, 김 프란치스코 형제가 다가오더니 개조심을 하란다. 그리고 보니, 스페인에는 정말 개가 많은 것 같다. 그리고 우리나라처럼 목줄 착용이 법으로 정해져 있지도 않은 것 같기도 하다. 몸집으로 볼 것 같으면 대부분이 대형견이라 남자인 나 역시도 요란하게 짖어대는 그들 옆으로 지날 때면 긴장의 끈을 늦출 수가 없었다. 어느덧 개 짖는 소리가 귓가에서 사라질 때쯤 오늘의 목적지인 팜플로나 초입에 첫발을 내디뎠다.

김 프란치스코 형제 부부는 오늘은 공립 알베르게에서 머물지 않고, 평소 가보고 싶었던 사립 알베르게에서 쉬기로 결정했기에, 나와 작별을 고해야 하는 순간이다.

팜플로나 초입에 들어서니, 중세 때 지었다는 작은 강 위로 놓인 아름드리 돌다리('막달레나 교')가 너무 예뻐 기념 삼아 함께 사진을 찍고는 아쉬움을 뒤로 한 채, 헤어져야만 했다.

"또 뵐 수 있겠죠?" 차마 떠나보내기 싫은 심정으로 물었다.

"아 그럼요! 아마 산티아고 데 콤포스텔라에 도착하기 전에 여러 번 더 만날 것입니다." 확신에 찬 어투로 그들 부부는 답했다.

그들을 떠나보낸 뒤, 혼자 강 건너를 유심히 보니 강변 주변으로 그 옛날 찬란했던, 스페인의 역사가 한눈에 들어오는 듯했다. 다리를 건너자 오른편에 마침 문이 열린 성당이 보여 내부가 궁금하기도 해서 들어섰다.

산티아고 까미노의 천사들

평일이라 그런지 인적이라곤 찾아볼 수 없을 정도로 조용했다. 제단 중심에 자리 잡고 있는 성모마리아상을 보노라니, 가슴 한편이 뭉클해져 온다.

'끝까지 순례 잘할 수 있도록 인도하여 주시옵고 지혜와 능력을 주시고, 보살펴 주시옵소서.'

나도 모를 간절한 기도를 드렸다.

성당을 빠져나와 시내로 접어드니, 시골길과 산길을 걸을 때보다 확연히 노란색 화살표와 조가비 표시가 눈에 잘 들어왔다.

도시는 대부분이 보도블록 바닥에 순례길 표식을 두고 있었고, 대체로 잘 관리되어 길을 찾기가 훨씬 수월했다. 혼자인 지금의 상황에 순례길 표식은, 나에게 중요한 길 안내자임이 분명했기 때문이다.

그리고 보니 한국을 떠나올 때 애들이 어디서 그런 얘기를 들었는지, 스페인 도심지에는 순례자들을 노리는 날치기가 많다면서, 조심하라는 주의를 당부하기도 했었는데, 내심 혼자되고 나니 신경이 쓰여 걸음이 빨라지기 시작했다.

대도시에 도착하면 유심칩을 사려고 했었건만, 순례길을 벗어나려니 도무지 엄두가 나지 않아 포기하고 지도에 적힌 알베르게를 찾아 발걸음을 재촉했다.

알베르게를 찾아 두 번째 다리를 접하는 순간, 베로니카 모녀와 재회하게 된 것은, 또 한 번의 행운이 아닌가 싶다. 어찌나 반가운지 비슷한 또래였다면 포옹이라도 할 판이었다.

"베로니카 자매님!"

힘차게 그녀의 이름을 불러보았다. 그녀와 그녀의 딸도 나를 이곳에서 다시 만난 것이 놀라운지 화들짝 놀라는 기색이다. 그녀보다 약간 뒤에서 걸어오던 그녀의 딸이 다가와 나에게 인사를 했다.

"안녕하세요, 아저씨."

적절한 존칭이 생각나지 않아 그런지 나를 보고 아저씨라 부른다. 하여튼 기분은 좋다. 마치 젊은 아가씨로부터 "오빠"라는 소리를 들은 듯한 착각에 빠진다.

그들과의 재회의 기쁨을 나누고 함께 알베르게로 향했다. 발걸음마저 가벼워지는 순간이다.

'서너 번 봐서일까?' 그녀의 딸도 이제는 내가 편한지 곧잘 장난기 가득한 표정으로 엉뚱한 질문을 하는가 싶다가도, 응석을 부리기도 한다. 그런 모습을 보고 있으려니, 손주 녀석이랑 같은 또래라 더욱 애착이 가는 맘은 어쩔 수 없나 보다.

김 프란치스코 형제와 헤어진 이후로, 지도를 살펴본 바에 의하면, 알베르게는 여기서 그리 멀지 않은, 십여 분만 걸어가면 닿을 수 있는 곳에 위치해 있었다. 그렇게 확신하고 베로니카 자매와 걸어가는 도중, 어디선가 나를 부르는 소리가 들려온다.

"형제님~ 형제님."

선명한 한국말로 형제님이란 단어로 불려온다. 반사적으로 뒤를 돌아보았다. 그때, 멀찍이 뒤에서 조금 전 헤어졌던 김 프란치스코 형제가 빠른 걸음으로 나를 향해 오고 있는 것이 아닌가? 깜짝 놀랐다. 무슨 일이라도 생긴 것이 아닌가 하는 염려마저 들 정도로 말이다.

"아니, 이게 어찌 된 일입니까?"

"아니, 그게 말이죠. 형제님."

말꼬리를 내리며, 숨을 고르는가 싶더니, 이내 말을 이어갔다.

형제님하고 헤어지고 아내랑 생각해둔 숙소를 찾아가다가, 문득 나를 따돌리려고 다른 숙소로 간다는 핑계를 댄 것이라고 혹시 오해를 한 것은 아닐까 하는 미안함에 거의 뛰다시피 나를 찾아 왔단다.

추호도 그럴 맘은 없었다. 오히려 내가 미안하고 배려해 주심에 깊은 감사를 드리고 싶었다.

베로니카 자매에게는 미안했지만, 그녀의 양해를 구한 뒤(모녀는 사립 알베르게에서 지낸다고 함), 오늘의 오해와 진실에 대한 대화가 필요할 것 같아, 김 프란치스코 형제 부부와 동행하여 공립 알베르게로 발걸음을 옮겼다.

공원 입구 근처에 자리 잡은 공립 알베르게는 도시의 규모에 비해 작고, 수용 인원도 그리 많지 않아 보였다. 알베르게 접수를 도와주는 운영자도 노부부였다. 서툰 영어로 나에게 뭐라고 말하지만 알아들을 수가 없다.

노부부는 그런 내 표정을 제대로 간파했는지, 순례자 여권에 스탬프를 찍어 주고는 '도네이션(Donation)'이니 알아서 숙박료를 기부하라며 미소를 지어 보인다. 10유로를 헌금함에 쏙 넣었다.

"형제님, 도네이션인데 너무 많이 기부하시는 게 아닌지요." 하며, 어쩔 줄 몰라 한다.

"네? 근데 도네이션이 뭐죠?" 나는 정말 몰라서, 물어보았다.

"그리고 왜 잔돈을 안 남겨주는지 모르겠네요."라며 의아해하니, 그제야 김 프란치스코 형제 부부는 상황판단이 되었는지 또다시 웃기 시작했다.

"자기가 원하는 만큼 기부하는 겁니다. 요즘은 기부도 안 하고, 무료로 숙박하는 사람도 종종 봤습니다."

그들 부부 역시 각각 10유로, 둘이 합해 20유로를 기부한다.

우리는 숙소에서 저녁 식사가 되지 않아, 알베르게에 비치된 마을 약도를 가지고 십여 분을 걸어 근처 레스토랑에서 저녁 식사를 하기 위해 찾아 나섰다. 스페인뿐만 아니라 세계에서도 관광을 많이 오는 도시인 만큼, 기대에 찬 설렘을 안고, 환한 네온사인 불빛 사이로 정원처럼 꾸며진 넓은 식당을 발견하여 그곳으로 정했다.

다행히 순례자 메뉴를 서비스하는 곳이었다. 가격도 10유로로 적절하다. 메인 메뉴가 나오기 시작하자, 와인으로 잔을 가득 채운 뒤 건배를 하였다.

"살룻(Salud)!" 스페인식 건배 말이다. 사실 오늘 배운 단어인데, 한 번 써보고 싶었다. 적절한 타이밍에 분위기가 한껏 고조되어 와인 한 병을 비운 뒤, 추가 한 병을 더 비우고서야 우리는 자리를 떴다.

김 프란치스코 형제 부부는 이미 700km 이상을 걷고, 이어서 800km를 걷는 중이라 많이 지친 상태였다. 그래서 오늘은 나와의 자리 마련을 위해 알베르게에서 머물고, 오늘 호텔을 예약한 후, 하루 더 이곳 팜플로나에서 쉬었다가 여정을 계속할 거라 했다.
고위 공직에서 근무하다 정년퇴임 후, 노후를 아내와 함께 여행하며 여유로운 시간을 보내고 있는 모습을 보니 참으로 부러웠다.
'거기다 언어구사까지 부담이 없으니 거리낄 게 없지 않은가!'

숙소로 돌아오는 중에 베로니카 자매로부터 자기 숙소로 오라고 나를 데리러 온다는 전화가 왔다. 그녀가 숙박하는 곳에 한국인들이 여러 사람 있는데, 함께 음식을 만들어 식사한다고 모시러 온다는 것이다.
이미 숙소까지 정했고, 김 프란치스코 형제 부부와 저녁 식사도 했으니, 마음은 고맙지만 함께할 수 없어 죄송하다는 말만 전했다.
그녀도 못내 아쉬운 목소리로, 그럼 잘 주무시고 숙소 위치를 알려줄 테니 내일은 동행을 하자는 것이다. 마치 오래전 만나 가까운 사이처럼 대해주니 무어라 감사의 말을 해야 할지.

많은 정리되지 않은 생각들로 머릿속이 복잡했지만, 오늘도 무사히 이곳까지 인도해 주신 하느님께 감사함을 드린다.

용서의 길

DAY+9 2018년 5월 15일(화) 흐림

Routes of Santiago de Compostela in France + 5days

Pamplona to Uterga 17.5㎞ / 86.0㎞

Pamplona — 10.5km — Guendulain — 3.0km — Alto del Perdon — 4.0km — Uterga

팜플로나의 날이 밝았다.

다행히 이곳 공립 알베르게에서는 아침 식사가 제공된단다. 딱딱한 바게트 조각과 우유가 전부지만, 그래도 이른 아침 바쁜 발걸음을 움직여야 하는 순례자에게는, 이만한 메뉴도 없다.

어제 접수를 하던 노부부가 이른 새벽부터 일어나, 소박하게나마 아침을 준비해주니 얼마나 감사할 일이겠는가!

어젯밤, 이곳에 숙박한 사람이 그리 많지는 않은가 보다. 김 프란치스코 형제 부부와 간단히 아침을 해결한 뒤, 건물 밖으로 나왔다. 혼자 찾아갈 수 있으니 걱정 말라고 했지만, 베로니카 자매가 머문 숙소까지 배웅해 주겠다며 한사코 동행해 나선다. 고마울 뿐이다.

지난날 이른 아침, 생장에서 베로니카 자매의 숙소를 찾지 못해 어이없게 안부도 묻지 못한 채 생이별을 해야 했었던 기억이 되살아나는데

'나의 불안한 심장 고동 소리가 그들의 귀가에 들려서일까?'

결국, 그들과 동행하여 베로니카 자매의 숙소에 쉽게 닿을 수 있었다.

숙소 앞에는 이미 베로니카 자매와 함께 젊은 남녀 5, 6명이 날 기다리는 듯 주변을 살피는가 싶더니, 기다림의 주인공이 나인 걸 확신한 듯 동시에 인사를 건네었다.

"안녕하세요. 어제 말씀 많이 들었습니다."

"안녕하십니까!"

여기저기서 동시 다발적으로 인사를 하는 통에 누가 보면 마치 연예인이라도 된 듯, 기분이 묘했다. 지난밤, 베로니카 자매가 나에 대한 얘기를 이미 해준 듯하다.

'그래 봐야 평범한 노인네인 걸~'

"그래요, 만나서 반가워요. 여러분, 어제는 사정이 있어 오지 못했네요. 미안해요."

구태여 할 필요 없는 변명까지 늘어놓고 말았다.

언제 다시 만날지 모르는 인연이기에, 기념사진 한 장을 찍고, 각자의 길을 나서기로 했다. 아무래도 젊은 사람들은 걸음이 빠르니, 동행한다는 것은 불가능하거니와 서로 불편할 것이 뻔한 사실이었기 때문이다.

팜플로나를 빠져나가는 외곽 길까지 동행을 하다 그곳부터 헤어졌다. 아니 젊은 사람들의 걸음을 따라가지 못해 뒤처졌다는 표현이 맞을지 모른다.

그렇게 젊은 사람들을 보내고, 나와 베로니카 모녀와 셋이 걷기 시작했다. 그리고 이내, 대학교라 하기에는 공원같이 예쁘게 조성된 팜플로나 '나바라대학교(Universidad de Navarra)'의 옆길을 지나 외곽에 들어서니, 봄 내음이 물씬 나는 초록빛 밀과 보리밭의 대평원이 눈앞에 펼쳐졌다. 장관 그 자체였다.

"저기 보세요! 아저씨."

베로니카 자매의 딸인 마들렌이 손가락을 가리키며 나를 쳐다본다. 신비의 대지라도 발견한 듯, 기쁨에 찬 모습으로 웃으며 말한다. 그런 딸의 모습을 지켜보던 베로니카 자매도 한마디 거든다.

"와~ 정말 아름답네요!"

"한국에선 이런 광경을 볼 수 없다는 게 아쉬울 뿐이네요."

그랬다. 한국에서는 절대 볼 수 없는 광경이다. 스페인은 땅도 넓으니, 당연히 광활한 초원을 쉽사리 구경할 수 있지 않은가!

마들렌을 보고 있노라면, 자꾸만 손주 태경이가 생각난다. 활발한 성격 탓에 또래 아이들과도 잘 지내고, 나 같은 어른들에게도 넉살 좋게 다가온다.

베로니카 자매의 이 여정은 아마도 자신보다 딸을 위한 여정을 준비했는지도 모르겠다. 더 넓은 세상으로 나아가라는 보이지 않는 엄마의 진심 어린 사랑이 아닌가 하는 혼자만이 상상에 젖어본다.

저 멀리 능선을 따라 일정한 간격으로 줄줄이 늘어선 풍력발전기가 보이는 곳을 향해 우리는 걸었다. 저 부근이 오늘 우리가 지나가야 할 목적지로 가는 길목 중 하나이다. 산티아고 순례길 중 두 번째로 높은 산이라고 가이드북에서는 소개하고 있다.

'얼마를 걸었을까?' 조금은 힘겨워 보이는 언덕을 올라 아래를 내려다보니, 어젯밤 우리가 지냈던 팜플로나의 아름다운 시가지가 한눈에 쏙 들어왔다. 대평원과 도시의 조화랄까? 한 폭의 그림처럼 말이다.

그림을 그릴 줄 알았더라면, 하얀 백지 위에 연필을 잡고 스케치를 하고 싶은 충동을 느끼기에 충분했다.

　조금 더 올라가니 더욱 가파른 길이 우리를 맞이한다. 힘에 겨워 겨우 능선 정상에 도착하니, 순례자의 모습을 형상화한 철판으로 만든 조각품들이 행군이라도 하듯 한 줄로 늘어서 있다.

　그 옛날 순례자들이 이곳 능선을 넘나들던 시절, 도적 떼나 산적으로부터 피해를 보거나 목숨을 빼앗기는 일이 부지기수라서, 교황이 이들을 보호하기 위해 십자군을 파병해 그들을 보호했다는 이야기를 들은 바 있다.

　어느 틈엔가 나도 베로니카 자매에게 부탁하여 십자군의 보호 아래 능선을 힘겹게 넘어가는 조각 순례자의 모습을 흉내 내며 기념사진을 찍었다.

바람이 거세다. 가만히 서 있으면 몸을 땅에 지탱하기도 어려울 만큼 다리가 후들거린다. 풍력 발전소가 이곳에 설치된 이유가 다 있는 듯하다. 베로니카 자매로부터 들은 얘기로, 이곳 풍력발전기에서 생산되는 에너지로 근처 마을에 전기를 공급한다고 한다.

땅이 넓어 도시의 외곽에 위치한 마을들은 저마다의 방법으로 전력을 생산하여 자급자족한다고 하니 이 또한 신기할 뿐이다.

거센 바람에 서 있기도 힘들었지만, 점점 살갗을 파고드는 추위 때문에 그만 정상에서 내려가기로 결정했다. 내리막길을 내려가려니 수백 m가 자갈로 뒤덮여 자칫 발을 헛디디면 발목이라도 다칠세라 엉거주춤 조심스레 발을 내디뎠다.

이런 길을 마들렌은 잘도 내려간다. 거의 뛰다시피 하여 내달린다. 저러다 넘어지기라도 하면 큰 사고로 이어질 수도 있는데 말이다.
"애야, 그러다 넘어지기라도 하면 큰일 난다."

앞으로 휑하니 달려나가는, 꼬마 숙녀를 향해 소리쳤다. 내 목소리를 듣는지 마는지 전혀 속도를 늦추지 않을 기세다. 신이 난 모양이다. 어릴 적 시골에 살 적에 동네 친구들과 산으로 올라가 놀다가 배꼽시계가 울리면 줄달음치듯 산에서 내려왔던 기억이 아른거린다.

거의 정상에서 내려와 평지를 걸을 즘 해서, 바람도 추위도 거의 느끼지 못할 만큼 포근하고 아늑하다.

'용서의 길'

조금 전 우리가 내려온 길의 이름이란다. 저 길을 다 내려오는 동안 내 생애 용서하지 못한 숱한 사람들을 상기하며 용서해줘야 한다는데, 발목 부상을 염려한 탓에 그 생각을 잊고 있었다.

'난 아직 누군가를 용서할 준비가 되지 않았구나!'라는 생각을 하니, 헛웃음이 절로 나왔다.

산티아고 순례길을 걷다 유심히 안내표지를 살펴보면 저마다의 길마다 이름이 있다는 것에, 또 한 번 신기하고 놀랐다. 도시에 비유하면 거리마다 지번이 있듯이, 여기 순례길에도 지번 같은 의미 있는 이름이 있다고 생각하면 이해하기 쉬울 법하다.

'치유의 길에 이어 용서의 길이라…'

'누군가로부터 상처받은 내 영혼을 치유하고, 치유된 그 마음으로 남을 용서하라!' 나름 혼자만의 해석을 해보니, 그럴듯하다.

나는 나에게 닥친 사건을 통해, 많은 관련자들에 대한 원한을 품거나 미워하며, 부정적인 생각들로 가득 차 있었다. 그러나 "내가 너희에게 말한다. 일곱 번이 아니라 일흔일곱 번까지라도 용서해야 한다(마태 18:22), 남을 심판하지 마라 그러면 너희도 심판 받지 않을 것이다(루카 6:37), 너희가 다른 사람들을 용서하지 않으면 아버지께서도 너희의 허물을 용서하지 않을 것이다(마태 6:1)."라는 예수님 말씀이 계속 떠오른다. 그러면서 과연 이 말씀들을 나는 얼마나 실천하고 있는지 심층적으로 묵상하면서 다시 한 번 용서를 통해 마음을 정화시키리라 다짐하기도 했다.

하지만 시간이 지나는 동안 깊은 성찰을 통해, 그 모든 일이 결국 내 탓이라는데 귀결이 되다 보니, 그동안 가슴에 품어왔던 부정적인 생각들이 어느새 정화되었다고 할까? 반대로 그 사람들에게 용서를 구하는 마음을 가지게 되었다.

이번 순례를 통해, 그동안 가슴에 품었던 수많은 부정적인 생각들을 더욱 말끔히 지워 보려고 노력하기에, 나는 지금 이 길 위에 서 있다. 언젠가 그들이 어떤 심판대에 서서 죄의 무게에 대해 논할지는 모르지만, 살아있는 동안에라도 나는 그들을 용서하리라 다짐해본다.

오늘은 베로니카 자매보다는 마들렌과 나란히 걸으며, 많은 얘기를 주고받았다. 묻는 말에 또박또박 대답하는 모습이 물어보는 사람으로부터 더 많은 질문을 쏟아내게 하는 마력이 있는 듯하다. 마들렌과의 대화에 푹 빠져 걷다 보니 순례길의 고단함을 전혀 느낄 수 없었다.

목적지에 거의 가까워질 무렵 어느 작은 마을 입구에서 성모님 상을 접했다. 나의 귀에만 들릴 듯한 작은 목소리로 기도를 드려본다.

그런 나의 모습을 유심히 지켜보던 마들렌이 말없이 나의 옆으로 다가와 두 손을 모으고 눈을 감은 채, 기도하는 게 아닌가!

그렇게 우리 두 사람은 기도하다가 잠시 휴식이라도 취할 겸, 바닥에 주저앉아 목을 축여본다.

우테가(Urtega)라는 작은 마을이 오늘의 목적지이다. 작은 마을이라 알베르게를 찾는 건 그리 어려운 일이 아니었다. 순례자 여권에 스탬프 찍고는 개인 정비를 위해 잠시 각자의 시간을 갖기로 했다.

그동안 흐린 날씨 탓에 미뤄두었던 세탁물을 넣어둔 비닐팩을 배낭 속에서 꺼내어 세탁기에 돌리기 시작했다. 물론 2유로라는 요금을 지불해야 한다. 세탁물이 완료되기를 기다리는데, 갑자기 몰려드는 졸음에 침대로 돌아가 잠시 눈을 붙이기로 했다.

하지만 쉽사리 잠이 들지 못한다. 그러다 문득 베로니카 자매가 생각났다. 생장에서부터 도움을 받은 인연을 시작으로 이곳까지 동행을 하며, 많은 힘이 되어 준 그녀에게 진심으로 감사함을 전하고 싶다.

길 위에 나의 모습이 보이지 않는 날이면, 무사히 여정을 마칠 수 있도록 기도를 했다고 하니, 얼마나 감사하고 또 감사할 일인가.

오늘 밤은 베로니카 자매와 마들렌을 위해, 모녀의 아름다운 여정이 무사히 끝날 수 있도록 기도해 주어야겠다.

미움의 길

DAY+10 2018년 5월 16일(수) 맑음

Routes of Santiago de Compostela in France + 6days

Uterga to Villatuerta 26.0㎞ / 112.0㎞

	7.0km		8.5km		6.0km		4.5km	
Uterga		Puente la Reina		Cirauqui		Lorca		Villatuerta

마들렌이 늦잠을 자고 있다.

어제의 일도 있고 해서 가능하면 이 여정의 동행이 되어 함께 걸어갈 생각이다. 가능하다면 말이다.

어린 나이에 불구하고 어른들도 해내기 힘든 순례길에서, 짜증을 내거나 심술부리지도 않고 거뜬히 해내는 걸 보고 있으려니, 곤히 자는 꼬마 숙녀를 차마 흔들어 깨울 수가 없어 내버려 두기로 했다.

"저기 제가 깨울까요?"

그녀가 내 눈치를 보는지 슬쩍 말을 꺼낸다.

"아뇨, 그냥 두세요."

'오늘 못 가면 내일가면 될 게 아닌가!'

어쩐 일인지 오늘 새벽에 알람 진동을 느끼지 못해, 나도 조금 늦잠을 잤다. 휴대폰을 찾아 알람 설정을 보니, 5시 30분으로 설정되어 있었다.

'동행자가 생겨 마음이 조금은 느슨해진 탓일까?'

한참 후에야, 잠에서 스멀스멀 깨어나기 시작한 마들렌이 오늘은 걷기를 포기한 듯 침대에서 내려올 생각을 하지 않는다. 그런 딸의 마음을 눈치라도 챘는지 베로니카 자매가 어렵사리 말을 꺼낸다.

"죄송한데, 마들렌이 피곤해하는 것 같아, 우리는 나중에 출발할게요."

조금 전까지 동행할 생각으로 있었건만, 순식간에 상황이 반전되는 순간이다. 하지만 전혀 서운하거나 상대를 미워할 수가 없는 이곳이 바로, '산티아고 순례길'이다. '누군가 기준을 세우거나, 규칙을 정하지는 않았지만, 순례자로서의 서로에 대한 아무런 조건 없는 배려와 양보만 존재하는 바로 이곳.'

아직 덜 깬 표정으로 눈을 비비는 마들렌에게 웃으며 미소 지었다.

"마들렌, 엄마 말 잘 듣고, 조심히 걸어라." 가볍게 머리도 쓰다듬어 주었다.

"네에~ 할아버지! 나중에 우리 다시 만나요."

해맑은 표정을 지으며, 아직도 잠에 덜 깬 목소리로 인사하는 마들렌이다.

"그럼, 곧 다시 볼 거야."

마들렌을 달래기라도 하듯, 말하는 엄마다.

"할아버지 먼저 가서 기다릴 테니, 잘 따라오려무나!"

운이 좋으면 하루에도 몇 번을 같은 순례자를 다시 만나고, 헤어지고를 반복하는 순례길이 아닌가! 그리고 보면 작별인사는 사실 무의미한 형식이 아닌가 생각된다.

'작별이란, 마치 더는 함께할 수 없는 다른 시간과 공간에 사는 느낌이랄까?' 베로니카 모녀를 뒤로 한 채, 오전 9시경에 숙소를 나왔다. 다른 순례자들은 새벽이나 이른 아침에 떠났는지 주변에 아무도 걷는 이가 보이지 않는다.

오늘은 이곳으로부터 약 20여km 떨어진 빌라투에르타(Villatuerta)가 목적지다. 대평원의 초원길을 홀로 걷노라니, 어제와는 사뭇 다르게 작은 두려움이 무거운 배낭으로 이미 땀에 젖어 버린 등골을 더욱 시리게 만든다.

늦잠을 자느라 아침에 잊고 있었던 묵주기도를 시작했다.

'이제 또 혼자구나~'라는 생각이 한쪽 뇌리를 스치며 지나갈 때는 더욱 집중해서 소리까지 내어 기도했다.

만약에 천국이 있다면, 정말로 사후세계가 존재한다면, 바로 이곳이 아닐까 하는 생각을 잠시 해본다. 하늘나라에 갈 때도 동행자 없이 홀로 아름다운 초원길로 가는 것이라고 상상도 해보니, 홀로 걷는 이 길 위에 선 나에게 위로가 되어 더욱 발걸음이 가볍다.

날씨가 무척 덥다. 정확히 몇 도인지는 모르겠지만 오월의 날씨치고는 한국의 여름 날씨와 다를 바 없다. 숙소를 나선 지 몇 발짝 걷기도 전에, 등골에 땀방울이 맺히는가 싶더니, 이제 온몸이 젖은 듯 축 늘어진다. 이른 아침에 순례자들이 서둘러서 출발해서 목적지에 일찍이 도착해 휴식을 취하는 데는 다 이유가 다 있는 듯하다.

더운 날씨에 걷다 보니 피로도 일찍 찾아오고, 자꾸만 걸음이 더뎌진다. 오가는 이라도 있으면 내 방향이 제대로인지 확인이라도 하고 싶건만, 늦게 출발한 탓에 걸어도 걸어도 끝이 보이지 않아 초조한 마음뿐이다.

그 옛날 지금보다 더 험난하고 외로웠을 이 길을, 야고보 성인이 홀로 생명의 위험을 감수하고 선교를 하기 위해, 또 그동안 순례자들이 수십 날을 걸었을 것을 생각하니, 조금은 부끄럽고 자신이 초라해진다.

많은 생각들로 복잡해진 머리를 정리하며 걷는 동안, 건물도 몇 채 보이지 않는 작은 마을 어귀에 발걸음이 닿아 있었다. 그리고 길옆으로 알베르게로 보이는 작은 2층으로 지어진 작은 건물의 표지판에 '알베르게(Albegue)'라고 씌어 있다. 앱을 확인하니 내가 머무를 알베르게는 이곳에서도 한참을 더 걸어가야 하는 거리에 있었다.

얼마를 걸었을까? 마을에 들어서니 바로 길가에 알베르게가 보여 무심코 들어갔다. 한국 순례자로 보이는 한 무리의 대화가 한창이었다.

그들의 대화에 잠시 끼어 이런저런 얘기를 나누다 보니, 저마다 재미있는 사연들로 이곳에 왔다는 사실을 알았다. 호주에서 왔다는 한인교포 부부는 한국에서 왔다는 친구 여성분들과 함께 동행중이었다. 잠시 그들 팀과 이야기를 나누는데, 순례자분이 함께 저녁 식사를 하자는 제의를 했다. 나야 거절할 이유가 없지 않은가!

"예, 저야 고맙죠."

허심 없이 그녀의 제안에 답했다.

카운터로 가서 순례자 여권을 내밀었다. 도착하자마자 그들과의 대화에 빠져 방 배정도 받지 않고 얘기를 하다가 생각난 것이다.

"죄송하지만, 오늘 방은 이미 다 찼습니다."

알베르게를 운영하는 주인의 대답이다. 물론 옆에 서 있던 한국인 한 분이 통역을 해줘서 알아들을 수 있었다.

"네? 벌써 방이 찼다고요?"

난감한 순간이 또 닥쳤다. 조금 전 나와 대화를 나누던 그 팀들도 무안해 하며 할 말을 잃은 듯 미안해하는 기색을 보였다.

'어쩔 수 없는 일이 아닌가?'

"이거 얘기 하느라, 방이 없는지도 몰랐네요."

더 이상 머뭇거릴 시간이 없어, 인사를 마치고 그 숙소를 나와 바로 건너편 알베르게로 가니 방이 있었다. 다행히 작은 마을이라 나에게 침대를 제공해 줄 알베르게를 찾는 건 그리 오래 걸리지 않았다.

배낭을 풀어헤쳐, 옷가지와 생필품들을 침대 위에 일렬로 나란히 진열했다. 혹시나 잃어버리거나 생을 다한 물건은 없는지, 남은 여정을 위해 다음 큰 마을을 지날 때 슈퍼에 들러 살 물건이 없는지 살펴보기 위해서다.

샤워를 마치고 침대로 가는데, 낯익은 순례자 한 분이 우두커니 서성이고 있는 게 아닌가! 누군가 했더니, 조금 전 내가 알베르게에서 대화를 잠시 나누었던 순례자였다.

"저희가 저녁 식사를 준비했는데, 오셔서 같이 식사하시죠."

그러고 보니 그곳에서 급히 나오느라, 처음 저녁 식사를 같이하자던 여성 순례자분의 제의를 까맣게 잊고 있었던 것이다. 샤워하는 동안에도, 오늘 저녁 식사를 어떻게 해결할까 고심을 했건만, 잘된 일이 아닌가!

"어서 오십시오." 먼저 인사를 건네건 호주 교민 부부였다. 이미 나를 그들 옆 의자에 자리를 마련해 놓았던 터라, 그 자리에 앉으며 악수를 청했다.

"아까는 방이 없다는 소릴 듣고, 죄송해서 어찌할 바를 몰랐습니다."

"다행히 방을 구하셨다니, 얼마나 다행인지 모릅니다."

'알베르게의 방'에 대해 들은바 요즈음은 구하기가 많이 어렵지 않은데, 순례자들의 수가 늘어나는 성수기 여름철이면 더욱 어렵단다.

순례자마다 걷는 속도가 달라 제각기 목적지가 다를까 싶어도, 알고 보면 같다. 다만 누가 먼저 그곳에 일찍 도착하느냐의 차이일 뿐. 그러다 보니, 방을 구하지 못하면 수 km 혹은 수십 km를 더 걸어 다음 마을에서 알베르게를 찾아야 하는 일이 벌어지기 때문이란다. 만약, 그럴 상황도 못 된다면 성당 옆 잔디 위나, 처마가 있는 벤치에서 잠을 자야 할 판이란다.

어찌 보면 이 상황은 배려와 양보라는 의미의 테두리가 아닌 또 다른 의미에서 해석해야 할 문제일 것이다. 그러기에 예약을 하지 않는 한 그날 목적지를 딱히 정하기보다는 자신의 체력과 걷는 속도 그리고 동 시간대에 걷는 순례자들의 수를 고려하여 목적지와 알베르게를 정하는 것이 현명하고 효율적인 방법이라 하겠다. 이 길 위에 선 모든 순례자는 성별, 나이, 지위, 나라를 떠나 모두가 평등한 다 같은 순례자이기 때문이다

그들과 어울려 이야기를 나누는 동안, 이미 주문해놓은 듯한 음식들이 하나씩 나오기 시작했다. 그런데 음식을 들고나오는 주인인 듯한 아주머니가 한국 사람이었다. 영문을 몰라 물어보니, 스페인이 좋아 몇 년 전 이곳으로 이민을 와서 한국 음식이 그리웠을 순례자들에게 조금이나마 도움이 될까 싶어 식당을 열었다고, 나의 옆에 앉은 나이 지긋한 자신을 윌리엄 박이라고 소개한 호주교포 순례자가 설명해 주었다.

"아~ 그래요?"
놀라움을 감출 새도 없이 감탄이 절로 나왔다.
식당 아주머니가 나의 옆으로 와 음식 접시를 내려놓을 때 그녀에게 한마디 건네고 싶었지만, 그녀는 이미 그 자리를 떠나고 있었다.
'대체, 얼마나 이곳이 좋으면, 도시도 아닌 이런 집도 몇 채 없는 시골 마을까지 내려와서 순례자들을 위한 식당을 운영한다니. 식사가 끝날 때쯤 알게 된 사실이지만, 그녀는 전혀 스페인어를 할 줄 모른다고 한다. 물론 영어도 중학교 수준 정도라고 하니!
스페인 남편과 함께 그것도 식당까지 운영하며, 봉사하는 마음으로 하고 있다니', 그 용기와 결심에 박수를 보내고 싶었다.

순례자 메뉴라 여느 스페인 식당에서 서비스하는 순례자 메뉴와 다를 바 없었지만, 특별히 김치와 스페인에서 자란 채소를 볶은 듯한, 한국인의 입맛에 맞게 조리된 나물을 서비스로 제공을 해주었다. 한국의 완벽한 맛은 아니지만, 이 먼 타향에서 이런 한국 음식의 맛을 음미할 수 있다는 그 자체만으로도 흡족했다.

호주교포 윌리엄 박 선생 부부와 주로 대화를 나누며, 간만에 정겨운 식사 시간을 가졌다. 마치 가족들과 함께 둘러앉아 음식을 나눠 먹는 그런 모습처럼 말이다. 아마도 식당 주인이 한국분인 데다, 한국 음식을 맛볼 수 있었던 이유도 있겠지만, 와인이 들어가니 약간의 기분 좋은 취기가 올라 그런지도 모르겠다.

초면인 사람들과 뭘 그리 할 말이 많았는지, 그들과의 단란한 저녁 식사를 마치고, 숙소로 돌아오는 길에 잊고 있었던 중요한 일이 생각났다.

사실, 오늘은 아내를 만나 결혼을 한 지 47주년이 되는 기념일이다. 그날이면 해마다 함께 외출을 하고선, 영화도 보고, 외식도 즐기고, 때론 해외여행을 다니며 나름대로 의미 있는 시간을 함께 했건만…. 순례길을 걷느라, 일생에 단 한 번도 잊어 본 적이 없던 결혼기념일을 까마득히 잊고 있었다니…. 나 자신도 깜짝 놀랐다.

'한국은 몇 시일까?' 문자라도 보내야겠다는 생각을 했지만 나도 모르는 사이 피곤함에 지쳐 그만 잠이 들고 말았다.

게으름의 길

DAY+11 2018년 5월 17일(목) 맑음

Routes of Santiago de Compostela in France + 7days

Villatuerta to Los Arcos 26.0㎞ / 138.0㎞

	4.0km	3.0km		6.5km		12.5km	
Villatuerta		Estella	Monasterio de lrache		Vikkamayor de Monjardin		Los Arcos

　숙소에서 나와 첫걸음을 떼는 순간 손목시계를 쳐다보니 7시 30분 경이었다. 오늘도 변함없이 넓은 초원길과 앞뒤로 끝나지 않을 것 같은 보이지도 않는 이 길을 홀로 걷고 있다.

　'익숙해져 버린 걸까? 아니면 고된 순례의 여정으로 몸과 마음이 이미 지쳐 마음의 여유를 잃어버린 것일까?'

　순례길에 첫발을 내딛던 생장에서부터의 감동적인 풍경에 감탄을 자아내던 가슴 뭉클함이 시간이 지남에 따라 덜해지는 것 같다. 오히려 오늘의 목적지와 걸어가야 할 거리 그리고 지나가게 될 마을에서 점심을 해결할 수 있는 슈퍼나 식당이 있는지, 도착한 목적지에 숙박을 할 수 있는 방이 있는지에 더 관심이 쏠렸다. 하긴 이보다 더 순례자의 진심을 알 수 있는, 현실적인 문제가 더 있겠나 싶다.

순례길 7일째로 접어드니, 처음 시작과는 다르게 많은 것에 소홀해지기 시작함은 어쩔 수 없나 보다.

생장에서 순례길을 시작할 때만 해도 숙소를 나오기 전, 사전에 오늘 주요 지역이나 성당의 위치, 특정 마을에서 꼭 봐야 할 관광명소를 확인하곤 했었는데, 밤이 되면 지쳐 그냥 잠들기 바쁘고, 걸으면서 휴대폰으로 확인을 하려니, 돋보기안경을 배낭에서 꺼내는 번거로움에 귀차니즘이 발동해서이다.

오늘 갈 곳은 아크로스(Arcros)다. 아침부터 부지런히 걸었지만, 이제 겨우 절반 거리 정도 지나온 듯하다.

구름 한 점 없는 청명한 하늘을 잠시 바라보다 집주인이 꾸며놓은 듯한 울타리 너머로 보이는 이름 모를 화려한 정원의 꽃들과 잠시 인사도 나눠 본다.

마을을 빠져나올 때쯤, 들어가 기도를 드릴 수 있는 아기자기한 수도원인 듯한 곳에 잠시 들러, 성모님의 그림을 발견하고는 기도를 드리기도 했다.

제대로 된 준비 없이, 오로지 완주에만 신경을 썼던 자신에게 따끔한 채찍질을 하고 싶은 마음이 썰물처럼 밀려왔다.

오늘 일정 중에는 '이라체 수도원(Monasterio de Irache)'이라는 곳을 지나쳤는데, 이곳에서는 순례자에게 포도주를 하루 100L를 무료로 제공하는 일명 '이라체 샘(Monasterio fuente)'이 있다고 가이드북에서 읽었지만 나는 못 보고 한참을 지나쳐 발길을 되돌릴 수 없어 아쉬움이 남기도 했다.

오후 3시쯤, 저 멀리 희미하게 마을의 이름을 알리는 표지판이 흐릿하게 눈에 들어오기 시작했다. 속도를 내어본다. 마을 표지판에 '아크로스'라는 문구가 더 확연히 보이기 시작했다.

이곳의 마을 성당 앞에 알베르게가 있다는 얘기를 들은 바 있어, 순례길을 가다 보니 쉽사리 찾을 수 있었다. 문을 열고 들어서려니 잠겨있다. '아직 오픈 시간이 아닌가?' 하는 의구심을 갖는 사이, 문 안쪽에서 발걸음 소리가 들리더니 이내 문이 열렸다.

여기 알베르게는 특이하게도 문이 안에서만 열 수 있도록 열쇠가 장치되어, 바깥쪽 문에서는 절대 열리지 않는다고 한다. 그래서

산티아고 까미노의 천사들

숙박을 원하는 순례자는 접수시간에 맞추어 찾아와야 하고, 출입 시에는 주인에게 알려야 한다는 번거로움이 있지만, 최근 이 근방에서 순례자의 돈과 물품을 노리는 도둑이 많아 보안상의 이유로, 알베르게 주인이 선택한 나름의 순례자를 위한 최선의 대처방안이란 것을 알았다.

순례자 여권에 스탬프를 찍고 접수를 하자, 고맙게도 내 침대까지 배낭을 가져다준다. 팁이라도 줘야 하는지 잠시 고민을 했지만, 그냥 스페인어로, "Gracias" 하며 감사하다는 말만 건넸다.

퇴근하고 집에 오면 식사 전 샤워부터 하듯이, 이제는 자연스레 샤워용품을 챙겨 샤워장으로 향하는 게 익숙해졌다.

저녁 식사를 하기 위해, 마을 주변을 구경삼아 십여 분을 돌다가, 어느 한적한 레스토랑이 눈에 들어와 들어갔다. 메뉴판을 보니 영어라고는 전혀 쓰여 있지 않았다.

영어는 고사하고 메뉴에 대한 사진조차 없는 정말로 간결한 메뉴판이었다. 주인의 불친절은 다시 한 번 나를, 이곳으로부터 어서 벗어나고픈 마음이 들었지만 꾹 참고 식사를 했다.

'순례는 인내의 연속'이라고 누가 말했던가!

낯선 동행의 길

DAY+12 2018년 5월 18일(금) 맑음

Routes of Santiago de Compostela in France + 8days

Los Arcos to Viana/Logrono 28.5㎞ / 166.5㎞

아침 7시 즈음 일어나, 다시 짐을 꾸려 숙소를 나와 걷기 시작했다.

순간, 멈칫 서며 고개를 돌려 뒤를 보다, 다시 걸어가야 할 눈앞에 펼쳐진 대평원의 끝이 보이지 않는 초원을 물끄러미 바라보았다.

'잘못 본 것인가?' 혼잣말로 중얼거려 본다.

어제 분명히 이 길을 걸은 듯한데, 또다시 같은 길을 걷는 것 같아 재차 확인을 해본 것이다.

도시를 제외한 대부분의 순례길이 산악지대이거나 평원이라 그런 느낌을 받았나 보다. 하기야 매일 보는 광경이라곤 평원과 초원 그리고 이따금 나타나는 한국의 작은 읍내 크기의 마을이니 그럴 만도 하다.

다행히 평소 보지 못한, 붉게 피어올라 금방이라도 터져버릴 것만 같은 양귀비꽃과 노랗게 물들어 절정을 달리는 유채꽃이 지루한 나의 시야를 밝혀주는 듯하다. 저 멀리 아련히 보이는 성당 종탑이 금방이라도 종을 울릴 듯, 나의 걸음을 재촉하게 한다.

오늘은 비아나(Viana)까지 갈 예정이다.

지금까지 걸어온 거리 중에 최고 먼 거리라 약간의 부담스러움을 안고 걸음을 재촉하고 있지만, 피곤에 지친 두 다리는 내 말을 듣지 않는다.

한동안 두 다리에 의지한 채, 한 발 한 발 힘겹게 땅을 밟으며 서너 시간을 그렇게 말없이 걸었다. 걷고 있는 현재 위치에서 10km 이상 떨어져 있지만, 그 도시의 풍채가 어렴풋이 나의 시야에 들어올 정도다. 지쳐 버릴 대로 지쳐버린 두 다리에 온 힘을 쏟아 조금 속도를 내어본다.

저 멀리 아득히 보이는 종탑을 바라보며 두어 시간을 또 말없이 걷는다. 평소 곧잘 하던 묵주기도마저 생각조차 못 할 만큼 힘든 시간이었다. 시련을 맞고 있는 지금의 나다.

성당 근처에 다다르자, 벌써 도착해 거리를 배회하는 한 무리의 순례자 한국인들과 눈이 마주쳐 서로 인사를 주고받았다.

언제나 그러하듯 공립 알베르게는 대부분 성당 부근에 위치해 있었는데, 한국인 한 분이 이 부근에는 방이 없으니 다른 곳을 찾아보라고 일러준다.

비아나에서 마을 축제가 있어 다른 지역에서 관광을 온 현지인들로 이미 만원이라는 것이다. 더군다나 오늘이 금요일이라 설상가상으로 방을 구하는 것은 하늘의 별 따기라니, 지쳐버린 몸을 이끌고 다음 마을로 이동하기엔 역부족이라 참으로 답답했다.

어쩔 줄 몰라 하는 나를 발견한 건 한국에서 순례를 온 모녀였다. 그들에게 자초지종을 설명하고 도움을 청했다. 이윽고, 나를 어디론 가 데려가더니 도착한 곳이 도시의 관광안내소였다.

안내직원과 한참을 대화를 주고받던 모녀 중 따님으로 보이는 아 가씨가 실망의 눈초리를 하며 말을 건넨다.

"죄송한데, 아무래도 여기선 방을 구하기가 힘들 것 같아요."

해결해주지 못해 미안하다는 듯 힘없이 말을 건네는 그녀다.

"아니에요, 그래도 저를 위해 갈 길을 멈추고 도와주셔서, 제가 오 히려 너무 감사합니다."

그리고 그녀의 어깨를 토닥거리며 죄송해하지 말라 했다. 그녀의 그런 고마움에 이름 석 자라도 기억해 주고 싶었다. '최하나' 아가씨 이름인 것 같았다. 그렇게 그녀의 이름을 머릿속에 각인시키고 모녀 를 떠나보낸 뒤, 다시 혼자가 되자 당황스러움에 잠시 의자에 앉아 정신을 가다듬었다.

어느 틈엔가, 며칠 동안 길을 걸으며 앞서거니 뒤서거니 하며 서로 가벼운 인사를 주고받았던, 낯익은 외국인 여성 한 분을 만난 것은 나에게 또 다른 행운이었다.

그녀 역시 방을 구하지 못해 안절부절못해 하는 모습이 역력하다. 잠시 후, 나를 쳐다보더니 말없이 따라오라는 손짓을 보낸다. 하긴 말 을 해봐야 서로 통할 수 없음을 그녀는 일찍이 알고 있었음이라.

그렇게 해서, 그녀를 따라간 곳은 다름 아닌 버스 정류장이었다.

추측건대, 이 도시에서 더 이상 방을 구할 수 없으니, 버스를 타고 순례길의 다음 도시로 가자는 의도임이 보인다. 시간대를 보아 걸어서 간다는 것은 일종의 모험과도 같은 상황이었다.

그렇게 그녀와 단둘이서 말없이 몇 번을 타야 할지도 모르는 버스를 십여 분을 기다리는데, 우리가 타야 할 버스가 왔는지 타라고 손짓했다.

그녀의 신호에 이끌려 부랴부랴 버스에 오르는데, 버스 기사가 언짢은 표정으로 내 배낭을 보더니 아래를 가리키며 출발을 하지 않는다. 순간, '무슨 뜻이지?' 하며 굳어버린 머리를 굴려보지만, 좀처럼 기사의 제스처를 이해하지 못하니, 더욱 인상을 쓰며 배낭 아래를 손짓해 대는 것이 아닌가! 언어의 소통이 얼마나 절실한지 다시 한 번 깨닫는 순간이다.

버스 기사와 옥신각신하는 사이, 뒤 목덜미가 뻐근함을 느꼈다. 나 때문에 떠나지 못하는 버스에 탄 승객들의 눈초리였다. 그제야 보다 못한 그녀가 나에게 다가오더니, 나의 배낭을 가리키며 버스의 바깥쪽 짐칸으로 옮기라는 시늉을 해 보였다.

'아~ 그런 거였구나~'

그녀의 배낭은 작은(약 20ℓ) 크기라 기사의 제재를 받지 않은 모양이지만, 내 것은 거의 50ℓ에 이른다. 낯선 외국인이 말을 알아듣지 못하면, 답답한 마음에 몸을 움직여 도와줄 수도 있을 텐데 말이다.

'나만의 허황된 욕심이라 말인가?'

버스 요금으로 얼마를 지불했는지조차 기억이 나지 않을 정도로 당황스러운 순간을 모면하고 나니, 축 처진 두 어깨와 후들거리는 두 다리로 서 있기조차 힘들어졌다.

그렇게 버스에 몸을 싣고 이십 여분을 달려, 도착한 곳이 버스터미널이었다. 지나가는 행인에게 두어 번 길을 묻던, 그녀에게 이끌려 따라간 곳은 로그로노라는 도시 중심부의 한 '오스딸(Hostal, 호스텔)'이였다. 가난한 순례자에게 알베르게 만한 곳도 없겠지만, 방을 구할 수 없으니 차선책으로 택할 수밖에 없는 상황임이 분명하다.

그래도 나를 호텔로 인도하지 않은 게 얼마나 고마운 일인가! 그렇게 스스로에게 위안을 해본다. 순례자가 숙박지로 선택할 수 있는 범위는 거의 정해져 있다고 해도 무방할 것이다. 물론 가격순으로, 그 첫 번째가 알베르게, 두 번째가 호스텔, 세 번째가 호텔 순이다.

호스텔 안으로 그녀와 들어섰다.

그녀가 먼저 접수를 시작하는데 숙박비로 10유로를 지불하는게 아닌가. 최소 20유로 정도를 지불 할 거라 예상했었던 나였다. 정확한 상황을 파악할 수 없었지만, 순례자들을 위해 호스텔과 알베르게를 함께 운영하며 저렴한 가격에 숙박을 제공하는 것 같았다.

먼저 접수를 마친 그녀는 방으로 가지 않고, 내 차례가 끝나기를 기다리는 듯, 서성거리며 호스텔 내부를 훑어보기 시작했다. 10유로를 지불하고, 순례자 여권에 스탬프도 받고, 그녀와 같이 알베르게에 들어갔다. 이미 몇몇 순례자인 듯한 사람들이 눈에 띄었다.

알베르게 내부가 그동안 보아오던 곳과는 달리 무척 어둡고 침침하다. 오늘 이곳까지 무사히 나를 이끌어 주고, 방까지 얻게 해준 그녀에게 고마움을 답례하고 싶었다.

그녀에게 다가가 맥주 한잔 어떠냐고 서투른 영어구사와 손짓을 해 보였다. 그녀의 대답은 "No"였다. 그것이 다였다. 의사전달이 제대로 안 된 것인지, 피곤함에 술을 마시고 싶지 않다는 것인지, 아니면 노인과는 술을 마시기 싫다는 것인지?

아무튼, 거절하는 그녀를 뒤로 한 채, 숙소를 빠져나와 거리로 들어섰다. 저녁 식사를 해결하기 위해서였다.

버스를 타고 오기 전 발걸음을 멈추었던, 비아나와 비교해 로그로노도 꽤 큰 도시였고, 여느 도시처럼 밤의 거리는 네온사인 불빛으로 화려하고, 거리로 몰려나온 사람들로 뒤엉켜 북적댔다. 길을 잃을까 봐 먼 거리까지 나아갈 수 없었기에, 호스텔 주변을 돌며, 순례자 메뉴를 제공하는 레스토랑을 찾아보았다.

사실 시골 길이나 작은 마을이 아니고서는, 도시에서 순례자 메뉴를 찾기란 모래밭에서 바늘을 찾는 거나 진배없을 만치 어려운 일임을 나중에야 알았다. 순례길이니, 당연히 어딜 가도 순례자 메뉴가 있을 거라는 단순한 생각을 했다는 자신이 조금은 어리석어 보이기까지 하다.

호스텔 건너편에 이르렀을 때, 마침 순례자 메뉴를 운영하는 레스토랑을 발견하고선 순례자 메뉴를 먹을 수 있을 거라는 확신에 찬 기대감으로 문을 들어섰다.

하지만 눈 씻고 찾아봐도 순례자 메뉴는 어디에도 없다. 메뉴판을 제대로 읽을 수도 없으니, 메뉴판 속에 사진으로 표현된 먹음직스러운 음식을 주문했다. 스테이크와 비슷한 음식이었는데, 그 양이 너무 많아서 앉은 자리에서 도저히 접시를 비울 수가 없어, 먹기 좋게 칼로 자른 뒤 포장을 부탁했다. 숙소로 가져와 배낭에 보관했다가 내일 비상식량으로 먹을 생각에서였다.

 숙소로 돌아온 시간이 거의 9시쯤이었고, 너무도 힘들고 지쳐서
샤워도 대충 하고 간단히 세수와 칫솔질만 하고선 잠을 청했다.

산티아고 까미노의 천사들

여유로움의 길

DAY+13 2018년 5월 19일(토) 맑음

Routes of Santiago de Compostela in France + 9days

Logrono to Navarrete 13.0㎞ / 179.5㎞

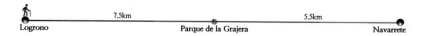

7.5km   5.5km
Logrono   Parque de la Grajera   Navarrete

　어제는 비아나까지 걸어 숙박을 하려 했으나, 도시 축제로 인해 방을 구할 수 없어 숙소를 구하기 위해 이곳 로그로노까지 약 9.5km를 버스로 이동해 왔야 했다.

　산티아고 데 콤포스텔라까지 무슨 일이 있어도, 대중교통을 이용하지 않겠노라 다짐을 했건만, 처음의 결심이 무너지는 해프닝이 벌어진 것이다. 우연히 나와 같은 처지의 외국인 여성 순례자를 만나, 그녀를 따르는 바람에, 본의 아니게 저지른 어쩔 수 없는 상황이었다고 위안하고 변명을 늘어놓고 싶다.

　'그래, 아주 짧은 거리였잖아.'

　'그리고 만약 그녀를 따르지 않았더라면, 길거리를 헤매다 공원 벤치에서 밤을 지새워야만 했을 거야!'

　스스로에게 변명을 늘어놓으며, 자기 합리화도 시켜보지만, 영 마음이 찝찝함은 어쩔 수 없나 보다. 어제 비아나에 계획대로 머물렀다면, 비아나에서 로그로노를 지나 나바레테(Navarrete)까지 총 22.2km를 걸을 계획이었으나, 버스를 타고 로그로노까지 9.5km를 왔으니, 오늘은 12.7km만 걸으면 된다.

물론, 좀 더 걸어 다음 마을까지도 갈 수도 있겠지만, 얼마 전부터 시작된 발가락 우측 오지와 좌측 엄지에 물집이 잡혀 걸을 때마다 발끝에서 전이되어 오는 쓰라린 고통이 그대로 뇌로 전달되어 한 걸음, 한 걸음이 힘겨웠기 때문에 나바레떼까지만 걷기로 했다.

7시 30분경 호스텔에서 나와 부근 카페에서 바게트와 오렌지 주스로 출출했던 배를 채웠다.

간밤에 한 번도 깨지 않고 자서인지 어느 정도 피로는 풀린 듯했지만, 여전히 물집 잡힌 발가락으로부터 전해지는 고통으로 걷기가 많이 아프고 불편했다. 한국에서 지난 몇 달간 트레킹도 하며, 충분한 걷기 연습과 잠자기 전 발 마사지를 통해 이런 문제에서 비껴가기를 갈망했건만.

로그로노를 빠져나가는 노란색 순례길 표시를 따라 걸으니, 대도시다운 고층빌딩들과 수없이 오고 가는 자동차의 행렬이 어느 도시 못지않게 아침 출근길의 분주하고 바쁜 일상을 보여준다.

도시가 발전하면 낡은 건물을 허물고, 현대식의 건물로 새로 짓는 우리와는 달리 옛 중세시대의 고전 빌딩들을 그대로 보존하면서 그 사이 사이로 현대적인 건물들을 지은 모습이 자연스런 조화를 이루어 동 시간대에 두 개의 다른 시대가 존재하는 듯한 모습에, 바쁘게

걸어가는 나의 발걸음을 붙잡고 카메라 셔터 버튼을 부지런히 누르
게 만들었다.

　도시를 거의 빠져나와 외곽 길에 들어서니 교차로에 한국의 기아
자동차 판매소가 멋스럽게 자리 잡고 있었다. 애국심이라도 발동한
것일까? 나도 모를 자랑스러움과 뿌듯함에 매장의 유리벽 너머로 보
이는 자동차들을 잠시 멈춰서 빤히 바라보았다.

　'역시, 우리나라는 대단하다 말야!'

　순례길 구간 중 찻길 옆으로 걷노라면, 간간히 도로를 질주하는 한
국의 차를 발견하고선 마치 한국인이라도 만난 듯, 기쁘고 흐뭇할 수
가 없었던 나였다. 우리나라의 차가 스페인의 소도시까지 영업망을
확장하다니, 왠지 모를 자부심마저 느껴진다.

도시 외곽의 시골 길엔 양귀비꽃이 참 많은 듯하다. 며칠 전부터 계속되는 붉게 물든 양귀비꽃을 보노라니, 한국에서는 전혀 볼 수 없는 광경이기에 신기하기만 할 뿐이었다.

봄이거늘, 너무나 화창한 가을의 날씨를 자아내는 날이다. 구름 한 점 없는 새파란 하늘 아래로, 오색빛깔을 발산하는 이름을 알 수 없는, 저마다 멋을 뽐내며 고개를 든 만발한 꽃들과 조우하며 걷는 기분이 제법 낭만과 여유마저 느끼게 할 정도다.

'오로지 순례자만이 만끽할 수 있는 축복이 아닐까?'

샛길을 지나 큰길로 들어서니, 멀찍이 산등성이에 스페인의 투우를 상징하는 듯한 까맣게 물든 황소의 조형물이 눈에 띄어, 반사적으로 어느 한순간도 놓칠 수 없다는 손놀림으로 사진을 찍었다.

오늘 목적지인 나바레테 초입에 들어서니, 지팡이를 든 야고보 성인의 모습으로 보이는 듯한, 아니면 순례자의 모습인 듯한 조형물이 눈앞에 들어왔다. 그 옆으로 파란색 표지판에 새겨진 산티아고 데 콤포스텔라까지 576km가 남았다는 숫자와 함께 화살표 방향이 그려져 있었다.

'언제나 닿을 수 있을까? 정말, 내가 해낼 수 있을까?' 하는 수많은 질문들을 자신에게 던지고 있는 나의 생각을 그 동상도 분명히 알고 있을 거라 연관 지어 본다.

그동안의 경험으로 비추어보아, 마을 입구에 세워진 안내 표지판으로부터 대략 2km 정도 더 가면 성당이 나타났던 것 같다. 역시, 나의 예상대로 성당 옆으로 알베르게도 보인다. 이제 제법 숙련된 순례자임을 스스로 확인하고, 조금은 자신감마저 생겨 흐뭇한 표정을 지어본다.

예상외로 먼저 도착한 몇몇 순례자들의 모습만 보일 뿐, 주변이 한산해 보여 시계를 보니 오후 1시에 가까이 다가가고 있었다. 접수를 끝내고, 여느 때와 다름없이 배낭을 풀고, 샤워장으로 발걸음을 돌려 샤워도 하고, 그동안 미뤄둔 빨랫감도 열심히 두 손으로 비벼댔다.

저녁 식사 전까지 얼마의 여유가 있는지라, 오랜만에 마을구경도 할 겸해서 움직이려는데, 샤워를 하느라, 물집 잡힌 발가락을 방치한 탓에 벗겨진 살 틈으로 물이 들어가 쓰릴 만큼 아파왔다.

'치료가 필요했음이니라, 오늘보다 내일을 위해서라도 말이다.'

잠자기 전에 제대로 된 치료를 하기로 하고, 우선 물기를 말린 뒤, 준비해온 연고를 살짝 바르고, 알베르게를 나섰다.

먼저 들른 곳은 마을에 단 하나뿐인 성당이다. 제대 전면 부분이 온통 금색으로 장식된 어마어마한 모습에 감탄했다.

성당 내부와 주변을 돌며, 잠시 여유로운 시간을 가져보기도 하고, 숙소로 돌아와 낮잠을 청해 보기도 했다. 부근 식당에서 간단히 식사를 하였으나, 이제는 혼자 주문하는 것이나 식사하는 것이 어색하지 않아진 듯하다.

저녁 7시에는 성당 미사에 참례하여, 낯선 이방인들과 어울려 한국에서 다니는 성당의 전례 순서를 따라 나만의 기도를 올렸다. 세계 어디를 가나, 성당의 전례 순서는 거의 비슷했기에 가능했던 일이다. 그러고 보니, 순례 기간 중에 처음으로 미사에 참례한 듯하다.

지친 몸과 마음을 달래느라, 소홀했지만 미사를 지금에서라도 참례하니, 어느새 마음의 안정과 평온을 되찾은 듯 가벼워짐을 느꼈다.

나도 모르게 알 수 없는 따뜻한 눈물이 양 볼을 타고 흐르고 있었다. 이곳까지 무사히 걸을 수 있도록 인도하여 주시고, 건강 주심에 감사드리는 눈물일 것이리라. 앞으로도 변함없이 순례를 마치는 그 날까지 인도하여 주시고, 보호하여 주시고, 건강과 지혜 주시기를 간절한 마음으로 기도를 했다.

미사를 마치고 나서, 행여나 순례자들을 위한 안수가 있으려나 기대했지만, 아쉽게도 나의 작은 바람은 이루어지지 않았다.

잠자리 들기 전 발가락 물을 빼내기 위해 물집에 실을 꿰어 놓았다. 밤새 다 빠져나오길 기대하면서 말이다. 의외로 저항은 강했다. 몹시 아파서 실을 꿰기가 쉽지 않아서다.

희망의 길

DAY+14 2018년 5월 20일(일) 맑음

Routes of Santiago de Compostela in France + 10days

Navarrete to Azofra 24.0㎞ / 203.5㎞

👣
Navarrtet ——— 8.0km ——— Ventosa ——— 10.0km ——— Najera ——— 6.0km ——— Azofra

'순례길에 익숙해진 탓일까? 아니면 게을러져서일까?'

시간이 지날수록 아침 기상 시간이 늦어지고 있다.

6시쯤 자리에서 일어나 간단한 준비운동을 마친 후, 숙소를 나와 어제 확인해 둔 노란색 화살표를 따라 걷기 시작했다. 얼마 지나지 않아 외곽 도로로 접어들고서야 잠시 걸음을 멈추고 밤새 발가락 물집 잡힌 곳에 꿰어 두었던 실을 확인해 보니, 물이 다 빠져나오지 않아 통증이 계속되고 있음을 알아차렸다.

고통을 참는 데 익숙해 질만도 한데, 현실은 그렇지 않나 보다. 아프지만 멈출 수 없는 순례길이고, 멈추는 만큼 가야 할 길은, 더 멀리 달아나 버리기 때문이다.

오늘도 끝없이 펼쳐진 지평선을 바라보며, 언제 나올지도 모를 목적지를 향해 아픈 다리를 이끌 듯 절뚝거리며 걷는다.

그렇게 아조프라(Azofra)를 향해 정처 없이 걷노라니, 넓은 포도원이 나의 시야를 사로잡는다. '카탈루냐(Catalonia)' 지역을 지나, '아라곤(Aragon)' 그리고 현재는 '나바라(Navarra)' 지역을 걷고 있지만, 비슷해 보이는 것 같아도, 자세히 들여다보면 지역마다 저마다의 특성을 지니고 있음을 알 수 있었다.

오늘은 흙길보다 자갈이 많은 길을 걸어야 했다.

한 걸음 내디딜 때마다, 발끝에서 전해오는 고통은 이루 말할 수 없지만, 어디에다 대고 하소연할 곳조차 없다. 그냥 참고 묵묵히 걸을 뿐이다. 그나마 묵상기도를 하면 고통이 덜 전해지는 것 같아 더욱 집중해본다.

단순히 순례길의 안전을 위한 그리고 용기와 힘을 달라는 기도보다는 이렇게 혼자만의 길을 걷다 보면, 그날그날 상황에 따른 기도의 주제가 정해지기도 한다.

오늘은 '길'에 대한 묵상을 하게 되었다.

'내가 걸어온 인생의 길이라는…'

'목표를 정하고 길을 걸어가다, 한순간 잘못된 판단으로 길을 잃고, 선택의 기로에서 또 다른 잘못된 길로 접어들고, 그러다 올바른 길을 찾기 위해 노심초사하며 헤매어온 나의 인생길.'

'숱하게 흘려보낸 시간과 고난이라는 아픈 상처를 안고 다시 일어서야만 했던 지난날의 기억을 돌이켜보면, 올바른 길을 잘 선택해야 목적지에 도착하듯, 우리의 인생도 마찬가지니 길을 잘 선택해야 되겠구나 하는 생각이 항상 주위를 맴돌며 상기시켜 주기도 한다.'

한참을 걷노라니, 저만치 한 외국인 부자가 아이를 앞세우고, 본인은 뒤에서 지켜보며 걷는 모습을 보고, 사진에 담았다.

말이 안 통하니, 그 연유를 물어볼 자신도 없고, 혼자만의 생각으로 강인한 아들로 키우기 위한 아버지의 계획이, 어려서부터 고통일지 아닐지 모를 순례길을 체험하게 하면서 스스로에게서 답을 찾으라는 부모의 깊은 맘이 아닐까 하는 생각이 들었다.

일전에 만났던 한국인 베로니카의 딸 마들렌에 이어 두 번째 만나는 아이인 셈이다. 걷는 내내 웃음을 잃지 않고, 조금도 힘들어하는 기색도 보이지 않아 참으로 기특하다는 생각이 들자, 그 옆을 지나갈 때쯤 살며시 미소 지으며 주먹을 불끈 지고 선 "파이팅(Fighting)"이라는 제스처를 취해주었다. 나의 그런 행동에 영문도 모른 채, 아이는 그저 싱글벙글 신이 난 듯 나에게 웃음으로 답했다.

22km의 일정을 끝내고, 오늘 묵을 아조프라의 알베르게를 찾았지만, 분위기나 시설이 영 내 맘에 내키지 않는다.

화장실에는 비치된 휴지도 없고, 더욱이 샤워 물도 가뭄처럼 찔끔찔끔 숨통을 조이듯 나와 제대로 된 샤워조차 할 수 없어, 불편한 기색을 감출 수 없었다. 그나마 푸른 잔디로 덮힌 넓은 마당과 햇볕이 잘 들어, 빨래 널기 좋은 빨랫줄 덕분에 언짢은 기분을 달래어 보기로 한다.

'하나가 좋은가 싶으면, 다른 하나가 나쁘고, 인생이란 참 묘하게 언제나 우리를 감시하며, 시험하고, 평가하는 것 같다.'

그렇게 개인 정비를 마치고, 배정받은 침대에 누우려니, 한국으로부터 한 통의 문자가 도착했음을 알리는 진동소리가 울렸다. 아내 데

레사였다. 한동안 소식을 전하지 못했던 아내였건만, 그래서인지 걱정되어 문자를 보냈나보다.

"많이 걱정한다며, 무사히 순례길을 마치라." 하면서 격려를 해주는 내용이었다. 평소 말수가 많지 않은 아내에게 이런 문자를 받으니, 기분도 좋고, 내 속에 식어가던 용기와 힘이 용솟음치는 것 같아, 더할 나위 없이 좋았다.

마을 중심부에 위치한 조그마한 레스토랑에서 오늘의 순례자 메뉴로 식사를 하고, 두 명이 들어가 잘 수 있는 단층 침대에서, 혼자가 아닌 나이 지긋이 드신 외국인 노인과 룸메이트가 되었다.

순례길을 시작하고서부터 지금까지, 언어소통의 문제로 외국인들과 가벼운 인사 외에는 전혀 대화를 하지 못하니 답답할 뿐이다.

밤이 깊어 적막감이 엄습함은 당연지사이거늘, 지금 단둘이 있는 이 방에도 어색함과 적막감으로 어둠보다 더한 어둠 속에 갇힌 묘한 분위기를 자아내며, 조용히 잠이 들었다.

번뇌의 길

DAY+15 2018년 5월 21일(월) 맑음

Routes of Santiago de Compostela in France + 11days

Azofra to SantoDomingo de la Calzada 15.5㎞ / 219.0㎞

Azofra   9.5km   Ciruena   6.0km   Santo Domingo de la Calzada

'설상가상일까?'

발가락에 잡힌 물집도 문제지만, 더욱 심각한 문제에 봉착하게 되었다. 변화된 환경과 음식섭취 그리고 매일 장시간을 걷느라 지친 심신 때문인지 대변이 잘 나오지 않는다고 생각했던 게 며칠 전부터인가?

그럼에도 불구하고, 걷기 위해 잘 먹어야 한다는 고정관념에 하루 세끼를 꼬박꼬박 챙겨 먹고는 밤마다 소식 없는 배를 움켜잡고 화장실에서 몇십 분을 씨름하다, 가스가 새는 소리만 요란할 뿐 별 소득 없이 바지를 올려야 했었다. 예상치 못한 일이 벌어질 것 같아 초조하고 불안하기만 하다.

가스로 더부룩해진 배는 마치 임신이라도 한 듯 볼록하여, 걷는 건 둘째치고 식욕마저 저하시켜 생체리듬을 깨트리고 있다.

순례길은 대체로 5km를 간격으로 마을과 마을이 존재하지만, 그마저 레스토랑을 찾지 못하면 볼일 볼 곳을 놓쳐버릴 수 있어, 걷는 중 변의를 알리는 신호가 와도 별다른 방법 없이 참아야 하는 게 다반사이다.

우연히 레스토랑을 찾아 들어가 있는 힘을 다해 힘을 주어보지만, 물 같은 점액질만 조금씩 나올 뿐, 상태가 나아지지 않는다.

급하면 순례길 주변의 관목이나 수풀이라도 찾아 들어가 볼 참이었지만, 오늘 걸어가야 할 산토도밍고(Santo Domingo)의 길은 나의 처지를 알면서도 비웃는 듯, 황량한 평원만을 펼쳐 놓으며, 수풀과 나무를 꼭꼭 숨겨놓은 길이다.

묵상과 기도를 번갈아 가며 시도해보지만, 별다른 도움이 되지 못한다. 걷는 내내 느껴지는 항문의 미끈거림이 궁금해, 마을을 지날 때쯤 레스토랑에 들러 확인해 보니 그 정체는 바로 점액질이다.

상한 음식을 억지로 삼키고, 설사라도 해버리면 속이라도 시원하겠건만, 행여나 그로 인해 더 심해져 병원 신세라도 지게 되면, 어쩌나 하는 생각에 용기도 나지 않는다.

어디쯤인지 모를 장소에서 변의를 알리는 신호를 접수하고, 재빨리 주변을 둘러보며 훑기 시작했다. 무성한 수풀은 아니었지만, 그래도 몸을 최대한 숙인다면, 몸의 절반 정도는 감출 수 있을 것 같았다.

하지만 그러한 나의 계획도 잠시, 그만두기로 한다. 평소엔 그렇게 찾아봐도 '다들 어디로 갔을까?' 싶을 정도로 순례자들의 그림자조차 보이지 않았건만, 단체 소풍이라도 가듯 순례자들의 발걸음 소리가 끊이지 않고 내 옆을 지나가기 때문이다.

'안 되겠다. 다음 마을 알베르게까지는 무슨 일이 있어도 가야겠다!'

그렇게 결심하고선, 금방이라도 터져버릴 것만 같은 항문을 괄약근에 힘을 주고서 걸음을 재촉했다.

오전에 잠시 들렀던 카페의 화장실에서 행여나 점액질이 바지 밖으로 나올 것을 염려하여, 화장지를 둘둘 말아 기저귀 대신 항문을 막고 걸었지만, 결국엔 상상하기도 싫은 대참사가 벌어지고 말았다.

미치고 환장할 노릇이다. 머리끝까지 차오르는 극도의 수치감이 엄습하는 순간이다. 그나마 다행인 건, 오늘 도착할 산토도밍고까지 15km 정도 남았다는데 위안으로 삼으며 부지런히 발걸음을 재촉했다.

어쩌면 난 참으로 한심하고 어리석은 사람이 아니었나 싶다. 며칠째 배변을 보지 못하며, 몸 상태에 이상이 있음을 인지하면서조차 아무런 대책 없이, 매번 목적지를 가야 한다는 일심으로 걷기에 바빴고, 식사량을 줄여서라도 속을 편하게 만들어, 여유가 있을 때 약국이나 병원을 찾아 진료를 받아 봤어야 하는 건데 말이다.

'나이만 먹었지, 이번의 행동은 철부지 어린아이와 뭐가 다르다는 말인가!'

서두른 탓에 예상보다 일찍 숙소에 도착하였다. 순례길 여정 중 거리에 비해 가장 빨리 도착한 날이 아닌가 싶다.

'안나'라는 중년의 한국인 아주머니와 그녀와 동행중인 분을 같은 숙소에서 만난 건, 어쩌면 나의 순례길 여정의 끝을 예고하는 서막이 아니었나 싶다. 그 사연의 주인공은 그들이 아닌, 바로 나 자신이다.

오늘 걸으면서 자신의 어리석은 행동에 반성과 반성을 거듭하며 도착한 이곳에서 한국인들을 만나자, 시급한 나의 문제는 저 멀리 버려둔 채, 그들과 저녁 식사를 어떻게 해결할지 이야기를 나누었다.

나는 여기로 오는 중에 눈여겨 봐두었던 중국식당이 생각나 그들에게 함께 가기를 권했다. 출국 전 전해 들은 이야기로는 스페인에서 영업 중인 중국 화교식당이 상상외로 저렴한 가격에, 양도, 맛도 너무나 착해서 순례 구간 중 발견한다면 꼭 한번 들러서 푸짐한 식사를 해보라는 조언을 들었기 때문이다.

"그러지 마시고, 마트에 들러 식재료를 사서 요리해 먹는 것이 좋지 않을까요?"

안나 자매는 나의 제안이 마음에 들지 않는지 멋쩍게 웃으며, 자신의 의견에 동조를 구하는 듯했다.

"그렇게 하시죠!"

안나 자매와 동행중인 분이 그녀의 제안에 맞장구를 쳤다. 속이 불편하고, 변을 보지 못하는 상태임에도 불구하고 중국음식이 왜 그리 당기는지 모르겠다.

그렇게 우린, 셋이 동행이 되어 마을 중심에 자리 잡은 한 아담한 마트로 향했다. 낮에는 순례자의 모습에서, 밤이 되어 부엌으로 들어서자, 보통 사람에게서는 느낄 수 없는 그녀들만의 특별한 아우라가 발동하기 시작했다.

칼과 도마가 부딪히는 리듬에 맞춰 요란한 소리를 내는가 싶더니, 이내 근사한 저녁 차림을 식탁 위에 올려놓았다. 잘 갖춰진 가정식이라 해도 손색이 없을 만큼의 비주얼과 향이 나의 코끝을 자극하자,

금방이라도 젓가락을 들어 감사의 인사도 생략한 채, 염치없는 식사를 할 수 있을 것 같았다.

신선함이 물씬 풍겨 씹으면 금방이라도 아삭함이 입안 전체에 느껴질 것 같은 야채볶음에, 적당히 양념장을 섞어 볶아낸 돼지고기, 살짝 구워 향이 그대로 베인 버섯요리에 마지막으로 식탐을 한껏 끌어올려줄 붉은색의 와인까지, 그 무엇 하나 부족함이 없어 보이는 훌륭한 저녁 식탁이라 할 수 있겠다.

그녀들에게는 지금 내가 겪고 있는 고통의 비밀을 숨기고 한 치의 표정의 일그러짐 없이 음식을 만든 사람의 정성을 보아 접시를 깨끗이 비운 나의 어리석은 행동은 이후에 불러올 끔찍한 사건을 예견하고 있음을 나는 몰랐었다.

식사 시간이 거의 마무리 되어갈 때쯤, 안나 자매의 동행인 여성 순례자는 나름 고심하는 표정으로 순례길이 본인에게는 별 의미가 없다며 귀국을 결정했다고 얘기한다.

사실 나 역시도 오늘의 일로 잠시 귀국이라는 단어를 머릿속에 떠올리긴 했으나, 이 여정이 끝날 때쯤 반드시 무슨 의미를 찾을 것이라 신념에 접어두기로 했었다.

지금까지 먼 거리를 잘 걸어왔는데, 인제 와서 포기한다는 것은 성급한 결정이 아니냐며 반문하고 싶었으나, 그냥 그녀의 결정을 존중해 주기로 하고, 아무 말 없이 웃어 보일 뿐이다.

"정말 그렇게 하시기로 하셨어요?"

그녀의 결정에 다시 한 번 확인을 해보는 안나 자매다.

"예, 집에 가고 싶어요, 끝까지 가지 못해 아쉽긴 하지만…"

말끝을 흐리는 걸 보니, 진심으로 아쉬움이 역력해 보인다.

"고생하셨어요, 그럼 오늘 밤이 마지막이니 축배라도 들어야겠어요."

안나 자매도 이제 그녀와 동행하지 못하는 아쉬움이 컸나 보다. 마치 예상치 못한 일처럼, 서운함을 감추기에 어색할 정도로 미소 지으며 어느샌가 빈 잔을 와인으로 가득 채우고선, 건배를 외쳤다.

"살룃(Salut)!"

알베르게의 소등시간인 11시가 거의 가까워서야 우린 각자의 침대로 돌아갔다.

앞으로 있을, 예견된 먹구름이 서서히 다가옴도 모른 채, 쉽사리 잠들지 못하는 두 눈을 억지로 감아본다.

어리석음의 길

DAY+16 2018년 5월 22일(화) 맑음

Routes of Santiago de Compostela in France + 12days

SantoDomingo de la Calzada to Villamayor del Rio 18.0㎞ / 237.0㎞

Santo Domingo de la Calzada	6.5km	Granon	6.0km	Castildelgado	5.5km	Villamayor del Rio

밤새 다섯 번이나 변의를 느껴, 잠을 깨 용변을 보았으나, 여전히 물 같은 점액질만 조금씩 나올 뿐, 별다른 성과를 보지 못해 지난밤을 악몽으로 보내야만 했었다. 그나마 다행인 건, 밤새 나오는 가스로 장이 완전히 막히지는 않은 것 같아, 오늘 걸으며 기대 아닌 기대를 걸어본다.

이른 아침, 간밤에 잦은 기상으로 멍해진 정신을 달래기 위해, 잠시나마 눈을 다시 감았다가 7시가 가까워서야 일어났다. 이제는 별의별 상상을 다 하고 있는 나를 발견한다.

'악성 변비일까? 대장암?' 말도 되지 않는 상상이 머릿속에 가득하다. 스스로에게 진단을 내리고 있는 자신을 어쩌면 좋을꼬!

'그래도 걸어야 한다니, 신세 딱한 순례자가 여기 말고 또 누가 있을까!' 그저 긴 한숨 소리만 흘러나올 뿐이다.

오늘은 리오(Rio)까지 약 18km의 평탄길이기에 조금은 안심이 된다.

걸으면서도 내리막길을 만나면, 행여나 뜀박질을 하면 아랫배가 출렁거려, 변의가 시작되지 않을까 하는 걱정에, 유달스러울 정도로 길 위에서 어린아이처럼 총총거리며 걷는다.

어젯밤 이후, 그녀들의 모습은 더 이상 볼 수 없었다. 아침 일찍 이 길을 나선 모양이다. 나는 성난 배 속을 달래느라 8시가 가까워서야 출발했기에 그럴 만도 하다.

숙소를 나서며, 오늘은 좀 더 간절히 묵주기도와 성모송을 연창하며 성모님께 의탁해 본다. 더욱 매달릴 수밖에 없는 현실에 처해 있으니 침울함마저 느껴지지만 희망을 가져본다. 그러는 동안, 다시금 눈앞에 펼쳐진 대평원 길, 그리고 푸르름이 더해져 가는 초원길에 밝아진 시야로 저 멀리 불어오는 산들바람마저 보일 정도다.

'참으로 아름다운 길이지만, 만끽하지 못하고 걷는 아쉬움이랄까?'

끝이 보이지 않는 길옆의 밀밭과 이 길을 걷고 있는 순례자는 단 한 명뿐인 것처럼, 아무도 보이지 않는 까마득한 길을 고통을 안고 걷고 또 걸었다.

이전의 걸어온 "치유의 길"과 "용서의 길"이 문득 생각난다 싶더니, '오늘은 고통의 길인가?'라는 생각에 어설픈 웃음마저 자아낸다. 아직 웃을만한가 보니, 여기서 죽지는 않겠구나 싶다. 그래서 더욱 소리 높여 웃어본다.

고통은 순례자의 몫이요, 고통을 환희로 맞이하는 것도 순례자의 몫이거늘, 몸이 아프니 만감이 교차하여 지친 마음을 달래어본다. 그러다가 문득 생각난, '방랑 시인 김삿갓'의 노래를 소리 높여 부르기도 했다.

『죽장에 삿갓 쓰고 방랑 삼천리

흰 구름 뜬 고개 넘어가는 객이 누구냐

열두 대문 문간방에 걸식을 하며

술 한 잔에 시 한수로 떠나가는 김삿갓』

(이하 생략)

_ 명국환의 「방랑시인 김삿갓」 1절

내가 마치 방랑시인 같은 모습은 아닐까 하는 생각이 나서 나온 노래였다. 눈치 볼 사람도 없으니 부끄러울 것도, 시선을 돌릴 필요도 없는 완벽한 나만의 시간이 아니겠는가!

나는 지금 갈 길을 잡지 못하고, 헤매고 방황하며 걸어가고 있는 한낱 인생의 방랑자는 아닌지 하는 생각이 들어서 통증을 달래려 나도 모르게 나온 노래인 것 같았다.

한 시간여를 걷자, 30분 간격으로 변의를 알리는 신호가 포착되었지만, 마땅히 해결할 곳을 찾지 못해 안절부절못한다. 어쩌다가 한적한 숲길을 발견하여 기대감에 주변을 살펴보면, 한참 시간이 지난 듯한 어느 순례자의 용변 흔적을 발견하고선, '나와 같은 순례자일까?'라며 애석함에 동질감마저 느껴짐을 감출 수 없었다.

'어제보다 짧은 거리였을까?'

'아니면 밀려오는 고통으로 시간의 흐름을 잊어버린 것일까?'

나의 발걸음을 멈추게 한 것은 다름 아닌 눈앞에 나타난 마을 입구에 자리 잡은 성당이었다.

'벌써 도착한 것일까?'

어리둥절한 표정으로 고개를 돌려 마을 입구 안내판을 보니, 멀리서도 알아볼 듯한 선명한 글씨로 빌라마요르 델 리오(Villamayor del Rio)라고 적혀 있다. 평소 같으면 반가웠을 이 작은 기쁨을 내색조차 하지 못한다.

'고개 숙인 채, 땅바닥만 보고 걸었던 자신이 받는 대가라기에는 너무나 컸던 까닭에서였을까?'

성당 앞에 잠시 멈춰서 조용히 기도를 드려본다. 그리고 이내 발걸음을 돌려 알베르게 건물로 들어섰다. 그러나 방이 없단다.

그곳을 벗어나 순례길을 따라 십여 분을 더 걸어가니 다행히 공립 알베르게가 눈에 들어왔고, 오늘 밤 나에게 내어줄 침대도 충분했다.

입구로 들어섰다. 접수를 하기 위해 순례자 여권을 꺼내어 창구 너머로 밀어 넣는데, 중년의 순례 봉사자가 유창한 한국말로 인사를 건네 온다.

"안녕하세요, 어서 오세요."

쾌활하게 또박또박 선명할 정도로 들린다.

"아… 예, 안녕하세요."라며 그의 인사에 응대했다. 기분이 좋았다.

누구든 먼 이국땅에서 현지인이 한국말로 인사를 건네면, 기분도 좋고 친근감이 드는 것은 자명한 사실이다.

'왠지 여기는 내 맘에 쏙 드는 그런 곳일 거야!'라며, 스스로에게 주문까지 외워본다.

접수를 도와주던 그는 나의 몰골을 유심히 지켜보더니, 초라한 행색에 깎지 않아 덥수룩해진 하얀 턱수염 사이로 살짝 보이는 고통으로 일그러진 얼굴 때문인지, 접수를 마친 후 나의 의사와는 상관없이 배낭을 집어 들고선 따라오라는 제스처를 보낸다. 그렇게 그를 따라 2층의 배정된 방 침대까지 가뿐히 걸어 도착했다.

"잘 쉬라."며 유유히 사라지는 그의 뒤 모습을 보며, 다시 한 번 감사의 인사를 드렸다.

어제의 염려에 비해 심한 고통을 느낀 것 외에, 별다른 징조가 나타나지 않아 안도의 한숨을 쉬어 보지만, 이대로 가만히 두고 볼 수만은 없는 상황임을 나는 알고 있었다. 발가락의 물집도 이제 제법 상처가 아물어, 이전보다 훨씬 걷기가 편했음을 몸소 체험한 오늘이었다.

개인 정비를 마치고, 그냥 굶어 볼까라는 생각을 하다가도, 기력마저 쇠해지면 안 될 것 같아, 늘 챙겨 먹던 순례자 메뉴로 저녁 식사를 해결하고, 어제의 미숙한 잠시간을 보충이라도 하듯, 초저녁부터 잠을 청했다.

새벽에 깨지 않기를 간절히 바라는 마음으로 밀려오는 잠에 두 눈꺼풀이 더 이상 버틸 수 없다는 듯, 두 눈을 감아버린다.

산티아고 까미노의 천사들

의지의 길

DAY+17 2018년 5월 23일(수) 비/개임

Routes of Santiago de Compostela in France + 13

Villamayor del Rio to San Juan de Ortega 29.5㎞ / 266.5㎞

	5.0km	5.0km	7.0km	12.5km
Villamayor del Rio	Belorado	Tosantos	Villafranca Montes de Oca	San Juan de Ortega

자고 나면 하루가 다르게 나빠지는 몸 상태를 이끌고 매일 20㎞
가 넘는 길을 걷기란 상상만 해도 아찔하다.

170   산티아고 까미노의 천사들

그렇다고 시작한 걸음을 멈출 수도, 되돌아갈 수도 없는 판국이 아닌가? 더욱이 대중교통을 이용한다는 것은 최후의 보류 책인 만큼 조금은 어리석긴 해도 어금니를 꽉 깨물고 버텨 보자는 다짐을 마음속 깊이 새겨본다.

오늘은 오르테가(Ortega)까지 약 28km를 걸어야 하는 최장 거리에다 고도를 확인하니 순례길 중 꽤 높은 곳이라, 서둘러 배낭을 챙겨 숙소를 빠져나왔다. 이른 아침이면 늘 보던, 자욱한 안개는 언제 사라졌는지 볼 수 없을 만큼 쾌청한 날씨 속을 걸으니 발걸음조차 가볍다.

얼마 후 길옆으로 나타난 노랗게 물들어 만발하게 피어난 유채꽃으로 즐거운 눈요기를 하고 나니, 아픈 것도 잠시 잊은 채, 카메라 셔터를 빠르게 눌러 보기도 한다.

흙길로 막 접어드는데, 이른 아침 양 떼가 먼저 지나간 듯 순례길을 따라 무수히 많은 족적만 남겨 놓았다. 먼 옛날부터 순례길은 사실 순례자를 위한 게 아니라, 저 넓은 초원과 대평원을 터줏대감처럼 지키던 그들의 자리이자 길이었기에, 그들을 만나면 먼저 양보하는 것이 예의일 터, 그것이 이곳에선 룰 아닌 룰이란다. 그래서 자연스레 받아들여야 한다.

쾌청했던 아침 날씨와는 사뭇 다르게, 산을 오르기 시작하니 빗줄기가 쏟아지더니 이내 그치기를 반복한다. 무척이나 변덕스러운 날씨다. 산악지대라는 특성 때문에, 이곳 대부분의 날씨가 그러하다.

비로 인해 자욱이 낀 안개마저 시야를 가려 산의 정취를 고스란히 빼앗아 가버렸지만, 안개 낀 산의 무수히 뿌리박은 나무들과 수풀을 지나가는 기분도 알 수 없는 묘한 분위기를 자아낸다.

저 안개 너머나 숲에서 뭔가 갑자기 튀어나올 것 같아 두려움과 긴장감이 한층 더 밀려왔다. 몸 상태로 봐선 단거리 구간을 계획했어야 했지만, 무리를 해서라도 큰 도시의 대형병원에 들러 제대로 된 진찰과 치료를 받고 싶었다. 지금 지나는 순례길목에서는 의원조차 찾기 힘들기 때문에 선택의 여지가 없기도 하다.

어쨌든, 부르고스(Burgos)까지 내일쯤은 도착을 해 볼 예정이다. 앱을 확인해 보니 대형병원이 있는 듯해서였다.

'얼마쯤 걸었을까?'

산길을 올라 정상 같은 곳에 다다르니, 길가에 차를 세우고 간단한 음료와 음식을 파는 이동식 간이슈퍼가 자리 잡고 있었다.

여름철 같은 성수기가 되면, 목마르고 지친 순례자들을 위해 이런 형태의 판매가 성행한다고 상상하니, 얼마나 많은 순례자가 오고 가는지 가늠할 수 있지 않은가! 시원한 얼음물 속에 담가두었던 우유와 바나나 하나를 사서, 차량의 옆으로 마련해 놓은 의자에 잠시 몸을 맡겨본다.

정상을 오를 때, 산 아래서 안개로 보지 못한 그 정취를, 지금은 발아래로 내려다보며 잠시 감상에 젖어본다.

얼마나 걸었을까? 어느 순례자가 산 주변의 돌을 주워 원형으로 만들어 놓은 것을 보니, 세계 어디를 가나 사람의 마음은 다 비슷하다는 생각에 그곳에 잠시 서서 눈여겨보기도 한다.

비가 내려서인지 가만히 앉아 있으려니 산 공기가 무척이나 차다. 움츠렸던 가슴을 쫙 펴 보고선, 산 정상에서 내려가기 시작했다.

순례길의 동선을 따라 바닥 곳곳에 흩어진 돌로 방향을 표시해 놓은 어느 순례자의 수고 덕분에 순례길의 노란색 화살표를 의식하지도 않아 좋았다. 하트 모양으로 이어놓은 돌도 보인다.

어느 사랑하는 순례자 연인들의 작품이겠지, 이곳까지 와서 그들의 사랑을 확인해 보고 싶었나 싶어 괜스레 부러움마저 든다.

산 정상을 거의 내려왔을 무렵, 지난날 무심결에 못 보고 지나쳤던, 어느 순례자의 십자가가 놓인 돌무덤을 발견하고선, 그를 위한 기도를 잠시 드리기도 하였다. 어느 틈엔가 초원의 들판 사이로 보이는 가옥이 나타나기 시작한 걸 보아 곧 마을이 있음을 짐작할 수 있었다.

잠시 후, 큰 도로가 나타났고, 이윽고, 세워 놓은 대형버스에 알베르게 광고 표지판이 왜 그리 반가운지…. 곧, 마을과 오늘 묵어갈 알베르게가 있음을 암시하는 사인이기도 하지만, 유심히 알베르게 광고판을 훑어보니, 세계 각국의 다양한 국기가 그려져 있고, 그중에 태극기가 선명하게 그려져 한자리를 차지하고 있기 때문이었다.

한국 사람들은 외국만 나가면, 없던 애국심마저 생긴다고 들었는데, 지금의 내가 딱 그러한가 보다. 애국가 가사라도 읊으면서, 가슴에 손이라도 대고 싶은 심정이다.

드디어 오르테가 마을의 성당 앞까지 무려 28km 여를 걸었다. 내일은 반드시 부르고스의 대학병원에 들러 진료를 받아야겠다는 일념으로 이 멀고 먼 거리를 걸었던 결과인지도 모르겠다.

성당 옆, 알베르게에서 여정을 풀었다.

너무도 지치고 힘들어 간단한 샤워 후, 침대에 누워보지만 지친 몸과 마음을 달랠 길이 없다. 하지만 영양보충을 해야겠기에 불편한 뱃속을 의식하면서도 알베르게 근처 레스토랑에서 순례자 메뉴로 저녁 식사를 해결한 뒤, 한국에서 챙겨온 구급약 상자 속에서 지사제와 소염진통제를 꺼내어 복용하고 일찍 잠자리에 누웠다.

별 효과가 없음을 알고서도, 그나마 가져온 약에라도 의지를 해보려 했던, 나의 작은 바람에서였다.

욕심의 길

DAY+18 2018년 5월 24일(목) 맑음/더움

Routes of Santiago de Compostela in France + 14days

San Juan de Ortega to Burgos 26.5㎞ / 293.0㎞

'어젯밤 약을 먹고 잠을 청한 탓에 효과를 본 것일까?'

요 며칠 사이 대여섯 번은 자다가 잠을 깨 화장실로 달려가곤 했었는데, 지난밤엔 전혀 그러지 않았기 때문이다.

오늘도 어제에 이어, 먼 거리를 걸어야 한다.

목적지는 부르고스(Burgos)로, 오늘 도착하면 병원의 위치를 파악한 후, 하루 정도 더 그곳에 머물면서 몸 상태를 체크할 계획이다.

이대로 이 여정을 마무리하기엔 짊어져야 할 몸과 마음의 무게가 나의 발목을 사로잡기 때문이다. 어떤 결과가 나올지, 벌써 마음이 긴장되어 식사도 거의 거르다시피 총총걸음으로 걷는 모습이, 다른 이의 눈에는 마치 순례길에 신이라도 난 듯한 모습을 연상케 한다.

숙소를 떠나기 전, 지난밤 구급상자 속에 복용 약을 다시 꺼내어

털어 넣었다. 증명된 효과의 사실보다는, 약에라도 의지하고 싶었던 마음이 더 급했는지 모르겠다.

한 시간여를 걸었을 때쯤, 복부로부터 전해지는 고통의 움직임이 느껴진다. '헉! 이게 아닌데'라는 생각을 하는 찰나, 나의 인내를 시험하듯 더욱 고통으로 메아리친다. '역시, 아프다고 아무 약이나 복용하는 게 아닌가 보다.'는 생각이 들었지만 이미 상황은 늦었다.

오전임에도 불구하고, 내리쬐는 태양의 불볕 속에서 복부의 빠른 고통을 안고 걷노라니, 다리의 힘이 쭉 빠져, 몸은 이미 천근만근이었다. 머릿속에 온통 병원 생각뿐이다.

고통을 조금이나마 잊고 싶다는 생각에, 온갖 상상력을 동원하여 딴청을 피워보기도 하고, 광활하게 펼쳐진 대자연의 모습을 한눈에 담으며 심취해 보기도 하지만, 복부의 고통을 잠재우기엔 역부족이다.

어느 길게 늘어선 철조망 옆을 걷노라니, 요란한 굉음과 함께 금방이라도 토네이도를 일으킬 듯 헬리콥터들이 자주 이착륙하는 모습이 시야에 들어왔다. 그곳은 비행장이었다. 잠시, 휴대폰의 앱을 열어 확인을 해보니, 부르고스까지 약 8km 남짓 남은 이곳은 카스타나레스(Castanares)라는 지역이다.

몸 상태만 좋았더라면, 그냥 딱 걸음을 멈추고, 이곳 알베르게에 머무르고 싶었지만, 한시라도 빨리 부르고스에 도착하여 병원을 찾는 게 급선무라 발걸음을 바삐 움직여본다.

공항 옆길을 조금 지나 작은 마을로 들어서는가 싶더니, 이내 큰 도로와 접한 지점으로 나를 인도한다. 저 멀리 고속도로에서나 볼 수 있는 나들목이 보였다.

'응? 그럼 여기가 고속도로라 말인가?'

하지만 분명 고속도로는 아니다. 그냥 넓은 산업용 도로 같았다.

넓은 대로의 주변 양쪽으로 길게 늘어선 세계 각국의 다국적 기업들의 로고 하며, 스페인의 기업으로 보이는 로고까지 많은 공장들이 즐비해 있었다.

순례길 표식을 알리는 조가비와 노란색 화살표를 놓쳐버린 건, 산업도로 교차로에 접어들면서부터였다. 길도 한 방향으로만 쭉 가면, 저기에 부르고스 도심이 눈에 보일 듯했고, 길에 표식이 없는 경우는 대부분 직진을 의미하니, 당황하지 말고 곧장 직진하여 나아가라는 어렴풋한 기억이 나서였다.

남은 거리가 약 4km 정도 되니, 1시간 정도면 도착할 수 있을 것 같아 조금은 안도했다. 부르고스는 그 유명한 부르고스 대성당이 위치해 있는 곳이기도 하다.

스페인의 수도가 현재의 마드리드(Madrid)가 되기 이전에 상업 중심지로 번영하던 옛날 수도였었다고 하니, 도심의 규모나 면적이 얼마나 넓은지 상상해 볼 수 있었다. 그도 그럴 것이 도심 외곽에서부터 도심으로 접어드는 거리가 상당하여, 마치 끝없는 순례 평원 길을 걷는 착각을 일으키기도 했으니 말이다.

'이 길이 맞겠지? 조금 전 앱으로도 확인을 했잖아?'

도로변 카페에서 차를 마시며 담소를 나누는 현지 여인들이 보여 길을 물어보았다.

"까미노(Camino)"라는 단어를 외치며(내가 아는 몇 안 되는 스페인어다.), 손가락으로 내가 갈 방향을 가리켰다.

"sí~ sí" 그녀들은 내가 가리키는 방향을 쳐다보며 맞다면서 친절하게 답했다. 하지만 맞다는 답변이 아니었는가보다. 그녀들이 카페의 주인인 듯한 중년 사내를 데려와서는 내 앞에 데리고 오는게 아닌가! '잉? 내가 무슨 실수라도 했나?'

재빨리 상황파악을 하려 머리를 이리저리 굴려보지만, 전혀 실수한 게 없다. 단지, "Camino"라는 단어 하나를 던졌을 뿐인데 말이다.

"Hola!" 중년사내가 나에게 인사를 건네왔다.

나도 스페인식 인사로 답했다.

"Hola!" 웃음도 잊지 않았다.

그 중년 신사는 나에게 길 안내를 해준다며, 카페를 나서서 손짓으로 이리저리 선을 긋듯, 길 설명을 해주기 시작한다.

고마움에 그녀들과 중년의 신사에게 여러 번 고개 숙여 인사한 뒤, 그곳을 벗어났다. 그리고 얼마를 걷고 난 후 만난 현지인에게 다시 한 번 길을 물었다. 부르고스 도심으로 진입은 성공한 것 같은데, 워낙 넓은 지역이라 알베르게 찾기가 앱을 통해서도 여간 어려운 게 아니었기 때문이다.

그는 여유로운 미소를 짓더니, 따라오라는 손짓을 한다. 그렇게 그와 동행하여 약 1km를 걷자, 저 멀리 부르고스 대성당의 풍채가 드러났고, 알베르게가 그 부근에 있는지 그는 연신, "Albergue~ Albergue!" 하며 그곳을 바라보다, 나를 바라보다를 반복하고서야 가볍게 손을 흔들어 보이며 나의 시야에서 사라져 갔다.

'참으로 고마운 사람이 아닌가?'

감사의 인사도 전하지 못했거늘, 그는 내 심정을 아는지 모르는지, 그저 자기 갈 길을 바삐 걸어갈 뿐이다. 참으로 고마웠다. 또 한 분의 안내자라고 생각이 들었다.

'만약, 한국이었다면 지나가는 외국인에게 나도 그처럼 했을까라는 의구심마저 생겨, 넌지시 자신에게 던져보았다.

성당 부근에 이르니 저만치서 한국 순례자 아가씨 몇몇이 이쪽으로 걸어오는 모습이 보인다. 나보다 먼저 이곳 부르고스에 도착하여 여정을 풀고, 거리구경을 하러 나온듯한 복장이다.

"안녕하세요~." 그녀들이 먼저 인사를 걸어온다.

"예, 안녕하세요, 혹시 근처 알베르게가 어디 있죠?"

그녀들의 인사에 답하자마자, 초조한 마음에 질문으로 이어졌다.

"바로, 여기에요."

그녀가 가리킨 곳은 정말 바로 여기였다.

넘어지면 딱 코가 닿을 거리, 딱 그 거리였기에, 앞에다 두고 '알베르게가 어디냐고?' 질문을 했으니, 퍽도 웃음이 나올만하다. 우여곡절 끝에 도착한 이곳, 조금 늦은 시간이긴 했으나 무사히 별 탈 없이 도착한 것만으로도 감사하고, 또 감사한다.

부르고스의 공립 알베르게는, 대도시에 위치한 건물다운 면모를 보이며, 어느 작은 도시나 마을과는 다른 호텔 같은 분위기로 나의 마음을 사로잡았다. 접수를 마치고 배정받은 방으로 가려니, 계단 옆으로 엘리베이터까지 보였다.

'대도시는 대도시구나! 굉장해.'

사실, 엘리베이터가 있는 알베르게는 이번이 처음 있는 일이었기에 내심 놀라지 않을 수 없었다.

'335번' 나의 방 번호다.

엘리베이터를 기다리기보다는 뚜벅뚜벅 계단으로 발걸음을 향했다. 운이 좋은 건지, 원래 이 방이 그런 것인지 모르겠지만, 배정받은 방의 침대는 단층침대로 양옆으로도 칸막이가 적당히 설치되어 완벽한 독립공간을 만들어 주고 있었다.

'휴우, 다행이다. 오늘 밤은 화장실 갈 때마다, 덜 신경 쓰여서 좋겠구면'

새벽에 잦은 화장실 출입으로 옆 순례자에게 피해를 줄까 봐서 의식한 나머지, 때론 이마에 "참을 인(忍)"을 새기며 견뎌야만 했던, 기억이 생각나서였다.

숙박료도 겨우 5유로를 지불했다. 좋은 시설에, 깨끗하고, 독립적인 침대칸에 무엇보다 좋은 것은, 알베르게가 도시 중심부에 위치하여 사방 어디로 가나 유명한 장소를 볼 수 있는 것도 큰 매력으로 작용했다. 부르고스 대성당 역시 바로 옆 건물이니, '더할 나위 없이 좋을 수가 없었다.'

정상적인 신체리듬이었다면, 단연 관광을 했겠지만 지금 난 병원을 찾아 진료를 받고, 치료를 해야 한다는 사실을 잠시 망각하고 있었다. 짐만 대충 풀어헤치고, 1층 로비의 접수창구로 부리나케 내려갔다.

조금 전 접수를 도와주던 안내자에게 병원 위치를 물었으나, 의사전달의 오류일까? 모르겠다는 말과 시늉만 한다.

'설마, 병원이 뭔지 모를까 봐서?' 의사전달이 잘못된 게 분명하다.

'병원이 영어로 뭐였더라?' 왜 그리 생각이 안 나는지 모를 지경이다.

말이 통하지 않는 답답함에, 로비에 비치된 의자에 앉아 잠시 생각에 잠기려는 찰나, 낯익은 이의 방문으로 구사일생의 심정에 그 기쁨을 감출 수 없었다.

일전에 '비아나'의 도시축제로 방을 구하지 못해 당황하는 나에게 도움의 손길을 내주었던, 어머니와 함께 순례 중이라는 최하나 씨 모녀였다. 비아나에서 헤어진 뒤 방을 구했는지 궁금했었다는 얘기도 빼놓지 않는다.

이후 다시 만나면 감사한 마음에 '맛있는 저녁 식사를 대접하겠노라'라며, 마음에 담고 있었거늘, 오늘 여기 부로고스에서 재회하게 된 것이다. 하지만 지금은 병원을 찾아가는 게 급선무인지라, 저녁 식사는 잠시 미뤄두기로 했다.

모녀와 짧은 인사를 나눈 뒤, 곧바로 나의 상황에 대해 자초지종을 설명했다. 또다시 천사를 만난 것이다. 그런 나의 얘기를 한참 듣던 모녀는 애처로운 눈빛을 보내며,

"진작 말씀하시지 그러셨어요?" 그녀의 어머니가 먼저 반응을 보였다.

"그럼, 병원부터 가셔야겠네요? 이어 그녀의 딸이 말을 이었다.

"늦은 시간이라, 병원이 문을 열지는 모르겠어요."

시계를 보니, 벌써 저녁 6시가 훌쩍 넘어 있었다. 나와 같은 증세로 아픈 순례자를 보았는데, 병원에 갔더니 처방전만 써 주더라는 얘기를 들었다면서 우선 약국에 가서 약을 사서 먹어 보잔다. 그래서 병원은 내일 가기로 하고, 모녀를 따라 약국부터 찾아 나서기로 했다.

GPS를 가동하고, 가는 길목마다 지나가는 행인에게 물어 겨우 약국을 찾았다.

입구로 들어서자, 나보다 한참은 젊어 보이는 약사 한 명이 우리를 반갑게 맞이한다. 우리가 외국인임을 금방 알아차린 그는 서투른 영어발음으로 인사와 동시에 뭐가 필요한지 물어보았다.

"Hola!"

그녀도 가볍게 인사를 건넨 후, 유창한 영어 솜씨로 일목요연하게 설명을 해나갔다. 그가 그녀의 설명을 제대로 알아들을지 의문이었지만, 그는 매우 진지한 표정으로 다 이해한다는 메시지를 그의 눈을 통해 말하고 있었다.

그녀의 설명이 끝나고 젊은 약사가 약을 건네려고 하는 순간 실력이 있어 보이는 나이 지긋한 약사가 그 약 상자를 집어 들고 다시 한 번 설명해 줄 것을 요청했다.

그녀는 다시 한 번 같은 설명을 해야 하는 수고를 감수해야 했지만, 전혀 싫거나 귀찮아하는 기색 없이 미소 지으며, 이전보다 더 설명에 신중했다.

그녀가 설명을 마치자, 그 노령의 약사는 확신한 듯, 그녀에게 관장약이라고 영어로 쓰인 약 상자와 변의를 도와준다는 알약을 내밀었다. 약 상자에 그려진 그림만 봐도, 충분히 가늠할 수 있었기 때문이다.

약값을 지불하자, 우선 관장부터 시도해보고, 식사 전에 알약 한 캡슐을 복용하라는 말도 더 붙여준다. 알약은 둘째 치고라도, 관장약의 효력에 대해선 나도 경험자라, 누구보다도 잘 알기에 약 상자를 받자마자 벌써부터 효력이 생긴 듯, 아랫배의 떨림을 받는 느낌이었다.

그녀에게 너무 감사하고 고마워, 숙소로 돌아오는 길에 저녁 식사라도 대접하고 싶어 말을 건넸으나, 극구 사양하며 숙소로 향했다.

숙소에 도착하여 고심한 끝에, 오늘 저녁 식사는 거르기로 했다.

관장을 해야 했기에 음식 섭취는 무의미하기 때문이다. 곧바로 화장실로 달려가, 관장약을 삽입하고 한참을 기다렸다. 하지만 전혀 감감무소식이다.

침대에 누워 잠이 들기 전까지 서너 시간이 흘렀는데도 말이다. 잠시 잊고 지냈던, 불안감과 초조함이 급물살처럼 밀려온다. 예사로운 일이 아님이 분명하다는 확신마저 든다.

알약 한 캡슐을 복용하라던 그 노령의 약사 말을 무시한 채, 두 캡슐을 집어삼키며 내일 일어나면 당장 병원부터 갈 생각만으로 잠을 청해보지만, 이미 잠은 달아 난지 오래다. 여차하면, 뜬눈으로 밤을 지새워야 할 판이다.

고통의 길

DAY+19 2018년 5월 25일(금) 비

Routes of Santiago de Compostela in France + 15days

At Burgos 0.0㎞ / 293.0㎞

Burgos   0.0km   Burgos

  밤새 복통으로 배가 찢어지는 듯한 고통을 감내하며 선잠을 자야만 했었다. 여전히 변의는 있으나, 물 같은 점액질만이 조금씩 흘러나올 뿐, 어제 약국에서 구입한 약들도 별 효과를 못 보고 있는 상태다.

  오늘은 반드시 병원을 찾아 제대로 된 진료를 받고, 이 고통에서 벗어날 것을 스스로에게 다짐하며, 숙소 사무실로 내려왔다. 하루를 더 이곳에서 머물기 위해, 요청을 해보기 위해서다.

  원칙적으로 알베르게는 모든 순례자에게 단 하루만 머물 수 있도록 정하고 있다. 성수기가 시작되는 6월에서 9월 사이에는 하루 동안 몰려드는 수십, 수백의 순례자들에게 공평하게 숙소를 제공하기 위한 일환으로 정해졌고, 그러기에 하루 이상 머물기를 원한다면 특별한 사유를 제시해야만 하는 것이 순례길에서의 규칙이란다. 물론, 공립 알베르게에만 해당하는 사항이긴 하지만 말이다.

어제 알베르게 사무실에서 접수를 도와주던 관리자에게 현재 사정을 설명하며 하루 더 연장해 달라고 요청했다. 어제도 그랬지만 딱 보아서 피폐해진 몰골에, 힘겹게 입을 떼며 말하기조차 버거워하는 모습을 그는 기억하리라 본다.

아는 단어란 단어는 모조리 꺼내어, 손짓과 발짓을 해가며 설명하자, 그가 나를 애처롭고 불쌍한 눈빛으로 바라보며 연장신청을 받아주었다. 나의 요청이 거부라도 당했다면, 다시 배낭을 지고 다른 알베르게를 찾아 나서야 하는 수고를 모면할 수 있어 얼마나 다행인지 모른다.

알베르게의 규칙상 오전 10시 전에는 침대를 비워주어야 하지만, 재투숙이다 보니, 나의 침대만 제외하고 청소를 시작하는 것으로 보인다.

'병원을 찾아가야 한다.'

마치 오늘의 사명처럼 결의가 굳건하다. 만약, 병원을 찾아도 치료가 어렵다거나 이곳에서 손쓸 수 없는 상황이라면, 눈물을 머금고 귀국하는 수밖에 없지 않은가.

이러한 사실을 걱정할까 봐 가족에게도 알리지 못하는 답답한 심정으로 있다 보니, 후니 씨한테라도 도움을 청해야겠다 싶어 그에게 현재 상황을 세세히 써서 문자로 발송하고, 뒤이어 귀국 의지를 밝히는 두 번째 문자를 보냈다.

하지만 뜻밖의 답변에 잠시 고민이 되기도 하고 나는 얼마나 의지력이 약한 사람인가 재확인하는 순간을 맞이한다. 그의 말은 '치료가 우선!' 이라는 것이다.

몸이 아파 순례길을 포기했다고 치자, 그럼 그런 몸 상태로 12시간이 넘는 장시간의 비행으로 귀국하는 일은 어디 쉬운 일이란 말인가?

그래서 무슨 수를 써서라도 병원 치료를 받아 몸 상태를 회복하라는 것이다. 혼자 해내기 어려우면 염치 불구하고 말이 통하는 한국 순례자를 부여잡고 애걸복걸해서라도 동행하여 병원을 찾아가 상황을 설명하고, 제대로 치료를 받으라는 것이 그의 답변이다.

그리고 병원으로부터 어떤 답변과 결과가 나오던, 치료 후에 순례길을 계속할 것인지, 말 것인지를 생각해보라는 그의 강한 메시지는 거기에 멈추지 않고 계속 이어졌다. 귀국한다면, 언젠가 크나큰 후회와 미련으로 지금보다 더한 시련을 겪으리라는 것이 그의 마지막 단호한 답변이었다.

그런 그의 문자를 받은 후, 나는 한참을 침체되어진 표정으로 로비 의자에 앉아 혼란스러운 생각에 잠겨 있는데, 로비로 들어서는 낯익은 얼굴의 두 사람을 보고 반가움을 금치 못했다.

일전에 한 알베르게에서 만났던, 호주 교포 윌리엄 박 선생 부부였다. 하늘이 무너져도 솟아날 구멍은 있나 보다.

마침 같은 숙소였다. 어쩌나 반가운지 몰랐다. 마치 구원자를 얻은 느낌이었다. 이곳 부르고스에 많은 알베르게가 있을 텐데 이렇게 우연히 또 만나게 되다니 참으로 신기하고 놀랍기도 했다.

"사실, 제가 몸 상태가 너무 안 좋아서…."

"아! 그런 일을 겪고 계셨군요!"

"그동안 얼마나 마음고생을 하셨습니까? 일단 어제 약을 구입하셨다니 복용해보고 경과를 지켜본 뒤 내일 저와 병원을 찾아 치료를 받도록 하시죠! 제가 옆에서 도와드리도록 하겠습니다."

그의 말 한마디, 한마디가 진심 어린 어조로 나의 심정을 이해한다며 다가왔다.

"너무 고맙습니다. 혼자 이러지도 저러지도 못하고 속을 앓고 있던 터라, 다시 한 번 뭐라 감사의 말씀을 드려야 할지…."

하지만 순례 일정이 잡혀있는 박 선생이 내일 나를 도와줄 상황이 될지 살짝 걱정이 되기도 했다.

숙소로 돌아와 박 선생을 보내고 나니, 조금 전의 긴장이 풀린 탓일까? 허기가 몰려왔다. 변을 보지 못해 겪는 일이건만, 배고픔이 웬말이냐 말인가?

숙소 바로 앞 식당을 봐 둔 터라, 단맛이 덜 들어간 통밀 맛의 빵과 스페인 전통 소시지 쵸리소(Chorizo)[13] 하나를 주문해 간단히 요기했다.

---

13) 쵸리소(Chorizo) : 돼지고기와 비계, 마늘, 피멘통(pimentón, 빨간 파프리카 가루)을 사용하여 만든 스페인의 대표적인 소시지이다.

한국의 순대인 것 같아 주문했는데, 어찌나 짠지 한입 베어 물고
선, 물을 몇 잔이나 들이켰는지 모른다. 결국 다 버렸다.

오전부터 내리기 시작한 비는 오후 때가 되자 강한 빗줄기로 변해
거리를 활보하기에 불편한 상황이 되었다. 그저 가만히 있는 것보다
야, 조금이라도 움직여 주는 게 변의에 도움에 되지 않을까 하고 생
각해 봤지만, 우산도 없는 데다 판초 우의를 뒤집어쓰고 다니기엔 다
소 불편함이 많아 포기했다. 대신 어제의 선잠으로 충분히 잠을 못
이룬 탓에 피로도 겹치고 해서 낮잠을 잠시 청했다.

내가 다시 눈을 떴을 때, 시계는 저녁 7시를 막 지나고 있었다.
옆자리에 투숙 중이던 한국인 순례자로부터 부르고스 대성당의 개
방시간이 저녁 7시부터 한다는 얘기를 전해 듣고, 간단히 옷을 챙겨

입고는 그곳으로 향했다. 때마침, 멈추지 않을 것 같은 비도 소강상태에 이르러, 판초 우의 없이 걷기도 좋았다. 알베르게에서 5분 남짓한 거리에 위치한 부르고스 대성당을 찾는다는 건 그리 어려운 일이 아니었다.

성당이 얼마나 크고 넓은지, 들어온 길을 자칫하면 길이라도 잃어 입구를 찾아 헤매고 다녀야 할지도 모르기에 주변을 유심히 확인하고 지나갔다. 수없이 진열된 조각상이며, 건물의 벽면을 전부 덮고도 남을 대형 그림들, 수 세기를 넘어 현재에 이르기까지 잘 보존된 모습에 절로 감탄을 자아낼 수밖에 없었다.

이곳을 방문하기 전 인터넷을 통해 사전에 정보라도 확인하고 왔으면 작품들의 이름과 의미들을 이해하는 데 많은 도움이 되었을 텐데 그러지 못해 아쉬움을 금할 수 없었다. 그래도 나의 시선을 유독 사로잡는 몇 개의 작품들을 사진에 담으며 이후에 알아보기로 했다.

한 시간여의 성당 탐방을 마치고 무사히 밖으로 나오자, 거리는 이미 어둠으로 깔려있었다. 여느 때 같았으면 레스토랑을 찾아 저녁 식사를 하고 있을 때지만, 입맛이 없는지 배고픔도 잊어버린 것 같다.

그렇게 8시를 넘겨 숙소로 돌아왔다.

잠시, 1층 로비 주변에 장식된 순례길 관련 전시품들을 감상하는 동안, 어느 틈엔가 윌리엄 박 선생이 조용히 곁으로 다가와 인사를 건넨다.

"속은 좀 어떠세요?" 여전히 걱정과 안쓰러움이 역력한 표정이다.

"불편해도 견딜만한데, 그래도 내일은 꼭 병원을 가봐야겠습니다."

그에게 내가 내일은 꼭 병원을 가야 한다는, 무언의 약속을 그로부터 받아내고 싶어, 이 틈에 병원 얘기를 다시 한 번 꺼내어 본 것이다.

"예, 꼭 병원에 가보셔야죠."

'내일 병원을 갈 때, 동행해 드릴 테니 걱정하지 마세요'라고 확신을 준다. 얼마나 다행인지 모른다.

그와 잠깐의 대화를 마치고, 쇼핑할 게 있다며 나서는 그를 따라나섰다. 변비에 키위의 효과가 대단히 좋으니 함께 가서 구입하자는 것이었다. 하지만 키위가 보이지 않았다.

하는 수 없어 숙소에 돌아와 쉬고 있는데 얼마 뒤에 윌리암 박 선생이 돌아오는 길목에 자그마한 구멍가게에서 키위를 샀다고 건네주었다.

키위는 총 4개였고, 크기나 무게가 한국과는 다르게 크고, 특히, 코끝으로 전달되는 향이 매우 강했다. 그래서일까 먹고 나면 금방이라도 장이 시위하듯 요동쳐 변비에서 탈출할 것만 같은 기분이 들었다.

그에게 너무 고마워 그에게 연신 감사하다는 말을 건넸다. 그가 몇 마디의 안부와 함께 자리를 뜨자, 조용히 두 눈을 감고 하느님의 은총과 축복이 가득하도록 그를 위한 기도를 드렸다. 지금의 내가 그에게 해줄 수 있는 단 하나의 방법이기에….

돌이켜보면, 하느님께서 나에게 천사를 보내시어 이끌어주시고 돌보아주시고 계시다는 생각이 들기까지 했다. 내가 위기에 직면할 때마다 늘 저 높은 곳에서 지켜보시다가 적절한 기회에 해결해주시고, 뜻하는 모든 일이 막힘없이 잘 나아갈 수 있도록 이끌어 주셨기 때문이다.

내일은 병원을 방문하여 어떤 결과가 나오던, 그것은 하느님의 뜻이기에 의심 없이 받아들이고 따르려고 한다. 설사, 나의 순례길 여정이 이곳 부르고스에서 멈출지언정….

환생의 길

DAY+20 2018년 5월 26일(토) 개임

Routes of Santiago de Compostela in France + 16days

At Burgos 0.0㎞ / 293.0㎞

Burgos   0.0km   Burgos

부르고스에 도착해서 약국에서 사온 약을 복용하였으나, 전혀 듣지를 않는다.

복부로부터 전해지는 복통으로 잠을 제대로 이루지 못한지가 며칠째인지, 이제 날짜 감각마저 희미해지는 것과 동시에 더 이상 순례길을 걸으며 만나는 아름다운 풍경이 눈이 들어와도, 낯선 순례자들을 만나며 인사를 나누어도 전혀 신비롭거나 새롭지가 않다.

눈을 뜬 채, 침대에 누워 혼란스러웠던 머릿속을 정리한 듯,
'그래, 오늘 병원에 가서 치료가 제대로 안 된다면 귀국하자.'
그렇게 다짐하고, 또 다짐해본다.
'지금 상태로 이 여정을 계속 지속하는 것은 자살행위나 마찬가지야! 기회가 되면 또 올 수 있지 않은가!'

그렇게 다짐하고 나니, 문제의 심각성을 이제라도 바로 잡아야겠다는 생각이 물밀 듯이 밀려옴을 감출 수가 없었다.

침대에서 내려와 어제 사둔 요구르트와 윌리엄 박 선생으로부터 받은 키위로 순례길의 마지막 아침 식사라고 생각하며 먹었다.

'이제 모든 준비는 끝났다.'

무거워진 발걸음을 옮겨 배낭을 어깨에 둘러메고선 1층 로비로 내려왔다. 로비로 들어서니 윌리엄 박 선생과 제일 먼저 눈이 마주쳤다.

"안녕하세요." 먼저 그에게 다가가 인사를 건넸다.

박 선생은 나보다 먼저 나와 있었다.

"오늘 같이 병원에 가려고 기다리고 있었습니다."

눈물이 나올 뻔했다. 하지만 보이고 싶지 않았다.

나보다 한참을 먼저 나와 알베르게 직원한테 병원의 위치를 묻고, 지도에 위치를 표시해가며, 언제 내려올지도 모를 나를 위해 기다리고 있었다는 사실에 어찌 감동의 눈물 아니 흘릴 수 있을까?

'어제 그를 위해 올린 나의 기도 소리가 그의 귓가에 들렸던 것일까?'

그에게 진심으로 감사한 마음에 형식적이나마 질문을 던져야 했다.

"오늘 출발하셔야 하는데, 저 때문에 발길을 지체하시는 건 아닌지요? 두 분께 너무 죄송하고 감사해서 뭐라 표현해야 할지 모르겠습니다. 정말 고맙습니다. 박 선생님"

그가 대답할 틈도 없이, 나는 그에게 진심 어린 눈빛을 보내며, 그의 두 손을 꼭 잡은 손을 쉽사리 놓고 싶은 생각이 없었다.

"무슨 말씀을요! 같은 한국 사람들끼리 서로 도와야죠! 더군다나 혼자 병원을 찾았다 해도, 어떻게 그것을 설명하고 치료를 받을지 도저히 마음이 편치 않아, 사실 저도 밤새 고심을 했습니다."

그렇게 우린, 그가 알아낸 병원정보와 지도에 붉은색 펜으로 미리 표시해둔 "X"자 문양을 찾아 함께 길을 나섰다. 그런데 문제가 생겼다. 길을 나선 지 불과 몇십 분 만의 일이었다.

지도에 붉은색으로 표시된 곳을 찾았으나 그곳엔 병원이 아닌, 어느 이름 모를 건물이 자리하고 있는 게 아닌가! 순간 당황스러움을 감출 수 없이 행인을 부여잡고 물으니, 이곳엔 원래 병원이 없다며, 지도 상단에 표시된 'University Hospital(대학병원)'이라고 표시된 병원을 손가락으로 누르며 그곳으로 가보라는 것이다.

걷기에는 꽤 먼 거리였다.

지나는 택시를 잡고, 지도에 표시된 곳을 보여주며, 그곳으로 우리를 데려다줄 것을 간절한 눈빛을 보내며 기사에게 요청했다.

"si, si"

그러한 우리의 애절함을 눈치라도 챈 것일까?

택시 기사는 걱정 마라는 눈빛과 알겠다는 대답을 하고선, 우리를 번갈아 보고 쏜살같이 내달리기 시작했다.

십 여분을 달려 도착한 병원은, 한국의 여느 대학병원처럼 규모가 컸지만 주말이라 그런지 의외로 한산해 보였다. 병원의 중앙동으로 보이는 듯한 건물로 들어가, 접수창구로 보이는 카운터에서 직원에게 접수신청서를 작성해 내밀었다.

다행히 스페인어 외에 영어로도 작성할 수 있도록 서류가 구비되어 있어, 큰 어려움 없이 박 선생의 도움을 받아 작성할 수 있었다. 접수 신청서를 받은 직원은, 순례자인 것을 알아채고는 서툰 영어발음으로 여행자 보험증권을 제시할 것을 요구했다.

순간, 절로 웃음이 나왔다. 사실 한국에서 만약을 대비해 큰딸 루치아가 보험증권을 영문으로 인쇄해줄 당시만 해도, 설마 이것을 사용할 기회가 오려나 싶은 심정이었기 때문이다.

'준비한 자만의 여유로움이 아니겠는가?'

루치아는 이런 일이 생길 것을 미리 예견이라도 한 것일까? 하느님께서 딸에게 계시를 내리시고, 따르도록 명령하신 것일까?

조금은 말도 안 되는 연관성을 지어보다 혼자 피식 웃어본다. 아버지 순례길이 무사하기만을 바라며 정성껏 세심하게 준비해준 큰딸 루치아가 너무 고마웠고 흐뭇했다.

영문으로 준비된 여행자 보험증권 덕분이었을까? 얼마 지나지 않아 진료실로 안내를 받아 잠시 대기하는가 싶더니, 내과 의사인 듯한 여의사가 문진을 왔다. 이미 나의 증상을 속속들이 알고 있는 박 선생은 나의 보호자처럼 자세히 설명해나갔다. 한참을 귀 기울여 박 선생의 설명을 듣던 여의사는 간호사를 시켜 이동 준비시키더니, 이내 박 선생에게 몇 마디 던진다.

"저기, 옷을 벗고 침대에 누우시랍니다."

망설일 필요도 없이 걸친 옷을 벗고 침대에 누웠다. 그러자, 여의사가 다시 한 번 박 선생에게 뭐라 말을 건넨다.

"저기, 돌아누우시랍니다. 항문 속을 살펴봐야 한다고 하시네요. 그 여의사는 박 선생으로부터 말을 다 전달받기도 전에, 가느다란 두 손에 이미 의약용 고무장갑을 착용하고선 진지한 태도로 나를 쳐다보고 있었다. 순간 긴장되고 약간의 쑥스러움마저 들자, 온몸의 근육이 경직되고 식은땀이 나기 시작했다.

그런 나의 심정을 조금도 의식하지 않은 듯, 익숙한 손놀림으로 나의 항문을 이리저리 관찰한 듯 여의사는 별것 아니라는 표정으로 박 선생에게 몇 마디 건넨다.

"직장은 막히지 않은 것 같은데, 단순 관장으로는 안 될 것 같다고 X-ray를 찍어 보자."는 그 여의사의 말을 박 선생이 대신 전해 주었다. 언제 준비했는지 침대 옆에 놓인 휠체어에 나를 태워 방사선실로 데려갔다. 박 선생은 줄곧 내 옆을 지키며 안심하라며 별일 있겠느냐며, 진심 어린 위로의 말로 나를 진정시켜 줬다.

"고맙습니다. 혼자서 이 일을 감당할 수 없을 텐데 말입니다."

"별말씀을요."

박 선생은 살며시 떨리는 내 손을 꼭 잡아주고 재차 안심하라고 말해주며 미소를 지어 보였다.

가슴과 복부 부위를, 몇 차례에 걸쳐 X-ray 사진을 찍었다. 한국에서 많이 해본 경험자라 박 선생의 통역 없이, 그들의 눈짓만으로도 혼자 충분히 해냈다. 그리고, 십여 분이 흘렀다.

X-ray 사진 결과를 기다리는 동안, 우린 서로 아무런 대화도 주고 받지 않았다. 그도 나도 긴장하고 있었는지, 아니 행여나 모를 예기치 못한 일이 벌어질까 두렵기도 했다는 게 맞겠다.

잠시 후, 처음 나를 문진해주었던 여의사 진료실로 갔다. 박 선생과 그 여의사가 대화를 나누는 동안 그녀의 안색을 보니, 그렇게 희망적인 메시지를 전하지는 않는 것으로 보였다.

'역시나, 예감은 언제나 거슬리지 않는가 보다.'

한참을 서로 이야기를 나누다, 여의사가 자리를 비우자 박 선생이 나를 보며 입을 연다.

"저기, 예상보다 문제가 좀 있는 것 같습니다."

그가 오히려 미안해하며 말문을 어렵게 이어나간다. 그 여의사로부터 전해 들은 박 선생의 말은 이랬다.

대장에 변이 꽉 차, 막힌 채로 오랜 시간이 흐르다 보니 돌처럼 굳어져 배변 활동이 멈춰버렸고, 그로 인해 심한 가스까지 차는 바람에 복부 내부가 부풀어 올라, 자칫하면 내장의 벽에 심각한 염증까지도 염려된다는 것이었다.

후에 들은 바로는 박 선생 일행 중에 만난 의사가 그러는데 조금 더 늦었으면 생명을 잃을 수도 있다는 얘기를 했다니 나의 증세가 얼마나 위험하고 심각했는지를 알 수 있었다. 아찔하다.

박 선생은 잠시 숨을 고르더니 이내 말문을 이어갔다.

"그 여의사는 더 이상 자기가 할 수 있는 게 없다면서, 다른 병원에서 전문의를 모셔와 치료를 해야 하니, 기다려달라는 당부를 하고 갔다."라는 것이다.

"그렇군요. 저도 어느 정도 예상한 일이었지만, 이 정도로 심각할 줄은 몰랐네요."

아니 몰랐다는 표현보다, 그냥 알면서도 방치했다는 얘기가 맞겠다.

박 선생과 잠시 대화를 주고받는 동안, 간호사가 다가와 영양주사를 놓기 위해 링거를 꽂고는 사라진다. 사실 지난 며칠간 끼니때마다 식사를 하긴 했으나, 장벽이 막혀 제대로 영양분을 흡수도 못 한 채로 음식물만 계속 쌓여갔으니, 오히려 먹는 양만큼 몸은 야위어져 가고 있었던 것이다.

그렇게 링거를 꽂은 채, 전문의가 오기만을 한참을 기다리다 박 선생은 숙소에 혼자 두고 온 부인이 걱정된다며, 숙소를 정하고 다시 오겠다는 말을 남기고 자리를 떠났다.

그래도 여기까지 동행도 해주고, 치료를 받을 수 있게 열성으로 도와준 그분이 나 때문에 순례길 하루를 거의 포기한 셈이다. 언젠가 나도 도울 기회가 온다면, 조건 없이 도와주겠노라 다짐을 해본다.

또 그렇게 몇 시간이 흘렀다. 잠도 오지 않아 병상에 누워 천장만 바라볼 뿐이다. 내가 여기에 누워있다는 사실조차 아는지 모르는지 이따금 곁을 오고 가는 의사도, 간호사도 자취를 감춘 지 오래다.

여전히 복통은 가라앉지 않는 가운데, 하소연하고 청할 곳은 오직 성모님뿐, 꼭 치료되어 완주할 수 있도록 예수님께 전구해달라고 성모송을 바치며 간절히 기도 또 기도했다.

위험을 무릅쓰고 순례를 가지 말라고 애원하다시피 한 큰딸 그리고 아들과 가족들의 목소리가 들려오는 듯했다. 후회스럽기도 하고 막막했다.

하지만 차마 가족들에게는 나의 이런 사정을 알리고 싶지 않았다. 분명 연락을 하면 당장 순례길까지 찾아올 큰딸 루치아이기에 파장이 클 것 같고, 온 가족이 걱정할 것 같아서다. 그래서 좀 더 사태추이를 보고 최악의 상태에서나 알리고 싶었다.

그런데 이상하게도 마음 한 곁에는 나를 이토록 고집스레 순례길을 갈 수 있도록 이끌어주신 하느님께서는 결코 내버려 두지 않을 것이라는 믿음이 자리 잡고 있었다. 수없이 많은 생각이 떠올랐다.

그러다 침상 아래에 고이 접어 넣어둔 옷가지에서 휴대폰을 찾아 꺼내 들었다. 만약의 사태를 대비해, 혹시라도 치료가 불가하여 귀국을 할 수밖에 없다면 빠른 준비가 필요해, 후니 씨에게 귀국 항공편 예약 관련 정보를 부탁해볼 참이었다.

그의 본심을 모르는 바는 아니지만, 나의 결심대로 움직여 볼 참이다. 그로부터 답신이 왔다. 물론 그에게 현재까지의 모든 상황을 문자로 전달했다. 그도 그럴 것이, 이제는 문제의 심각성을 제대로 간파했는지 귀국방법에 대한 간단한 답신만 할 뿐, 더 이상 회유하는 뜻의 말은 하지 않았다.

주기적으로 찾아오던 복통도 이제 거의 멈출 줄 모르고 지속된다. 소변이 마려워 일어나 혼자 가보려 해도 헐렁한 환자복에 링거가 꽂혀 있어 움직일 수가 없었다.

'이러다 오늘 하루를 꼬박 병원 신세를 지는 건 아니겠지?'

이 와중에도 순례길을 걷지 못해, 목적지에 갈 수 없음을 한탄하는 나다. 얼마나 적막감이 흐르는지 그동안 잘 들리지도 않던 손목시계 소리마저 귀청을 울릴 만큼 재깍거린다.

또다시 간절하게 기도를 드렸다.

"주님께서는 하고자 하시면 저를 깨끗하게 하실 수 있습니다(루카 5:12)." 말씀을 묵상하다 보면 "용기를 내어라 두려워하지 마라(마태 14:27)", 하시고 이어서 "왜 겁을 내느냐? 아직도 믿음이 없느냐?(마태 4:40)"고 질책하시는 것 같았다. "너희가 기도할 때 믿고 청하는 것은 무엇이든지 다 받을 것이다(마태 21:22)." 그러니 "하느님께서는 모든 것이 가능하다(마태 10:27)." 등 수없이 많은 성경 구절이 떠올라 끊임없이 기도했다. 하느님께 애원하고 의탁할 수밖에.

그러다 정오가 한참이 지났을 즈음, 자취를 감추고, 다신 오지 않을 것 같이 사라졌던 간호사가 얼굴을 내민다. 누워있는 나를 의식이나 하는지, 고정된 침대 바퀴를 풀더니 다른 병실로 이동하는 게 아닌가! 그리고 또 말없이 입고 있던 환자복 바지를 벗으라는 시늉을 하고선, 이번에는 기저귀를 채운다.

그들이 이끄는 대로 가만히 나의 몸을 맡긴 채, 몇 분이 지나지 않아, 가늘고 얇고 기다란 호스를 준비해온 간호사는 한쪽 손으로 윤활제로 보이는 듯한 액체를 호스 주변으로 바르기 시작한다.

그녀가 그러는 동안, 처음 보는 남자 의사 한 분이 유심히 나의 환자차트를 보는가 싶더니, 간호사가 쥐고 있던 호스를 전달받아, 나의 항문에 깊숙이 집어넣고는 정체 모를 액체를 대장 깊숙이 주입하는 것을 느낄 수 있었다.

변으로 가득 찬 장 속에서 수시로 차오르는 가스로, 이미 복부는 빈틈조차 없던 터라, 조금의 망설임도 없이 항문으로 밀려드는 호스는 상당한 불편함과 또 다른 고통을 야기했다.

호스의 움직임도, 호스를 통해 흘러들어오는 듯한 액체의 미동도 잠시, 썰물처럼 항문에서 빠져나가는 싶더니, 예상치 못한 가스의 분출과 동시에 뱃속이 편안함을 금방 느껴졌다. '아~ 이제 살았구나!'라는 안도의 한숨과 함께 하느님께 감사의 탄식이 절로 나왔다.

그렇게 작은 울림으로 시작된 방귀 소리는 멈출 줄 모르고 새어나왔다. 하지만 수치심도 부끄러움도 챙길 형편이 아니었다. 그 모습을 지켜보던 의사도, 간호사도 신기한 듯 웃어대며, 알아듣지 못하는 말을 하며 그저 지켜볼 뿐이다. 멈출 줄 모르던 방귀 소리가 잠시 잠잠해지는가 싶더니, 이번엔 그토록 기대하던 변의가 빠르게 진행됨을 느꼈다.

'아! 기저귀를 채운 이유가 있었구나!'라며, 깨닫는 순간이다. 변의가 시작된 지 5분도 지나지 않아, 지난 며칠간 나를 그토록 고통 속에서 괴롭히던 그놈들이 모습을 드러냈다.

지금 이 순간, 이 기쁨과 환희를 함께 나눌 수 있는 이가 옆에 아무도 없어 아쉬울 따름이다. 하느님 감사합니다. 하느님께 절로 감사의 기도를 하게 되었다.

몇 분 동안 배 속의 모든 걸 다 쏟아내자, 기분마저 홀가분해졌다. 그리고 이내, 스르르 몰려드는 졸음에 눈꺼풀마저 무거워짐을 느낀다.

잠시 후, 의사와 간호사가 떠나자 두 눈을 지그시 감았다.

나의 의지와는 상관없이, 두 눈을 감고 그대로 잠이 들고서야 세상이 이토록 아름답고, 행복한지 꿈결 속에서도 느껴지는 순간이었다. 얼마나 오랫동안 잤는지 모르지만, 눈을 떴을 땐 어렴풋이 나를 보고 웃고 있는 박 선생의 선명한 얼굴이 내 앞에 나타났다.

"아이고, 고생 많이 하셨습니다."

환하게 웃으며 그가 먼저 말을 건넨다. 그리고 뒤이어 말한다.

"의사 선생님께 얘기를 들었습니다."

"이제 안정 좀 취하시다, 언제든 일어나 가시면 된다고 하시네요."

내가 잠에 취해있는 동안, 그는 벌써 담당 의사를 만나, 전후 사정을 다 들은 모양이다.

외부에서 의사를 초빙해 나의 병을 치료해야 할 상황이었던 만큼 치료비가 만만치 않을 거라 예상했던 나의 예상과는 달리 무료라는 것에 또 한 번 놀라지 않을 수 없었다.

순례길을 준비하며 들은 얘기로 순례자에게는 무료로 치료를 해주는 제도가 있다고 했지만, 실상 그 혜택을 받고 나니 너무도 고맙지 않을 수가 없었다. 직접 받아보니 실감이 났다. 무어라 표현해야 할지 모를 정도로 그저 고맙고 감사한 마음뿐이다. 그리고 나를 치료해 준 간호사 의사 그리고 스페인 정부에 감사한 마음을 전하고 싶은 심정이다. 언제 아팠는지 모를 정도로 순례의 자신감이 느껴지는 순간이었다.

윌리암 박 선생은 퇴원절차까지 본인이 마쳤으니, 걱정 말고 회복하는 데만 신경을 쓰라며, 신이라도 난 듯 설명하던 그가 말을 마치자, 그토록 참았던 눈물이 두 뺨을 타고 턱밑까지 흘러내렸다. 그리고 진심으로 소리 내어 어린아이처럼 '엉엉' 하고 울고 싶었다. 모른 척 해버리면 아무것도 아닌 인연이거늘….

"박 선생님, 너무 감사해서 몸 둘 바를 모르겠습니다."

"이 은혜를 언제 어떻게 다 갚을지…."

흐르는 눈물과 북받쳐 오르는 감정을 주체할 수 없어, 말꼬리마저 희미해진다.

"무슨 말씀을요, 그런 말씀 마세요."

"끝까지 곁을 돌봐드리지 못해 죄송할 뿐입니다."

"그리고 여기 사정을 알베르게 관리자에게 말씀드렸더니, 유쾌히 방을 내어주어, 아내가 편히 쉴 수 있었습니다."라며 오히려 나에게 감사하는 마음을 전하는 것이 아닌가?

그가 나를 위해 한 것은 그것이 다가 아니었다. 퇴원 후, 박 선생이 묵고 있는 숙소에 도착해서 알게 되었을 땐, 또 한 번 나는 격정의 눈물을 흘리지 않을 수 없었다.

숙소에는 약 16명 정도 다양한 나라의 순례자들이 묵고 있었는데, 박 선생이 나를 위해 그들의 마음을 얻어, 나의 완치와 무사히 이 여정을 끝낼 수 있도록 다 함께 기도를 해주었다는 것이다.

'나는 참으로 행복한 사람이다.'

언제나 세상의 밝은 빛은 나를 주시하고 있음이니라.

나는 또 한 번의 시련과 싸우며, 얻은 값진 깨달음과 그것을 통해 다른 시선으로 세상을 바라볼 것이다. 내 남은 생이 다하는 그날까지 말이다.

그렇게 충분한 휴식을 취하고 병원을 떠날 때쯤, 담당 의사로부터 재발 가능성에 대한 대처방법으로 다른 병원을 방문할 때 제시하라면서 스페인어와 한국어로 된 진단서를 발부받았다. 처음 병원을 찾아 접수할 때의 간호사와는 달리, 이곳 간호사는 전화기 앱을 이용하여 나에게 한국어로 옷은 있느냐? 숙소는 어디로 갈 것인지, 택시를 불러 드릴까요? 등등 꼼꼼히 물어보고 체크해 준다.

참으로 친절하게 안내를 해주는 모습에 너무도 감탄했고 표현할 수 없도록 고마웠다. 그런 간호사의 따뜻한 배려로, 숙소까지 편히 갈 수 있도록 입구에 택시를 대기시켜주고 손을 흔들어 배웅까지 해준다. 이렇게 극진한 친절을 받으며, 박 선생의 아내가 머무는 숙소로 돌아왔다.

세상은 참으로 신기하고 아름다움으로 가득하다. 다만, 사람의 마음이 이기적이고 간사할 뿐이다. 지금의 자신을 통해, 그것을 보았고 그리고 깨달았을 뿐이다.

전지전능하신 하느님의 뜻을 쉽사리 이해하기란 내 평생을 다 바쳐 기도해도 어렵겠지만, 내 주변에서 더불어 살아가는 사람들의 마음이라도 어루만져 주고, 보살펴주어야겠노라고, 숙소로 돌아오는 택시 안에서 두 손 꼭 모아 다짐에 다짐을 해본다.

십 여분을 달린 택시는 박 선생의 아내가 머무는 한 알베르게 입구에 우리를 내려주고, 뒤 트렁크에 실어놓은 나의 배낭까지 꺼내주는 친절을 보이며 이내 사라졌다.

"아! 여기는 우리가 어제 머물었던 곳이군요?"

그랬다. 나로 인해 박 선생이 병원까지 동행하는 동안, 아내분이 혼자서 머물고 있었던 곳이다. 나의 상황을 설명하여 재투숙을 할 수 있었다. 딱히 다른 곳에 숙소를 찾기가 쉽지 않았던 것 같다.

"예, 맞습니다. 그게 그렇게 되었네요."

전혀 위치를 알 수 없는 곳에 숙소를 잡았더라면, 내일 길을 나설 때 순례길로 합류하는 길을 찾기가 쉽지 않았을 텐데, 나 역시 안도의 한숨이 흘러나왔다. 그리고 이어 그동안의 감사함에 식사라도 대접할까 싶어 말문을 열었다.

"박 선생님, 괜찮으시면 아내분을 불러 저녁 식사라도 함께 대접해 드리고 싶습니다." 간곡한 나의 청이었다.

"아닙니다. 피곤하실 텐데 어서 들어가 쉬시는 게 좋을 듯합니다."

"사실, 저도 오늘 일로 좀 피곤하기도 하고요."

그는 끝내 나의 식사 제의를 마다하고선, 아내가 머무는 방으로 이내 발걸음을 옮겼다. 그런 그의 뒷모습을 나의 시야에서 완전히 사라질 때까지 지켜보며, 마음속으로 그에게 감사하는 마음의 기도를 올렸다.

그렇게 박 선생은 아내에게 돌아가고, 숙박을 위해 접수창구를 기웃거리니 처음 이곳에 도착했을 때, 접수를 도와주었던 관리자 한 분이 저만치서 나를 발견하고는 웃으며 다가오는 게 보였다.

박 선생이 이미 이곳에 나의 상황을 전했고, 그래서 오늘 별 설명 없이 숙박을 할 수 있었던 것이다. 카운터 직원은 엄지손가락을 치켜세우며 방 번호가 쓰인 숙박티켓을 건네준다.

숙박료를 지불하고 감사의 말을 전한 뒤, 발걸음마저 가벼워진 홀가분한 기분으로 배정받은 침대로 돌아와 한쪽 구석에 배낭을 둔 채 자리에 누웠다.

그리고 지금쯤, 한국에서 나로 인해 궁금해 할 후니 씨한테, '병원에서 치료 잘하고 내일부터 순례길에 오를 예정이며 그간 걱정해주어 고맙다.'는 장문의 문자를 보냈다.

곧이어 온 그의 답신을 확인하고 그동안 미룬 잠을 보충이라도 하듯 일찌감치 잠을 청했다.

내일의 또 다른 순례길을 기대하며….

초조함의 길

DAY+21 2018년 5월 27일(일) 맑음

Routes of Santiago de Compostela in France + 17days

Burgos to Hornillos del Camino 21.5km / 314.5km

어젯밤 알람을 맞추지도 않고 잠이 들었건만, 이른 아침 6시에 자연스레 눈이 떠졌다.

'평온하고 긴 숙면을 취한 탓일까?'

순례길을 시작한 지 17일째를 맞이하지만, 처음으로 맛보는 개운함과 전혀 피로함을 느낄 수 없는 최상의 컨디션이다. 그리고 어제의 일을 계기로 순례길을 시작하는 나의 일상도 조금씩 변화를 맞이하게 되었다.

일어나자마자 생수부터 찾아 벌컥벌컥 들어 마셨다. 거의 1ℓ짜리 물통을 단숨에 다 마신 셈이다. 어제 병원에서 담당 의사의 조언대로, 순례길을 걷는 동안 물을 자주 마시고, 가능한 휴식을 많이 취하라는 얘기도 있었지만, 알면서도 무시했던 건, 바로 나 자신뿐이다. 결국, '인과응보(因果應報)'[14]인 셈이다.

간단한 세면 후, 어제 마트에서 구입한 카스텔라 빵과 치즈(이름을 알 수 없는 신맛이 강한 치즈였음) 한 조각으로 아침을 해결한 뒤, 마지막으로 병원에서 처방받은 약을 먹고서야 떠날 채비를 마무리했다.

숙소를 나오기 전, 3일 동안이나 이곳에 머무르게 해준 관리자에게 감사의 인사라도 전하고 싶었지만, 이른 아침이었음에 그의 모습을 찾아볼 수 없어, 그냥 문을 나섰다.

내가 병원에서 사투를 벌이는 동안, 다른 이들은 아름다운 이곳 부르고스의 정취를 만끽하며 여유로운 시간을 보냈으리라. 아쉬움만 가득한 이곳에서의 나만의 특별한 추억 하나를 남기고 돌아서려니 발걸음이 잘 떨어지지 않는다.

하지만 난 지금 너무 행복하다. 나의 글을 읽고 있는 그대라면 충분히 이해하고도 남을 테지만, 지금의 이 기분을 완벽히 이해하는 이 또한 나 자신 아니겠는가!

한참을 걷다 보니 변의가 시작됨을 직감했다. 예전 같았으면, 주위 눈치를 보느라 참고 또 참기를 거듭 반복하며 장에 무리를 가했을 테지만, 이제 그러지 않기로 했다. 마을을 지날 때는 근처 Bar에서, 산길을 지날 땐 풀숲이나 나무를 방패 삼아 즉각적으로 행동했다.

호닐로스 델 까미노(Hornillos del Camino)는 부르고스로부터 약 20km에 위치한 오늘의 목적지다. 아직 휴식을 좀 더 취하며, 체력을 제대로 회복하는 편이, 앞으로 계속되는 여정을 위해서도 좋겠지

---

14) 인과응보(因果應報) : 원인과 결과에는 반드시 그에 합당한 이유가 있음을 뜻하는 고사성어

만, 지체된 일정을 따라잡기 위해 서둘러 목적지에 도착했다. 배정받은 침대 위에 배낭을 내려놓은 뒤, 세면도구를 챙겨 샤워장으로 직행했다.

쾌청한 날씨에 햇볕마저 따스하고, 넓은 마당 한편에 세워둔 빨래대마저 불어오는 바람에 휘청거리니 더할 나위 없이 빨래를 말리기에 좋은 곳이다.

따스한 햇볕과 시원하게 불어오는 바람을 맞으며, 마당에 펼쳐진 의자에 잠시 누워보았다. 이젠 20km 정도 걷는 것은 전혀 힘들거나 지치지 않는 것 같다. 물집 잡혔던 발가락도 지난 3일 동안 부르고스에 머물면서 걷지 않았던 탓에 이미 단단한 군살이 박혀 있었다.

살며시 두 눈을 감아본다.

따사로운 햇볕이 두 눈으로 곧장 내리쬐어 뜬 눈으로 있기가 곤란할 정도다. 그때, 누군가 나를 부르는 소리에 놀라 자리를 박차고 일어섰다. 그 목소리의 주인공은 바로 윌리엄 박 선생이었고, 그의 옆에 부인이 웃으며 나를 응시하고 있는 게 아닌가!

"아니 이게 누굽니까? 박 선생님하고, 사모님 아니십니까!"

너무 기쁜 마음에 그들에게 반갑게 인사를 건넸다. 당연하지 않은가! 다른 이도 아닌 나의 은인 박 선생 부부이거늘…. 헤어졌던 가족이라도 상봉하듯, 너무나도 반갑게 맞아주는 나의 말과 행동에 조금 당황한 듯, 그가 입을 열었다.

"이거 누가 보면 이산가족 상봉이라도 한 듯싶겠어요."

"아무튼, 이렇게 건강한 모습으로 다시 뵈니 너무 좋습니다."

그가 말을 끝내는 때를 기다렸다는 듯, 그의 부인도 나의 안부를 물어준다.

"이제 완전히 회복하셨나요? 화장실도 잘 가시고요?"

대화의 핵심을 콕 찌르는 부인의 질문이다.

"아~ 그럼요! 이제 먹는 즉시 시원하게 보내버린답니다."

그렇게 그들과 어제의 일을 떠올리며, 웃고 떠드는 동안 저녁 식사 시간이 이르러 식당으로 향했다. 저녁 식사는 순례자 모두가 한자리 마주했고, 저마다의 순례길 사연으로 이야기꽃을 피우느라 소란스럽기 그지없었다. 설마, 나보다 더한 사연이 있을까 싶다.

오늘의 저녁 메뉴를 기다리는 틈을 타, 그동안 소식을 전하지 못한 가족들에게 카톡으로 전화도 하며 그들의 안부를 묻기도 했다.

간간이 Wi-Fi의 신호음이 약해 희미해진 서로의 목소리를 알아듣기는 힘들었지만, 그래도 잠깐이나마 통화를 하고 나니 마음이 한결 편안하고 가벼워짐을 느낀다. 자주 못 해 미안했고, 위기에 봉착했을 때, 걱정할까 봐 제일 먼저 알려주지 못해 또 미안할 뿐이다.

저녁 식사 메뉴가 나오기 시작할 무렵, 스무 명 정도의 순례자들이 한자리에 모여 앉았다. 한국인은 박 선생 부부와 나를 포함해 세 사람뿐이다. 주메뉴는 스페인 전통음식인 '빠에야(Paella)'[15]와 그 맛을 가미해줄 빵과 오이 같은 야채들이 줄지어 나왔다. 그리고 당연히 와인은 빠질 수 없다.

---

15) 빠에야(Paella) : 프라이팬에 고기와 해산물, 채소를 넣고 볶은 후 물을 부어 끓이다가 쌀을 넣어 익힌 스페인의 전통 쌀 요리

저녁 식사 시간이 무르익어갈 때쯤, 와인으로 흥건해진 기분 탓에 저마다 목소리 톤이 높아졌고, 웃음이 끊이질 않는다. 내 옆에 자리를 잡은 윌리암 박 선생도 외국인 순례자들과 어울려 즐겁게 대화를 나누고 있었다.

대화 사이마다 내 쪽으로 고개를 돌려, 그들과의 이야기 주제와 흐름을 알려주며 행여나 내가 무료해 할까 봐 세심함까지 보이는 그다.

조용히 식사에만 열중하는 나에게 간혹 관심을 보이는 외국인 순례자들도 있었지만, 제대로 된 대화가 가능할 리 없음을 서로가 일찍 눈치채고는, 그저 웃으며 간단한 인사만 주거니 받는다.

파티장이라도 방불케 하던 요란스럽던 우리의 길고 긴 저녁 식사 자리는 저녁 9시경을 넘어서야 아쉬움을 남기고서, 각자의 침대로 돌아가 잠자리에 들 준비를 하였다. 한 외국인 순례자를 사이에 두고, 나와 박 선생 부부의 침대가 나란히 했다.

"박 선생님, 다시 한 번 어제는 너무 감사했습니다."

"덕분에 이렇게 몸이 개운해지니 세상을 다 얻은 기분이랍니다."

"뭘요! 도움이 필요한 분한테 제가 할 수 있는 일을 해드린 건데요."

"너무 마음 쓰지 마세요. 오히려 제가 감사합니다."

"도움이 절실한 사람한테, 내가 가진 소박한 힘이나마 도움을 줄 수 있어 얼마나 행복했는지 모른답니다."

그에게 이 밤의 마지막 말을 건넨 뒤, 그의 부인께도 편안한 잠자리가 되기를 가벼운 목례로 뜻을 전하고 나서야, 홀가분한 마음으로 내 침대로 돌아와 세상 편한 자세로 누워본다. 그리고 깊은 잠에 빠져들었다.

평온의 길

DAY+22 2018년 5월 28일(월) 맑음

Routes of Santiago de Compostela in France + 18days

Hornillos del Camino to Castrojeriz 21.0㎞ / 335.5㎞

6.0km	5.0km	5.5km	4.5km
Hornillos del Camino　Arroyo Sal Bol	Hontanas	Arco de San Anton	Castrojeriz

간밤에 숙면을 취한 듯하다. 그리고 기분 좋은 순례길의 또 다른 아침이 밝았다.

배낭을 꾸리고 문밖을 나서니, 이미 박 선생 부부는 떠날 채비를 다 한 듯 몸풀기 운동이 한창이었고, 나와 눈이 마주치자 누가 먼저랄 것도 없이 서로 인사를 주고받았다.

"잘 주무셨어요?"
"예~ 아주 잘 잤습니다."

거의 동시에 서로 오고 간 대화에 신기한 듯, 서로 말없이 웃어본다. 간단한 안부 인사를 마치고, 오늘은 지난밤 약속이라도 한 듯, 함께 길을 나섰다.

순례길을 유심히 관찰해보면 멀찌감치 자리 잡은 마을 지대가 대평원 같아 보이지만, 사실은 가까워질수록 나지막한 언덕 아래 자리 잡고 있다는 것을 알 수 있었다. 그만큼 땅이 넓고 시야가 트여 빛의 굴절현상같이 착각을 불러일으키는 곳이 바로 여기 산티아고 순례길이다.

자그마한 골짜기 아래를 지나자니 이전에 보았던 카페와는 색다른 느낌의 자연 친화적인 모습의 카페를 발견하고선 목을 축이기 위해 잠시 들렀다.

"박 선생님, 여기는 왠지 분위기가 좀 다른 걸요?"

"저기 주방에서 서빙하는 분의 옷차림새도, 얼굴도…."

그랬다. 그들이 하고 있는 복장은 이곳 스페인 현지인이 아닌 저 먼 아랍 국가 중 한 민족으로 보였다.

넓고 넓은 스페인의 지역 중, 이곳 순례길에 그것도 시골 산길의 외곽에 이방인이 카페를 열고, 배고픔과 목마름에 지친 순례자들에게 봉사하고 있다는 사실에 조금 놀랐다.

이곳은 무슬림 마을이란다. 그 옛날 아랍정복자가 전성시대를 달리던 6~7세기경 이집트, 튀니지, 모로코를 정복한 뒤, 그 당시 스페인을 지배하던 '비시고트족'의 왕을 대패시킴으로써 스페인 전역을 차지하고 지배했다는 말이 있는데, 확실치 않다. 현재는 스페인들과 같이 촌락을 이루며 정겹게 함께 산다고 하니, 우리네 사정과는 다른 광경에 사뭇 놀라울 뿐이다.

"올라" 박 선생이 먼저 인사를 건네자, 카페의 주인인 듯한 사내가 하얀 이를 드러내며 반갑게 우리를 맞아준다.

우리가 주문한 커피를 만들며 한시도 웃음을 놓지 않고 싱글벙글이다. 그런 그가 어찌나 귀엽던지, 아직 30대 초중반쯤 되어 보일까 그랬다.

그들 부부와 이런저런 얘기로 시간을 보내는 동안, 박 선생 부부를 아는 듯한 순례자 한 무리가 카페로 들어서며 그들 부부에게 인사를 건넨다.

"곤니찌와(こんにちは)~." 일본인 순례자 아가씨다.

"안녕하세요. 아저씨~." 이번엔 한국인 순례자 아가씨들이다. 그런 그가 부럽기만 할 뿐이다.

이 길에서 박 선생을 한번 보고 나면 모르는 이가 없을 정도로 인기 많고 더욱이 매너 좋은 신사로 통하고 있었다. 그렇게 또 우리의 동행자가 늘어갔다.

다 같이 점심을 먹으며 오랜만에 한국말로 대화에 참여할 수 있어 더할 나위 없이 좋았다. 그리고 한 시간여를 그곳에서 그들과 시간을 보낸 듯하다.

다시 발걸음을 옮겨야 할 시점에 이르러, 박 선생과 그의 아내만의 시간을 가질 수 있도록, 저만치 혼자 앞장서 걸어나간다.

산길로 한참을 안내하던 순례길의 노란 화살표는 어느 틈엔가 큰 도롯가로 방향을 바꾸었고, 그 길을 따라가니 파리의 개선문 모양을 한 우뚝 선 옛 건물 한 채가 내 눈앞에 버티고 서 있는 게 아닌가!

곳곳에 무성한 잡초로 형체를 알아볼 수 없는 폐가들이 세월의 흔적과 인적이 없음을 암시해 주고 있다. 아마도 젊은이들이 살던 집을 떠나 도심으로 나가다 보니, 주인 없이 버려진 채 오랜 시간이 흘러 자연이 만들어 낸 형상일 거라 혼자만의 생각으로 단정지어 본다.

주변 감상에 심취되어 혼자 걸으며, 보이는 풍경 하나하나마다 나만의 평가를 하며 생각하는 틈에, 내 뒤를 따르던 박 선생이 무슨 일인가 빠른 걸음을 재촉하여 내 옆에서 같이 걷기를 시작한다. 하지만 그의 아내 모습은 보이지 않는다.

"사실… 아내가 혼자 잠시 걷고 싶다고 해서, 자리를 비켜주었습니다."

우린 일상의 사소한 얘기들을 나누며 오래된 친구처럼 웃으며 이 길을 함께 걷고 있다.

자그마한 시골 카페가 보여 그에게 쉬어가기를 권유했다. 그리고 생수 한 통을 사서 단숨에 들이켰다. 십여 분을 그와 벤치에 앉아, 지나가는 순례자들의 뒷모습을 지켜보았다. 그리고 잠시 후 그의 아내를 발견했다.

그의 아내는 혼자가 아니었다. 낮에 점심을 함께했던 일본인, 한국인 아가씨들과 같이 걷고 있었다. 우린 그렇게 다시 합쳐, 이야기 삼매경에 빠져들었다.

박 선생은 그의 아내가 무슨 생각을 했는지 무척이나 궁금한지 묻고 있었다. 그녀가 꺼낸 얘기는 우연치고는 신기하리만치 내 생각과 거의 일치했음에 적지 않게 놀라움을 금할 수 없었다.

"지금의 걷는 이 순례길과 살아온 인생길과 많이 비교되었다."로 시작한 그녀의 말은, 우리가 목적지를 향해 걷는데, 우리 인생 목적지는 어디인가? 라는 관점에서 순례자와 거지와의 차이점이 무엇이냐는 얘기를 나누었다고 한다. 여기에서 "순례자는 목적지가 있지만, 거지는 목적지가 없다."는 것이 차이라는 것이란다.

그럼 나의 목적지는 과연 어디인가?

산티아고 순례길에 선 지금은 순례자일지 모르지만, 순례 후 집으로 돌아간다면 난 거지란 말인가? 왜냐면, 그동안 목적지를 모르고 살아왔으니 말이다. 그녀의 진지하고도 의미심장한 얘기는 이내 나의 가슴을 파고들었고, 잠시 잊고 지낸 인생에 대한 가치를 되돌아보는 계기를 마련해 주었다.

"어제 숙소의 게시판에서 한인 알베르게를 보았는데, 괜찮으시면 그쪽으로 가시죠?"

어제 숙소 입구에 한글로 된 광고 전단지 얘기를 하는 것이다.

"아~ 저도 본 것 같은 기억이 납니다. 그쪽으로 가시죠. 그럼!"

순례길 앱에는 등록되지 않은 곳인데, 영국인 남편과 한국인 아내 둘이서 운영하며, 비빔밥 메뉴로 유명한 알베르게라고 알고 있다.

우리 일행은 만장일치로 그곳 오리온 알베르게(Orion Albergue)에서 오늘 묵기로 하고, 각자의 속도에 맞춰 걷기 시작했다.

그러기를 한 시간, 숙소에 도착했다. 접수를 하면서 보니 한국마트에서 본 낯익은 것들이 눈에 띄었다.

마침, 진열장에 신라면이 보여 하나를 구매하여 순례 중 처음으로 손수 요리 아닌 요리를 했다. 오랜만에 한국의 맛을 보니 기분이 좋다고 할까. 하지만 나는 아직 오븐사용이 서툴러 많이 불편했다.

저녁 시간까지 여유가 있어 높은 언덕에 이름 모를 성이 보여서 구경하고자 일행들과 나섰으나, 비가 오락가락하여 마을 한복판 길을 걷기로 하였다. 옛날 영화에서나 볼 수 있을법한 중세 거리며, 집이며, 건물들, 심지어 사람의 그림자조차 볼 수 없음에 묘한 기분마저

들게 하는 곳에서 한참을 걷다가 비가 올 것 같아, 서둘러 숙소로 돌아왔다.

저녁 7시에 비빔밥 파티가 이루어졌다. 비빔밥 저녁파티에 함께한 순례자는 대충 20명 내외의 다국적 순례자들이었다. '한국의 비빔밥을 알고 온 것일까?' 아니면 '우연히 알베르게에 들렀는데 나온 저녁 메뉴가 비빔밥인 것일까?'

순례자들이 모여 앉은 각자의 식탁 앞에 먹음직스런 비빔밥이 대령했다. 갖은 야채로 밥 위를 덮고, 그 위에 달걀 프라이를 올린 전형적인 비빔밥의 모습이다. 거기다 된장국까지 갖출 건 다 갖춘 셈이다. 주인 남자가 영어로 비빔밥에 대해 설명을 하는 것 같은데 나는 도무지 알아들을 수가 없다.

오랜만에 맛깔스러운 한국의 비빔밥을 먹으니 감회가 새로웠다. 얼마 만에 밥을 먹어 보는 것인지 참으로 맛있게 잘 먹었다. 다들 "맛있게 잘 먹었다!"고 이구동성이다. 와인을 들이키며 일행들과 즐겁게 대화를 했다. 숙소에서 만난 한국인들이 많아 마치 한국식당 같은 분위기였다. 나는 윌리암 박 선생의 도움으로 영국과 스웨덴 사이에 있다는 작은 섬나라에서 왔다는 분과 대화를 나누기도 했다.

우리 일행은 오늘 밤 끝날 것 같지 않은 대화를 이어갔다.

만찬의 길

DAY+23 2018년 5월 29일(화) 비/흐름

Routes of Santiago de Compostela in France + 19days

Castrojeriz to Fromista 25.5㎞ / 361.0㎞

| Castrojeriz | 3.5km | Alto de Mostelares | 6.0km | ltero del Castillo | 10.0km | Boadilla del Camino | 6.0km | Fromista |

알람 진동소리에 눈을 떠보니 아침 6시다.

언제 일어났는지 이미 배낭을 다 꾸린 몇몇 순례자들의 나지막이 웅성거리는 소리가 내 귀를 간지럽힌다.

간단한 세면 후, 옆 사람에게 수면 방해라도 될까 봐, 조심스레 배낭을 싸기 시작했을 때가 6시 반경이다. 어제 이곳에 도착해 마트에서 사둔 빵과 우유로 식사를 하자 7시경을 넘어선다.

나는 매일 아침 이렇게 나와의 전쟁을 치른다.

순례길을 걷는 여유로움과 그 속에 품은 자연의 경관을 감상하며, 마음의 평온함을 찾기란 사실 그리 쉬운 일이 아님을 새삼 깨닫는 순간이다.

순례자 대부분이 아침 6시를 기준으로 7시 전이면 거의 모두 숙소를 빠져나가기 때문이다. 다른 이들보다 늦게 출발하니, 서둘러 걸어야겠지만 노인네의 발걸음은 그리 쉽게 통제할 수 있는 문제가 아님을 알 것이다.

잔뜩 흐린 날씨가 금방이라도 비를 퍼부을 것 같지만, 적당한 때를 기다리는 듯 조금씩 시꺼먼 먹구름을 형성해가는 것을 보고 있으니, 오늘의 일진도 '날씨로 인해 고생 좀 하겠구나.' 싶다.

논길을 따라 걷다 마주한 높은 산등성이, 산이라고 보기엔 낮고, 산등성이로 부르는 게 맞을지 모르겠다. 그래도 해발고도로 따지면 천 m를 훌쩍 넘지만 말이다.

오늘은 유난히 줄지어 걷는 순례자들 모습을 자주 목격하곤 한다. 제법 가파른 길을 오르는 구간에서는 각자의 체력에 맞게 걷다 보니, 곳곳에 긴 호흡을 가다듬으며 숨을 고르는 이도 종종 눈에 띈다.

산등성이라고 해서 흙길을 기대했건만, 이전의 '용서의 길'을 내려올 때 경험한 자갈길이 눈앞에 펼쳐졌다. 정상을 오르는 데만 거의 한 시간여를 걸었다. 온몸은 이미 땀으로 흠뻑 젖어 배낭에서 새 옷이라도 꺼내 바꿔 입고 싶은 심정이다.

그래도 자연은 힘든 만큼 보상을 해주는가 보다. 정상을 오르기 위해 쏟아 부었던 나의 에너지를 대신해, 눈으로 보고도 믿기지 않을 대자연의 아름다움과 풍요로운 광경을 선사하니 말이다.

그렇게 몇 분을 대자연이 주는 산의 정취를 감상하며, 온몸에 얼룩진 땀을 말리고 나서야 맞은편 하산 길로 발걸음을 옮겼다.

내리막길은 오르막길 이상으로 가파른 데다 어젯밤 비가 와서 온통 진흙으로 뒤덮인 끝이 보이지도 않을 만큼 뻗쳐있는 길을 곧 마주한다.

이럴 때를 대비해 가져온 스틱이 제 역할을 발휘하는 순간이다. 오를 때는 몸의 균형을 받쳐 밀어주는 역할을, 내려갈 때는 체중을 분산해 무릎에 무리가 가지 않도록 충격완화를, 오늘 같은 진흙탕 길에서는 미끄러지지 않고 균형을 유지해주어 넘어지지 않게 해주니, 제3의 다리라 해도 과언이 아닐 정도라 생각한다. 그러기에, 나같이 나이가 든 순례자에게는 더할 나위 없는 필수품이 아니겠는가!

내 생에 이렇게 힘들게 진흙탕 길을 걸은 건 처음인 것 같았다. 힘들게 걸어 진흙 길 종점에 이르니 앉아 쉴 수 있는 노점상이 있어 잠시 머물며 커피 한잔 하며 온 길을 돌아보았다. 참으로 힘든 길이었다. 막 출발하면서 보니 현대 아반떼 차가 보인다.

상점 주인의 차라고 생각되어 기아 차에 이어 다시 한 번 우리나라에 대한 자긍심을 느끼는 순간이다.

오늘의 목적지 프로미스타(Fro-mista)를 앞두고 약 5km 전에 위치한 마을로 보딜라 델 까미노(Boadilla del Camino)에 도착하니, 마을의 성당 종탑 지붕 위에 두루미로 보이는 큰 새가 나뭇가지로 둥지를 틀고 앉아 있는 모습이 매우 인상적이다.

스페인은 마을이 있는 곳이라면, 최소한 크고 작은 성당들이 두서너 개쯤은 자리하고 있었다. 마을에서 제일 높은 건물 중에 하나로, 특히 성당의 종탑은 단연 제일 꼭대기에 위치한다.

그런 까닭에, 제법 큰 덩치의 새들이 종탑을 내 집 삼아 집을 짓고 한 해를 보내고 또 한 해를 거듭 반복하며 끊임없이 드나든다.

성스러운 성당의 종탑에 새가 둥지를 틀고, 더러운 분비물을 위에서부터 아래에 이르기까지 더럽히면 당장에라도 내쫓아 버리고 싶은 심정일 텐데,

여기선 그대로 내버려둔 채 사람들과 공존하며 살아가는 모습이 참으로 의아하고 신기할 뿐이다.

어떤 곳의 성당 종탑은 그 둥지의 크기가 종탑을 가릴 정도로 크고, 둥지를 튼 나뭇가지 또한 한두 해에 걸쳐 만들어진 게 아니라 수년, 수십 년에 걸쳐 만든 것 같이 그 종류와 색상의 다양함을 볼 수 있다. 태풍도 버터 낼 정도로 견고하게 지은 둥지를 보노라니, 저 둥지의 주인이 얼마나 끈기 있고, 지혜로운지 그저 놀랍다는 생각밖에 들지 않는다.

그렇게 감탄에 젖어 주변을 둘러보자 저만치 울긋불긋 아름드리 꽃들로 수놓은 듯 꾸며놓은 카페가 보여 목이나 축일까 하고 잠시 들렀다. 시원한 맥주 한잔을 가져다 카페 외부에 놓인 의자에 앉아 한 모금을 들이키려는데, 어느 틈엔가 고양이 한 마리가 나의 다리 밑으로 기어 와 바지에 얼굴을 갖다 대며 애교를 부린다.

이제 프로미스타를 향해 걷노라니 끝없이 뻗어 가는 농수로 길을 접했다. 제법 많은 양의 물이 흐르고 아마도 이 물을 이용해서 주변의 넓은 농지에 작물을 재배하리라 생각이 들었다. 그 옆으로 우뚝 선 나무의 가지 사이사이마다 새들이 무리 지어 앉아 '짹짹'거린다.

오늘도 고된 순례길을 이어가는, 이 가엾은 순례자에게 힘내라며 응원의 메시지를 전하는 것만 같아 마주할 목적지를 향해 힘차게 발걸음을 내디딘다.

하얗게 피어난 이름 모를 야생 꽃들의 모습도 간간이 바람에 흔들리며 어서 오라고 손짓하는 것만 같다. 내가 지금 마주하는, 대자연들의 모습들을 어떻게 설명해야 할지 모르겠지만, 분명 그것들은 나에게 보이지 않는 용기와 힘을 주고 있음이 확실하다. 난 그렇게 보고 있으며, 또 그렇게 믿고 싶다.

드디어, 프로미스타가 나의 시야에 들어왔다. 옛날 관사를 개조한 것 같은 내부구조와 철길 옆에 알베르게 건물이 위치하는 것으로 봐서, 예전에 철도원들이 숙식하던 곳이 아니었을까 하고 추측을 해본다. 이따금 열차가 지나가지만 경적 소리만 제외하면, 진동과 소음이 심하지 않아 잠을 청하기에는 큰 무리가 없어 보였다.

우연히 다시 만난 윌리암 박 선생은 벌써 도착하여 아내와 차를 마시며 한가로운 시간을 즐기고 있었다. 그와 계속되는 만남으로 '인연이 참으로 깊구나!' 하며 혼자 잠시 생각에 잠기다 반가운 미소를 지으며 그들에게 인사를 건넸다.

알베르게 내부로 들어서자, 오늘은 투숙한 순례자가 몇 안 되어 보인다. 파리에서 중국어를 가르친다는 대만 아가씨, 박 선생 부부 그리고 나를 포함해서 고작 네 명이 수십 명은 잘 수 있을 것 같은 이 방을 다 차지하고 앉았다.

숙소를 들어설 땐 쾌청하기만 하던 날씨가, 샤워를 마치고 나오자 언제 그랬냐는 듯 빗줄기를 뿌리고 있었다. 샤워하기 전 세탁을 해서 철조망에 널어놓았었는데 고맙게도 박 선생이 걷어서 실내 건조대에 옮겨 주었으니 그분의 봉사하는 마음은 참으로 끝이 없구나 하는 생각이 들기도 하였다. 변덕스러운 전형적인 스페인 날씨를 다시 확인하는 순간이다.

윌리암 박 선생 부부와 대만 아가씨는 언제 들어왔는지, 숙소 안 각자의 침대에 걸터앉아 연신 웃으면서 대화를 나눈다.

순례길 중 변두리 외곽지역을 만나면 레스토랑을 찾기란 쉽지 않을뿐더러, 설사 찾았다 해도 수시로 닫아버려 배를 곯아야 하는 경우가 종종 생길 수 있다고 한다. 오늘 묵은 알베르게가 바로 이런 곳이었다.

하지만 다행히도 이곳에선 자체 요리를 통해, 배고픈 순례자들에게 저녁을 서비스한다고 하니, 이 얼마나 좋은 일인가! 식사는 예약제로 10유로였다. 먹을 음식과 잘 수 있는 공간만 제공받을 수 있다면, 그보다 더한 금액도 지불할 수 있으리라.

네 명이 마주한 오붓한 저녁 식사 만찬이 시작되고, 무뚝뚝한 주인의 모습과는 달리 정갈하고 맛깔스러운 그의 요리 솜씨에 감탄의 목소리를 낼 수밖에 없었다. 윌리암 박 선생이 주인을 불러 함께 자리하자고 권했지만 그는 끝끝내 사양하며, 맛있게 먹으라면 추가 요리까지 선보인다.

'순례길이 오늘만 같아라!'

나의 과한 욕심인 줄은 알지만, 그렇게 외치고 싶었다.

어둠이 세상을 덮은 지금, 시간 가는 줄도 모르고 즐겁게 대화를 하며 내일을 위한 마지막 와인 잔을 부딪치며 건배를 들고 있었다.

안식의 길

Routes of Santiago de Compostela in France + 20days

Fromista to Carrion de los Condes 19.5km / 380.5km

	7.5km		6.0km		6.0km	
Fromista		Revenga de Campos		Villacazzar de Sirga		Carrion de los Condes

부지런히 배낭을 꾸리고, 아침도 거른 채, 7시경 숙소를 나왔다.

아직 어둠이 조금 남은 데다 아무도 보이지 않는 한적한 시골의 철로 옆길을 따라 걷자니, 등 뒤에서 들려오는 작은 소리에도 나의 두 귀가 민감하게 반응한다. 삼십 여분을 그렇게 걷노라니, 도심으로 향하는 길로 접어 들어섰다.

오늘 아침, 월리암 박 선생 부부가 떠나는 걸 확인한 후 곧바로 뒤따라 나섰지만, 그들의 모습을 어디에서도 찾아볼 수가 없음이 아쉬울 따름이다.

도심의 이른 아침거리라고 하기에는 너무 한가해 보인다. 마치, 잠을 자고 일어나니, 세상의 모든 사람들이 사라져 버린 것 같은 느낌이랄까? 길 건너를 바라보니, 마침 일찍 문을 연 Bar가 있어 빵과 주스를 주문하여 간단히 요기하고 다시 발걸음을 옮겼다.

한적한 도시 풍경은 계속되어 이어진다. 이따금 순례자들이 눈에 띄긴 하지만, 이 한적함을 깨버리기에는 한없이 부족하다.

'어쩌면, 이 한적함을 벗삼아 묵주기도를 하기에, 이보다 더 좋을 수 있을까'라는 생각이 들어, 이내 행동으로 옮겼다.

성당에서 하는 기도와는 달리, 순례길에서 걸으며 하는 기도는 나에게 또 다른 의미를 부여하는 것 같다. 그것은 이 길을 걸어본 자만이 알 것이요, 곧 그들만의 특권인 셈이다. 지금의 나처럼 말이다. 이제는 싫증을 느낄만한 순례길의 끝없이 펼쳐진 초원길일 테지만, 전혀 그렇지 않다.

까리온 데 로스 꼰데스(Carrión de los Condes)를 목전에 두고, 5km 남짓한 곳의 마을인 빌라카자르 데 시르가(Villalcázar de Sirga)에 도착했다. 오후 3시를 조금 넘은 시간이라 마음의 여유마저 생긴다. 하지만 마을의 특색 있는 모습을 찾지 못해, 그냥 목적지를 향해 지나치기로 했다.

마을을 조금 벗어나자, 마치 공원처럼 조성해 놓은 듯한 마을의 공동묘지가 시야에 들어왔다. 공동묘지라 하기엔 너무나 예쁘게 꾸며 놓아서 인지 잠시 들러 사진이라도 찍고 싶은 충동이 밀려왔다.

산티아고 까미노의 천사들

한국의 공원묘지와는 판이하게 다른, 젊은 연인들이라면 갑갑한 도시의 번화가를 피해, 이곳에서 데이트를 즐겨도 될 만큼 아늑하고, 정겨운 정원을 거니는 낭만을 만끽할 수 있음직했다.

마을 공원묘지를 지나 한 시간여를 걷다 보니, 어느새 마을 어귀의 안내표지판이 눈앞에 나타났다.

'Carrión de los Condes'라고 표기된 걸 보니, 오늘 이곳이 내가 머무를 장소임이 분명하다. 기념으로 셀카를 한 장 찍고, 마을 깊숙이 들어가 보기로 했다. 숙박할 알베르게를 찾기 위해서다.

먼저 눈에 들어온 것은 성당이다.

'성당이군! 그럼 그 주변에 알베르게가 있겠군.' 확신에 찬 혼잣말로 성당 곁으로 다가갔다.

'응? 알베르게 건물이 보이지 않네?' 조금의 난감함이 역력한 자신을 발견한다. '조금 전의 확신 때문이었을까?'

성당 앞에 우두커니 서서 당황함을 감출세라, 물병을 꺼내어 물을 마시려니, 이전 마을에서부터 줄곧 내 뒤에서 멀찍이 걷던 외국인 순례자 한명이 내 옆을 지나 앞서더니, "올라" 하며 인사하고 지나간다. 그리고 잠시 후, 주변을 두리번거리던가 싶더니, 이내 성당 옆 알베르게안으로 들어 가버리는 게 아닌가! 의구심을 품은 채, 안으로 들어섰다.

수녀님 한 분이 경내 한편의 테이블에 앉아 있고, 그 앞으로 조금 전 나에게 인사를 건네며 지나갔던 순례자가 자신의 접수 차례를 기다리듯 서 있었다. 경험 많은 순례자처럼 대기 줄에 합류하여 내 차례가 되기를 기다렸다.

그런데 웬 남성과 수녀가 언쟁을 하는 듯했다. (사실 난 그분들의 대화 억양이 구분이 잘 되지 않는다) 5분여 지났을까?

한 여성이 곧장 수녀에게 다가가 방의 여부를 묻는 듯하다. 잠시 두 사람이 얘기를 나누는가 싶더니, 돌아서 나를 보고는 말을 건넨다.

"안녕하세요! 한국인이시죠?" 당찬 그녀의 말투에 기마저 눌렸다.

"여기 방이 없대요. 다른 곳을 소개할 테니 따라오라고 하시네요."

"아~ 그랬군요. 전 그것도 모르고…" 혼자 무안함을 달래듯 그렇게 웃어보는 나다.

그렇게 나와 한국인 여성순례자 그리고 몇 안 되는 외국인 순례자들과 수녀님을 따라 간 곳은 성당 바로 옆에 자리 잡은 알베르게였다. 순례길 오월의 숙박 사정이 이러한데, 성수기가 시작되는 유월에서 절정을 이루는 7~9월은 어떨까? 정말 상상이 가지 않는다.

접수를 기다리는 동안 시원한 음료수까지 서비스하는 모습을 보고, 첫인상부터 마음에 들어서일까? 왠지 이곳에서 좋은 일이 일어날 것만 같은 일말의 기대를 가져본다.

나는 2층 방에 배정을 받고 신이라도 난 듯, 콧노래를 부르며 배낭을 풀어헤친 뒤 곧장 샤워장으로 향했다. 밖은 아직 따스한 햇살로 가득했고, 넓은 마당은 흡사 작은 축구장을 상기할 만큼 크고, 잘 가꾸어져 있었다. 그 마당을 걷노라니, 수녀 두 분이 다가와 말을 걸어온다.

"한국인이세요?"

선명하고 아주 또렷한 한국말이다.

"예? 아~ 예, 한국인입니다."

"안녕하세요!"

정말 반가운 듯, 미소를 지으며 환영해 맞아주는 그녀들이다.

짐작건대, 이미 이곳을 거쳐 간 수백 수천의 한국인 순례자들이 여기에 머물며, 그들에게 아주 좋은 인상을 남겼으리라…. 또한 짧은 일정으로 나와 같은 날 출발한 다른 구간에서 순례길을 시작하며 먼저 다녀갔을 "청담동 성당" 팀이 그랬을 것이라고 생각이 들었다.

배낭을 풀고, 샤워 후 침대를 떠나갈 때까지도 보지 못한, 세계 6대주 표시가 방마다 되어 있는 게 아닌가! 아프리카(Africa), 내 방의 이름이다. 이전의 알베르게와 비교해 이곳은 단층침대가 놓여있다는 것이 만족스럽다.

위층 순례자를 신경 쓸 필요도, 아래층만을 고집하는 자신이 무심결에 자리에서 일어나 머리를 부딪치는 어처구니없는 상황도 연출되지 않으니 말이다.

침대 두어 칸 너머로 한국인 순례자들의 모습도 보이고, 캐나다의 토론토 성당에서 왔다는 루피나 자매까지 여러 명의 한국 순례자들이 이곳에 머무르는 듯하다.

숙박비로 지불된 5유로는 성당의 운영비로 사용되는 모양인데, 한 해 동안 이곳을 다녀간 수많은 순례자들을 어떻게 감당해 내는지 의문이 드는 동시에 감사한 마음을 감출 수 없었다.

내일 아침까지도 잘 수 있을 것만 같았던 낮잠은 생각보다 길게 가지 않았다. 배고픔을 느꼈기 때문이다. 나는 같은 방 한국인 순례자에게 물어, 알베르게 부근의 마트로 향했다. 내일을 대비한 비상용 음식을 구입하기 위해서다.

마트에서 쇼핑을 끝내고 숙소로 돌아와서 바로 성당의 저녁 7시 미사에 참석하기 위해 서둘러 발걸음을 옮겼다. 이미 그곳엔 나보다 먼저와 자리 잡고 있는, 루피나 자매와 일전에 박 선생 부부와 잠시 동행하며 걸었던 한국 순례자 아가씨도 나란히 있었다.

"땡~땡~땡!"

저녁 7시를 알리는 성당의 종소리가 온 경내에 울려 퍼지는가 싶더니, 이내 파도를 타듯 어둑히 어둠이 내리깔린 마을을 엄습하자 경건함마저 더해지는 것 같다.

그런데 종이 울리자마자 갑자기 나의 배 속에서 요란하게 울려 퍼지는 오장육부의 통곡 소리가 난다. 견딜 수 없는 아픔도 문제였지만, 옆 사람이 그 소리라도 들을까 봐 도저히 자리를 지키고 앉아 있을 수가 없었다. 난 그렇게 모든 이들을 뒤로하고, 종소리의 시작과 함께 경내에서 도망치듯 나와 버렸다.

성당 내에서 화장실을 찾을 길 없어, 숙소에 와서야 큰일을 치를 수 있었다. 참으로 아쉬웠다. 그리고 또다시 찾아온 주체할 수 없는 허기짐.

마트를 다녀오면서 봐둔 숙소 부근 레스토랑으로 곧장 달려갔다. 하지만 저녁 8시 이전에는 문을 열지 않겠다는 주인의 수기로 작성된 안내 문구가 한쪽 문짝에 붙어 있었다. 발걸음을 돌려야만 했다. 결국 찾아간 곳은 주로 현지인들이 많이 드나드는 듯한, 조금은 허름해 보이는 작은 식당이 보여 발걸음을 옮겼다.

순례자 메뉴는 보이지 않아, 간단히 생선요리 하나를 시켜먹고는 이내 숙소로 돌아와 자리에 누웠다.

아직 저녁 9시를 조금 넘은 시간이라 잠을 청하기에 이른 감이 있지만, 가끔 취하는 긴 숙면은 체력을 회복하는 데 많은 도움이 되기에, 묵상기도를 하며 서서히 두 눈을 감은 채 좋은 꿈이라도 꾸듯 그렇게 잠들어갔다.

후회의 길

DAY+25 2018년 5월 31일(목) 맑음

Routes of Santiago de Compostela in France + 21days

Carrion de los Condes to Terradillos de los Templarrios 27.0㎞ / 407.5㎞

17.5km	6.0km	3.5km
Carrion de los Condes	Calzadilla de la Cueza	Ledigos	Terradillos de los Templarrios

떼라딜로스 데 로스 템플라리오스(Terradillos de los Templarrios). 마을인지, 도시인지 이름 한 번 거창하다. 한 줄을 가득 채우니 말이다. 어제 마트에서 비상용으로 사뒀던 빵과 과일 등으로 아침 식사를 하고 7시경 숙소를 나와 걷기 시작했다.

예상치 못한 아스팔트 길을 만나서 놀랐다기보다는, 지평선 너머로 그 끝을 알 수 없는 거리에 놀랐다. 이 길이 끝나면, 다시 시작될 자갈길을 생각하니 벌써부터 두 발바닥에 경련이라도 일어난 듯 떨림을 느낄 수 있다.

어제 잠시 인사를 주고받았던, 한국인 순례자들로부터 전해 듣긴 했으나, 실제 두 눈으로 확인하고 나니 혀를 내두를 정도다.

그곳에 어떤 고난과 역경이 존재하던, 비와 바람이 몰아치던, 설사 잠을 청할 수 있는 빈방 하나 없을지언정, 목적지를 향해 걸어가야 하는 순례자, 자연의 섭리에 따르고 순응하며 이 또한 즐거움으로 다스려야 할 나는 진정한 순례자이고 싶다.

오늘 걷는 이 길에서는 그동안 내가 살아오면서 인연을 맺었던 수많은 나의 은인들에 대한 묵상 시간을 가져보려 한다.

그러다 보면, 이 딱딱한 아스팔트 길도, 거친 자갈길도, 예전에 나의 은인이었던 사람들에게, 지금은 기억에서 희미하게 지워져 버린 그들에 대한 고마움과 자신을 반성하는 길이 되지 않겠나 싶어서였다.

생각건대, 그동안 내가 이룬 모든 것들이 오로지 나의 능력으로만 일군 결과라고만 생각했었다. 하지만 돌이켜보면, 그런 나의 뒤에는 언제나 은인들의 도움이 있었음을 알 수 있었다.

작던, 크던 그 힘을 빌려준 그들에게 난 "나의 은인들"이라고 칭하고 싶다. 그리고 지금에서야 그들을 위해 기도함에 미안할 따름이다.

현재의 나를 있게 해준 "나의 은인들"의 이름을 하나, 하나 기억 속에 떠올리며. 그중에서 해방 직후, 그 위험천만한 곳을 무릅쓰고 나를 업고 3.8선을 넘어 이남으로 피난 나오게 하신 진외할아버지와 모진 피난살이를 하며 나를 훌륭하게 키워주신 어머니가 없었더라면 지금의 내 모습은 어땠을까? 아니 존재했을까?

6살 때부터 한문을 가르쳐 주셨던 황 선생님, 피난살이 할 때 도와주셨던 이웃분들, 인생에 전환점이 된 교육대학에 가도록 주선해 주신 석 선생님, 학비 마련을 위해 애썼던 동생과 이북에서 피난 나오신 두 분 외삼촌 내외, 교직 생활과 사업을 할 때 도와 주신 분들, 우리 가족을 신앙생활 할 수 있도록 인도해 주신 루시아 자매님, 50년 가까이 헌신적으로 3남매를 길러주고 남편의 뒷바라지를 해준 아내 데레사까지….

이루 헤아릴 수 없는 많은 분이 있다는 것을 다시금 깨닫게 되었다.

그리고 이 길을 걸을 수 있도록 헌신적으로 도와주신 많은 분….

그분들의 이름을 천천히 마음속으로 불러보며, 묵주기도를 드렸다.

'하느님께… 그들에게 부디 축복과 영원한 안식과 은총을 베풀어 주시옵소서'라며….

그렇게 기도를 하며 두어 시간을 걸은 듯하다. 예상대로 발바닥이 저리고, 뜨거울 만치 열기가 신발을 달구는 듯하다.

저만치, 희미하게 보이는 하얀색 벤치를 발견하고는 속도를 내어본다. 서너 명은 앉을 수 있는 길다란 벤치였기에, 신발과 양말은 벗어 햇볕에 잠시 맡겨두고, 배낭을 한쪽 귀퉁이에 놓아 베개 삼아 깔고 누웠다.

'이런 게 행복이 아니겠는가?'

나른해진 기운에 스르륵 잠이 들까 말까 하는 찰나, 어디선가 들리는 어느 순례자의 발걸음 소리에 눈을 뜨고, 몸을 일으켜 세웠다.

"안녕하세요~" 먼저 인사를 건네어 본다.

내가 한국인임을 알아차린 듯, 흠칫 놀라는 기색을 보이는가 싶더니, 이내 반가운 듯 답하는 노부부 순례자다. 그들 노부부를 바라보노라니, 60대 초중반쯤 되어 보이는 젊은 순례자다. 물론 나를 기준으로 말이다.

서울의 불광동 성당에서 오신 바실리오 형제와 에밀리에 자매라고 소개한다. 그들 부부는 그들보다 한참은 나이 많아 보이는 내가, 홀로 이 길을 걷고 있음에 다소 놀라는 기색이 역력해 보였음이니라.

'우연이라면 우연일까?'

내가 다니는 청담동 성당의 김민수 이냐시오 신부님이 얼마 전 불광동 성당에서 전근 오신 분이기에, 인기가 많고 성악을 하셨는지 목소리도 좋으며 훌륭하신 신부님이라는 등 그들 부부와 나의 대화는 서로가 통하는 화제 하나로 쉽게 친해질 수 있었다.

"아니, 그 연세에 어떻게 혼자 순례를 하실 생각을 하셨나요?"

여전히 놀라움을 금치 못하는 듯 그의 질문을, 나는 예상이라도 했다는 듯 차분히 그의 물음에 답했다.

"순례길을 걷는데 나이가 무슨 상관이겠습니까!"

'좋은 인연을 만난 탓일까?'

순례길을 걷는 즐거움과 여유로움이, 한층 배가 되어 발걸음마저 가벼워 춤이라도 추며 걷고 싶을 정도다.

에밀리에 자매는 다리가 불편한지 걸음이 조금 느린 편 같았다. 그 옆을 바실리오 형제가 묵묵히 곁을 지키며 걷는데, 그 모습이 어찌나 부럽던지. 교우이기에 서로 믿고, 무슨 대화를 하든 서먹서먹하지 않아, 자연스러운 관계를 이어갈 수 있어 고된 순례길이 전혀 그렇지 않게 느껴졌다.

그런 까닭에 모르고 그냥 지나칠 수 있었던 마을 곳곳의 유용한 정보도 알려 주고, 서로 사진도 찍어주며, 함께 걸으니 행여나 길 잃을까 봐 신경 안 써도 된다는 것이 그렇게 마음 편하고 좋을 수가 없었다.

지나는 길목의 카페에서 잠시 쉬어가기로 하며, 같이 시원한 맥주도 한 잔씩 하다 보니, 아침 길을 나서며 두려워했던 아스팔트와 자갈길의 악몽이 싹 사라지는 기분이다.

대화를 나누다 보니, 이들 부부는 산티아고 데 콤포스텔라에 도착후, 또 다른 순례길 구간을 걸을 예정이라고 한다. 이바실리오 형제는 영어구사도 하는 것으로 봐서, 나와는 달리 언어 때문에 불편하거나 어려움이 별로 없을 듯하다. 내 입장에선 부러울 뿐이다.

그들과 함께 걷고, 힘들면 쉬어가고 하다 보니, 어느새 27km의 대장정을 끝내고, 드디어 목적지 테라딜로스 데 로스 템플라리오스에 도착한 시간이 오후 3시를 막 지나고 있었다.

각자의 개인 정비를 끝내고, 저녁 식사 때부터 시작하여 잠자리에 들기까지 시간 가는 줄도 모른 채 우리는 이야기꽃을 피워갔다.

와인으로 몸에 열기마저 치솟자, 그동안 단 한 번도 남 앞에 꺼내지 않은, 나의 지난 아픈 상처까지 꺼내놓는 자신을 발견한다.

'사람의 관계에서 스스럼이 없다는 게 이런 것일까?'

'난, 오늘 저들을 처음 만난 것이 아닌가?'

'무엇이 그토록, 그들 앞에 나의 상처를 말하게 하였는가?'

나의 인생에 정리되지 않은 많은 생각 중, 몇 가지만을 말했을 뿐인데, 가슴 한편이 뻥 뚫린 듯, 시원하면서도 미묘한 서러움이 북받쳐옴을 보이고 싶지 않아 애써 참아본다.

그리고 더 많은 삶의 길과 그 길 속에 숨겨진 하느님의 뜻을 찾아 이 길에 섰노라고, 마지막 나의 말을 장식했다.

나의 얘기를 조용히 그리고 진지한 눈빛을 보이며 경청하던 그들 부부는 연신 고개를 끄떡이며 내 손을 꼭 부여잡는다.

"누구나 겪지 말아야 할 고통을 겪고, 이겨내시느라 얼마나 마음 아파하셨을지 모르겠습니다."

바실리오 형제는 끝내 말을 잊지 못하고, 연신 나에게 위로의 말을 해준다. 그 옆을 지키던 에밀리에 자매는 아무 말 없이 동정 어린 눈으로 보는 듯했다. 참으로 고마웠다.

나의 측근들에게도 하지 않았던 세세한 얘기를 하니 어느 순간, 그 동안 맺혔던 마음의 응어리가 다 풀어지는 듯했다.

순간, '아~ 내가 이분들한테 괜한 소리로 마음만 착잡하게 한 게 아 닌가?' 하는 의구심에 대답 대신 와인 한 잔을 들이켜고선, 조용히 잔을 내려놓으며, 아까와는 사뭇 다른 어조로 말을 꺼내어 본다.

"죄송합니다. 제가 그런 얘기를 왜 했는지 모르겠네요."

"그냥 지나가는 노인네의 하소연이라고 생각해 주세요."

애써 웃으며, 분위기를 전환해 보려 시도해 보지만, 이미 때를 놓친 듯하다. 이미 쏟아버린 물이기에, 후회해도 되돌릴 수 없지 않은가.

바실리오 형제가 말을 잇는다.

"오늘 밤은 형제님을 위해 제 아내와 함께 기도를 드리고 싶네요."

"감사합니다.

그에게 잡힌 나의 한쪽 손에. 나의 다른 한 손을 포개어 힘 있게 그리고 따뜻하게 잡아주었다.

사색의 길

DAY+26 2018년 6월 1일(금) 맑음

Routes of Santiago de Compostela in France + 22days

Terradillos de los Templarrios to Bercianos del Real Camino 24.0㎞ / 431.5㎞

	6.0km		7.5km		10.5km	
Terradillos de los Templarrios		San Nicolas del real Camino		Sahagun		Bercianos del Real Camino

'어젯밤의 대화 때문이었을까?'

숙소를 나와 모라티노스(Moratinos)까지 그들 부부와 함께 걷고는 있지만, 그러는 가운데 조금은 서로 어색한 기운마저 감돈다.

오늘도 끝없이 길게 늘어선 아스팔트의 직선 길을 많이 걸었다. 마치 하얀 백지 도화지 위에 연필로 한 줄 그은 듯한 그런 길이다.

그들 부부와의 대화가 잠시 머물 때는, 조용히 성령께 기도를 올리며, 오늘 순례길을 동행하는 이들과 그렇지 않은 모든 순례자들의 무사 안녕을 빌어 본다.

"조금만 더 가면 카페가 나오는데 목이라도 축이고 가시죠?"

"마침, 갈증을 느끼던 참에 잘됐네요."

이바실리오 형제가 적극적인 반응을 보이며 답했다.

"저도, 따뜻한 커피 한잔 생각나던 참이었어요." 아침에 서둘러 길을 나서는 바람에 커피 한 잔 마시지 못한 게 못내 아쉬웠었는데…

세 시간 남짓 걸었을까 싶다. 사실, 여기 사하군(Sahagun)까지 10km를 넘게 걸어오는 동안 문을 연 카페가 없어 애가 탔던 우리들이었다.

나와 이 바실리오 형제는 맥주를 그리고 에밀리에 자매는 카페콘레체를 주문했다. 그리고 원탁으로 된 테이블에 둘러앉아, 지친 두 다리를 가볍게 마사지하며, 꿀맛 같은 휴식 시간을 가졌다.

오래간만에 가져보는 휴식이라 그런지 이 바실리오 형제 부부가 둘만의 대화를 이어가는 동안, 나는 잠시 나만의 사색에 잠겨보는 시간을 가졌다.

그동안 은인들을 많이 보내 주시어 이곳까지 무사히 올 수 있었는데, 지금은 이 바실리오 형제 부부와 함께, 순례길 동행을 하며 나의 부족함을 채워주고, 위로하고, 의지하며 걷고 있지 않은가.

이 모든 인연의 연결고리와 나에게 일어난 모든 일이 순조롭게 해결될 수 있었던 것은, 보잘것없는 나의 능력이 아님에, 분명 성령께서 함께하시고, 손을 내밀어 주셨기에 가능했다고 그렇게 믿고 있다.

순례길에 대한 묵상을 통해 이 길의 의미를 다시 되새겨 본다.

첫 번째, 순례길은 '생각의 길'이다.

나는 이 길을 걷기에 부족한 건강, 나이, 언어 그리고 사랑하는 가족들의 강한 반대로 많은 갈등을 겪는 동안, 주님께서는 왜 이곳까지 올 수 있도록 해주셨을까? 지금까지 내 인생의 여정에서 가져보지 못한 진실된 생각을 할 수 있도록 나를 인도하고, 기회를 주신 건 아닐까 하는 생각이 들어서다.

　두 번째, 순례길은 '고통의 길'이다.
　나에게 순례길은 조금은 무모한 도전임이 분명하다. 강한 의지력이 없었더라면 걸을 수 없는 거리이기 때문이다. 그뿐이랴 의사소통도 제대로 되지 않아 걷는 것도, 먹는 것도, 하물며 잠자리마저 구하기 힘들어 매번 고심할 수밖에 없었다. 그런즉, 생각하기에 따라서는 모든 것이 고통의 연속인 것이다. 한국을 떠나 이곳에 오기 전 순례길을 통해 순례자로서 고통을 감내하고, 이해하고, 극기를 통해, 순례길 이후, 내 남은 삶에 다가올 또 다른 고통을 인내하며 살겠노라 생각을 했기에, 스스로 찾은 고통이 아니겠는가?

　세 번째, 순례길은 '용서의 길'이다.
　그동안 살아오면서 수없이 거쳐 간 사람들과의 관계 속에서 얼마나 크고 작은 오해와 갈등이 있었던가? 그러나 이젠 모든 것을 관용으로 이해하고 용서하려는 마음이 생겼다. 끝도 없이 펼쳐지는 저 넓고, 푸른 대초원을 보고 거닐면서 가슴 한구석에 품었던 응어리들을 저 멀리 날려 버리고 머릿속을 깨끗이 비우는 게 용서가 아닐까?

　네 번째, 순례길은 '치유의 길'이다.
　이 길을 걷노라면, 육체적, 정신적인 치유가 되는 길이다.
　수십 날을 매일 아침 습관처럼 일어나 숲과 산을 걸으며, 도시 생활에서의 가져보지 못한 맑은 공기를 마시고, 먼지 하나 없는 시원한 바람을 맞으며, 맑게 흐르는 냇물 소리를 들으니, 건강을 되찾고, 넘치는 에너지 속에서 생각과 마음마저 깨끗이 정화되어 마음의 안정과 평정을 이룰 수 있었기 때문이다.

다섯 번째, 순례길은 '고독의 길'이다.

순례길은 고독한 길이다. 혼자 걷든, 아니면 누군가와 동행하더라도, 그 목적지를 향해 끊임없이 걷고, 또 걷기를 반복해야 닿을 수 있는 이 길 위에서 누군가 자신을 대신하여 두 다리가 되어줄 수가 없는 이 길이다.

고독은 혼자라서 아니라, 모든 판단을 스스로 결정하고, 그 결정에 따라 움직이며, 어떠한 결과에 대해서도 스스로에게 책임을 물어야 한다는 것, 또한 고독이 아닐까라는 생각이 들어서다.

여섯 번째, 순례길은 '겸손의 길'이다.

드넓은 초원길을 걸어가는 한 명의 순례자. 대 자연 속에 "나"라는 존재는 얼마나 작은가? "나"라는 존재의 여부조차 인지되고 있을까? 라는 생각을 해보면, 자연히 겸손해질 수밖에 없다.

나는 이따금 개미떼들이 이동하는 모습을 물끄러미 바라보곤 했었다. 무엇이 그들을 저렇게 분주하게 움직이게 하는지?

만약 하느님께서 우리를 내려 굽어보신다면, 마치 내가 개미떼를 보듯 무엇을 위해 그리도 분주히 오가는지 하지 않을까?

일곱 번째, 순례길은 '두려움의 길'이다.

수많은 순례자들이 이 길을 걷지만, 때론 이 길에 "혼자인가"라는 생각이 들 정도로 인적이 없는 길을 걷다 보면, 때로는 두렵고 무섭

기도 하다. 한적한 들의 한복판 숲이 우거진 길을 걸을 때면, 혹시나 산짐승이 달려들지는 않을까 하는 두려움에서다.

여덟 번째, 순례길은 '사랑의 길'이다.

순례길을 걸으며, 나를 스쳐 지나간 많은 이들로부터 도움의 손길을 받고, 또 그러한 손길이 있었기에 지금의 내가 이렇게 두 발로 걷고 있지 않은가. 받기만 했던 사랑이었기에, 이제는 나도 베풀 기회를 스스로에게 가져보려 한다.

아홉 번째, 순례길은 '환희의 길'이다.

험난한 순례길을 걸으며, 무사히 원하는 목적지에 도착했을 때, 아이도, 어른도, 여자도, 남자도, 젊거나, 늙었거나, 피부색이 서로 다른 사람들도, 하루만 걷든, 수십 날을 걷든, 우리는 다 같은 평등한 순례자이기에 안도와 환희의 기쁨으로 세상을 다 가진 듯 행복한 미소를 지어내고, 서로를 껴안고 격려해 줄 것이기 때문이다.

마지막으로, 순례길은 영광의 길이다.

예수님께서 고통을 겪으시고, 십자가에 못 박혀, 돌아가시고 다시 사흘날에 영광스럽게 부활하시듯, 나 또한 지금의 고통 후에 그렇게 염원하던 산티아고에 입성하여 영광스럽게 맞이할 것이기 때문이다.

행복의 길

Routes of Santiago de Compostela in France + 23days

Bercianos del Real Camino to Mansilla de las Mulas 26.5㎞ / 458.0㎞

7.5km	13.0km	6.0km
Bercianos del Real Camino	El Burgo Ranero	Reliegos Mansilla de las Mulas

오늘은 만실리아 데 라스 무라스(Mansilla de las Mulas)를 목표로 이바실리오 형제 부부와 함께 힘찬 발걸음을 내디뎠다.

시계를 보니 7시 30분경을 막 지나고 있었다. 평소보다 다소 늦은 시간이지만, '조금 늦게 도착하면 어떠하리…'라는 생각으로 걷기 시작한다.

벌써, 이들 부부와 3일째 동행인 셈이다.

늘 곁에서 "형제님"이라고 부르며 사소한 하나까지도 챙겨주는 마음이 너무나 고마워 늘 감사의 기도를 드리곤 한다.

두 시간 남짓 걸으며, 처음으로 만나는 카페에서 휴식 겸 따뜻한 커피 한 잔을 마시는 여유를 다 같이 가져보기로 했다.

카페 옆으로 지역을 알리는 듯한, 안내 표지판이 살며시 고개를 비춘다. 엘 부르고 라네로(El Burgo Ranero)다.

"형제님, 잠깐 걸은 것 같은데 벌써 10km나 걸었네요?"

거리계산을 잠시 하던 이바실리오 형제가 흠칫 놀라며 던진 말이다.

"이야~ 그러게요? 걸은 거리에 비해 별로 힘든지도 모르겠고요!"

그랬다. 전혀 지치고 힘든 기색조차 없는 나다. 평소 혼자 걸을 땐, 이 정도 거리면 이미 온몸이 땀으로 범벅이거나 지쳐서 금방이라도 숨이 넘어갈 듯 헐떡이었을 나지만, 오늘은 전혀 그렇지 않다.

오늘의 목적지인 만실라 데 라스 무라스에 도착하기 직전의 마을인 레리에고스(Reliegos)를 지나간다.

순간, 에밀리에 자매가 놀란 어투로, 우리 쪽으로 고개를 돌리더니, 와서 보라는 시늉을 해 보인다.

"뭔데? 여보?" 이 바실리오 형제도 아내의 그런 행동이 궁금한 듯 재차 물어보지만, 에밀리에는 대답 대신 오라는 손짓만 할 뿐이다.

산티아고 까미노의 천사들

"같이 가보시죠, 뭐 재미난 거라도 보신 모양이죠."

사실, 더 궁금했던 건 나였다. 목적지까지는 한두 시간만 더 걸으면 닿을 것 같아, 잠시 휴식을 취하는 것도, 나쁘지 않다는 생각을 해서다.

에밀리에게 다가가 그녀가 손가락으로 가리키는 방향에 쓰인 간판 문구를 본 우리는 그만 폭소를 터트리고 말았다.

"한국어 메뉴 있어요! 얼큰한 신라면 먹구 가 잉!"

"주인아줌마 엄청 친절함! 신라면 3.50유로, 햇반 4.00유로, 젓가락도 있어요!"

선명한 한글로 재미나게 쓰인 문구였다. 만약, 당신이 한국인 순례자라면, 그리고 지금 저 앞을 걸으며 지나간다면, 배꼽이 빠져라 웃고 있을 자신을 발견할 거라 기대 의심치 않는다.

사실, 이 글로 전하는 느낌보다, 실제로 저 글귀와 마주한다면 더 실감이 났으리라 본인은 장담한다.

한참을 그 가게 앞에 서서 웃고, 또 웃었나 싶다. 그러다 결국, 우리는 마치 마법에라도 걸린 듯, 무심결에 발걸음이 안으로 향하는가 싶더니, 문 안으로 들어서자마자 걸음을 딱 멈춰 설 수밖에 없었다.

가게 안은 벌써, 먼저 찾아온 순례자들로 발 디딜 틈조차 없었고, 대부분의 순례자가 한국인이었다는 사실에 또 한 번 웃는 우리다.

주인장의 아이디어인지, 지나가는 한국인 순례자들의 조언으로 탄생한 글귀인지는 모르겠으나, 지치고, 바쁜 순례자의 발걸음을 마법처럼 멈추게 하는 저 글 두 줄의 힘이 얼마나 대단한지 새삼 깨닫는 순간이다.

나도 슬슬 가게 안을 살피며, 또 살 게 없나 기웃거리는데, 우연처럼, 오리 손에서 만났던 문 프란치스코 형제 부부와 딱 마주쳤다.

"아니, 이게 누구십니까? 문 프란치스코 형제님, 그리고 아내분이 아니십니까?"

기쁨을 감출 새라 그와 가볍게 포옹한 뒤, 그 옆을 지키는 그의 아내에게도 고개 숙여 목례로 반가움을 전했다.

"이런 곳에서 다시 뵙다니? 그 참 우리가 보통 인연은 아닌가 봐요?"

장난 가득한 진담을 던지며, 호탕하게 웃어버리는 문 프란치스코 형제다. 근데 뭐가 그리도 바쁜지, 내가 사양할 틈도 없이 빵과 마실 커피를 사주고는 인사와 함께 발걸음을 돌리는 그들이다.

'그들에게 또 이렇게 신세를 지고 마는구나!'

우린 다시 지평선 넘어 일직선으로 끝없이 뻗은 아스팔트 길을 걸어간다.

산티아고 까미노의 천사들

설렘의 길

DAY+28 2018년 6월 3일(일) 맑음

Routes of Santiago de Compostela in France + 24days

Mansilla de las Mulas to Leon 18.0km / 476.0km

드디어, 오늘 레온(Leon)에 입성하는 날이다. 다시 말해, 순례길의 절반을 걸었다는 의미이기도 하다.

첫발을 내딛던 생장에서 내가 정말 이 길을 다 걸을 수 있을까? 하는 의구심과 조바심으로 재촉했던 걸음이건만,

'내가 벌써 절반을 걸었다니?'

그런 자신이 자랑스럽고, 대견스럽기까지 하다. '자화자찬(自畵自讚)'[16]인 셈이다.

하지만 그런 기쁨도 잠시뿐, 어저께 먼 거리를 걸어서인지 유달리 많이 지치고 걸음이 무거워짐을 피할 수 없었다. 만실라 데 라스 무라스를 떠나 온 지 겨우 한 시간 만의 일이다.

그나마 다행인 건, 오늘 걸어야 할 거리가 어제의 절반 정도밖에 되지 않는다는 사실에, 스스로 위로해 본다.

"보세요! 저기 레온 시가 보이네요."

앞서 걷던, 에밀리에 자매의 외침이었다.

"어~ 정말 그러게요."

힘겨워하며, 고개 숙여 걷는 나에게 용기라도 주듯, 그녀가 바라보는 방향으로 정말 레온 시가 보이는 게 아닌가!

하지만 레온 시의 규모 때문일까? 한눈에 다 들어올 것 같지만, 그것은 사막에서 오아시스를 보는 것 같이 걸어도 도저히 다가갈 수 없는, 우리는 전진을 하고 있건만 점점 멀어져가는 듯했다.

---

16) 자화자찬(自畵自讚) : 자기가 그린 그림을 스스로 칭찬한다는 뜻으로, 자기가 한 일을 자기 스스로 자랑함을 이르는 고사성어

지금 우리가 서 있는 곳이 푸엔테 빌라렌테(Puente Villarente)을 지나 그다음 마을인 아차우에사(Archaueja)의 어느 고지대인 걸로 봐서, 아직 레온까지는 한 시간여를 더 걸어가야 한다는 결론이 나온다. 고원 길을 오르며 낭비한 에너지를 배낭에 준비한 과일들로 보충한 뒤, 가파른 언덕길을 조심스레 내려간다.

그렇게, 한 시간여를 부지런히 더 걸어, 드디어 다가가도 잡히지 않을 것 같은 레온 시에 첫발을 내딛는 순간, 이 바실리오 형제가 갑자기 기쁨의 환호성을 외치며, 나와 그의 아내를 번갈아 쳐다보며,

"형제님! 여보! 우리가 드디어 여기에 도착했네요!"

순례길을 다 끝낸 사람처럼, 기뻐하며 즐거워하는 우리다.

지도에 나온 대로 레온 대성당(León Cathedral)의 부근 알베르게를 찾았으나 이미 만실이었다. 그러고 보니, 오늘이 일요일이다.

꼭 무슨 도시 축제가 없더라도, 주말이나 휴일은 관광객들로 붐비기 마련이기에, 가엾은 순례자에게 내어줄 여분의 침대가 없다는 게 당연지사임을 잠시 잊고 있었다. 더욱이 레온 같은 대도시라면 더 그러하다.

서둘러 바삐 움직였다. 그래도 레온대성당에서 좀 떨어지긴 했으나, 현 교황님의 본명('Francisco Jorge Mario Bergoglio')을 딴 프란치스코 알베르게에서 머물 수 있었다. 이름 때문이었을까?

축복과 영광이 가득할 것 같은 이곳에 머무르게 된 것을 한없이 기뻐하며, 좋아하는 우리 세 사람이다.

한방에 8명 정도가 잘 수 있게 배치되었고, 하얀 침대시트에 감싸인 매트를 보니, 순수함과 깨끗함마저 묻어나는 것 같아 만족했다.

배낭을 살포시 침대 머리맡에 내려놓고, 이내 세면도구를 챙겨 샤워장으로 발걸음을 옮겼다. 먼저 샤워를 끝내고 침대로 돌아오니, 건장한 체격의 외국인 순례자 남자 두 명이 들어오더니, 맘에 드는 자리를 찾는 듯, 주변을 살펴보고 있었다.

순례길을 걸으며 마주한 외국인 순례자 중 단연 압권일 정도로, 큰 키에 우람한 체격을 자랑하듯, 팔을 걷어 올린 근육을 보노라니 위압감마저 들었다. 그런, 그들의 모습에 전혀 주눅이 들지 않는지, 샤워 금방 마치고 들어온 바실리오 형제는 반가운 듯 그들에게 먼저 인사를 건네는 게 아닌가?

외국인 순례자들도 먼저 인사를 건네주는 그가 고마운지 인사를 받아준다. 나중에 바실리오 형제를 통해서 들은 얘기로, 이들은 자전거 순례자라고 한다.

순례길을 순례하는 방법에는 순례자의 자유의지에 따라, 크게 3가지로 나뉘는데, 그 첫 번째가 자전거로 순례하기, 두 번째, 도보로 순례하기, 세 번째가 구보로 순례하기란다.

이 세 가지 방법 중 가장 일반적인 방법이, 현재 나처럼 걸어서 순례하는 도보 순례인 것이다. 물론 상황에 따라서, 자전거든, 도보든, 구보든, 심지어 택시나 버스를 이용하던, 그것은 순례자 자신의 선택이다.

숙소에서 잠시 휴식을 취한 후에 레온 시내 구경이나 할까 싶어 시청 쪽으로 걸어갔다. 여느 도시처럼 복잡하고 시끄러운 번화가가 눈앞에 펼쳐진다.

사실, 우리는 레온에서 관광객들에게 꽤 인기 있다는 '순환관광열차'를 타기 위해 나온 것이다. 어렵사리 현지인에게 묻기를 거듭하여, 시청 앞 탑승 장소에 도착한 우리는 가엾은 순례자의 모습에서 이제 풍요롭고, 여유로운 관광객의 모습으로 탈바꿈하여 자유를 만끽하고 있음이랴.

순환관광열차는 단순히 도심을 달리는 것뿐만 아니라, 중간마다 주요한 지역이나 유적지, 성당을 만나면 잠시 정차하여 사진촬영 시간도 배려해 주고 있었다. 하지만 말을 이해할 수 없으니 옛 건물들의 웅장함과 화려함을 보면서 감탄만 하는 아쉬움이 있을 따름이다.

한 시간여의 관광을 마친 우린, 레온에서 빼놓을 수 없는 유네스코 세계유산에 등재되었다는 레온 대성당으로 부지런히 발걸음을 옮겼다.

역시 유네스코 세계유산이라 그런지 많은 인파들로 줄지어 늘어선 모습이, 대성당 입구부터 한참이다. 세 명이서 각 5유로, 총 15유로를 지불하고 표를 구입했다. 예상보다 저렴한 입장료에 놀랐지만, 굳이 내부를 들여다보지 않아도, 대성당 외부 형체의 특이한 건축양식을 보는 것만으로도 충분히 아름답고, 웅장하고, 하느님의 축복이 가득 차 보였다.

연도를 알 수 없는 듯한, 온갖 조각상이며, 그림이며, 절제된 듯한 실내 장식과 내부로 스며드는 풍부한 자연 채광 그리고 성소 위의

둥근 천장의 장식 등 그냥 입이 벌어지는 순간이다.

대성당의 앞쪽은 대부분 레스토랑이 즐비한 전형적인 관광지의 모습을 떠오르게 하지만, 이곳 레온의 특색을 굳이 말하자면… 뭐랄까? 중세의 모습을 현대의 모습에 살짝 포개어 놓은 듯한 그런 느낌이랄까?

숙소로 돌아오는 길에 무슨 행진을 하는 모습이 보였다. 성모상을 여러 명이 둘러메고 앞, 뒤로 사람들이 뒤를 따르는 광경이었다. 잠시 구경을 하다가 발길을 돌렸다. 내용을 알면 좋으련만.

"형제님, 여기 너무 번잡하니, 괜찮으시면 알베르게에서 제공하는 음식으로 저녁 식사 어떠세요?"

그의 말에 공감하는 나와 그의 아내다.

식사를 밖에서 하고 갈지, 숙소로 돌아가 해결할지, 고심하던 찰나에 그가 먼저 제의를 해주어 감사할 뿐이다.

알베르게에서 제공하는 식사는 메인요리 하나만 해서 7유로를 받았다. 스페인, 아니 유럽식 식사방법에 이제 막 길들여진 이 순례자에게 메인요리 전, 입맛을 살려줄 애피타이저와

식사 후 텁텁해진 입안을 달래줄 후식이 없다니, 그저 아쉬운 마음 뿐이지만 아주 맛있게 잘 먹었다.

맘에 드는 건, 다른 알베르게와 달리 이곳은 무료세탁을 해준다는 것이 큰 매력인 듯싶다. 순례 후, 지치고, 몸 성할 곳 없는, 가엾은 순례자의 옷가지를 무료로 세탁해 준다니, 이 얼마나 고맙고 감사할 일인가?

식사를 마치고 각자의 침대로 돌아와 내일 떠날 준비를 조금 해둔 뒤, "아이고~."라는 소리를 내며 벌렁 누워본다. 오랜만에, 와인 없이 지새보는 레온에서의 밤이다.

"잘 주무시고, 내일 봅시다~"

그들의 인사 소리를 희미하게 귀로 받아들이며, 이내 꿈속으로 빠져들었다.

베풂의 길

Routes of Santiago de Compostela in France + 25days

Leon to San Martin del Camino 26.0㎞ / 502.0㎞

7.5km	14.0km	4.5km
Leon	Virgen del Camino	Villadangos del Paramo	San Martin del Camino

"일어나세요. 형제님~."

누군가 깊이 고이 자는 나의 어깨를 조심스럽게 흔들어 깨운다. 부스스 눈을 떠보니 이 바실리오 형제였다. 아침 일찍부터 일어나 준비한 듯 햇반과 한국에서 가져왔다는 고추장에, 갖은 야채를 볶아 만든 야채볶음까지 정성 가득한 아침 식탁을 마련해 주었다.

순간, 놀라지 않을 수 없었다. 오늘로 25일째를 걷는 순례 길에서, 누군가 손수 아침상을 차려 내놓는 걸 먹어보긴 처음이었다. 아침 일찍부터 나에게 감동을 선사하는 이들은 정녕 '하느님의 게시를 받은 자들'이 아닐까?

순례길에서 모든 일들은 자신이 직접 챙기고, 부담해야 할 몫이라고 생각했건만, 손수 마련해서 줄 생각조차 안 하고 있었던 나였다. 그들이 차린 아침 식사로 거뜬히 배를 채우는 동안, 뒤처리는 내가 하겠노라며 사정했지만, 에밀리에 자매가 극구 말리는 바람에, 설거지조차 도와주지 못해 영 마음이 미안하기만 하다.

지난 며칠 동안을 동고동락하며 지낸 사이라 그런지, 이제는 곧잘 재미난 농도 오가고, 때론 친구처럼, 때론 가족 같은 그런 분위기에 우린 어느새 젖어 있었던 모양이다.

레온은 역시 큰 도시다.

어제는 멀리서 느꼈고, 지금은 가까이에서 느낀다. 시내를 벗어나는 데만 거의 2시간 남짓 지나고 있다. 그나마 이른 아침때라 차도, 사람도 드물어 걷기에는 큰 불편함이 없지만, 인도의 보도블록이나 아스팔트 위를 걷는지라 약간의 고통을 감내하지 않을 수 없었다.

바실리오 형제는 걷는 내내 도로변 상점이 보일 때마다 나의 아픈 배를 위해서 물리치료기구를 사려고 두리번거린다. 벌써 몇 번째인지, 나보다도 더 신경을 쓰는 모습을 보니, 이렇게까지 나를 위해 자상하고, 가족이나 친형처럼 신경을 써주는 진심 어린 배려에, 참으로 감동했고 진심으로 감사했다. 바로 이 순례길에서 조건 없는 사랑을 실천하는 모습 그대로이다. 그러기에 이 길은 사랑의 길이다. 나도 누구를 위해 사랑을 실천해야겠다는 생각이 저절로 나온다.

레온 시내를 거의 다 빠져나왔을 무렵, 비가 내리기 시작한다.

시간이 지날수록 비는 더욱 거세게 순례자들을 괴롭힌다. 이미 진흙탕으로 변해버린 흙길은, 더 이상 흙길이 아니다. 신발에 진흙이

자꾸 달라붙는 통에 그 무게만으로도 마음이 위축된다. 그런 난리 통에도 꿋꿋이 자신의 할 일을 하는 부지런한 순례자가 있으니, 바로 에밀리에 자매다. 한국에서 출국 전 준비했다는 메모지를 보면서, 뭔가를 열심히 확인하는 모습이 마치 미지의 세계를 탐험하는 모험가의 모습을 연상케 할 정도다.

무엇에 저리 열중하나 싶어, 옆에서 같이 걷던 이바실리오 형제에게 물어보니, 그녀가 산티아고 순례길과 관련된 서적을 몇 권 읽고, 순례길에 필요한 유용한 자료를 발췌해서 적은 메모라고 설명했다.

특정 장소에 대한 유적지라던가, 특색 있는 구경거리 등 어느 장소에 무엇이 있고, 찾아봐야 하는지에 대한, 나름 세세한 기록을 한 듯싶다. 순례길 완주에만 오로지 신경을 쓰던 터라, 그런 그녀에 비해 전혀 준비가 안 된 내 모습이 겹치니 부끄럽기만 할 따름이다.

흙길을 거의 벗어나, 다시 아스팔트 도로 위로 접어드니, 이제 곧 오늘의 목적지 산 마틴 델 까미노(San Martin del Camino)가 눈앞에 펼쳐질 거라는 기대감이 잠시 지친 순례자의 마음을 달래어 준다.

도로로 나서자, 거센 빗방울은 비바람까지 몰고 와서는 성난 폭풍우처럼 우리의 몸을 이리저리 흔들고, 또 지나가는 차들의 소음으로 정신이 혼비백산인 모습이다. 그런 도로를 우린 한 시간 가까이 걸은 후에, 그렇게 갈망하던 산 마르틴 델 까미노에 도착했다. 그 시간이 오후 4시를 달린다.

조금 늦은 시간이지만, 할 일은 해야 한다. 더군다나 비를 맞고 걸은 날이면 옷을 말리기도 쉽지 않아, 다음날 젖은 옷과 신발을 그대로 착용하고 걸어야 하는 수고를 마주해야 한다.

최대한 말릴 수 있을 때까지 말려보려고, 배정받은 침대 옆으로 준비한 빨랫줄을 양쪽으로 걸고, 젖은 옷을 최대한 펴 넓게 걸었다.

각자의 개인 정비 후, 저녁을 위해 마트로 셋이 이동했다. 각자의 기호에 맞게 여러 종류의 물품을 구입한 뒤, 계산을 치르는데 같이 하려니까 괜찮다며 극구 사양하는 그들 부부다.

신세를 한번 지니, 계속 신세만 지게 되는 묘한 분위기를 어찌할 바 몰라, 마트에서 돌아오는 길로 부엌으로 가니, 내가 무얼 하려는지 눈치를 챈 에밀리에 자매가 만류한다.

'난 무엇 하나 도움을 줄 수 있는 게 없구나~'
뇌리를 스치고 지나가는 한마디다.

나눔의 길

DAY+30 2018년 6월 5일(화) 비/갬/흐림

Routes of Santiago de Compostela in France + 26days

San Martin del Camino to Astorga 21.5㎞ / 523.5㎞

	7.5km		10.5km		4.0km	
San Martin del Camino		Hospital de Orbigo		San Justo de la Vega		Astorga

아침을 거른 채, 7시 20분경 숙소를 나와 걷기 시작했다.

아스토라가(Astorga)를 가기 전, 처음 만나는 호스피탈 데 오르비고(Hospital de Orbigo)가 가까이 접해 있어, 도착 후 그곳에서 아침 요기를 할 참이었기 때문이다.

어제에 이어 이틀 내 자동차가 "쌩쌩" 달리는 아스팔트 위 자동차 전용도로 옆 길을 걷는다. 나의 추측으로 봐선 자동차길 옆을 이틀 동안 아마 40여 km를 걸어온 듯하다.

빗길을 주행하는 자동차의 소리가 여간 시끄럽기도 했지만, 그보다 그 도로의 옆 길을 걷다 보면 위험천만한 일이 도사리고 있으니, 특별히 안전에도 유의해서 걸어야 하는 부담감 또한 발걸음을 더욱 무겁게 만드는 오늘의 순례길이 아닌가 싶다.

'얼마나 지나왔을까?'

그러한 생각을 잠시 하노라니, 저만치서 희미하게 보이는 노란색 화살표를 발견하고선 안도의 한숨을 쉰다. 도로를 벗어나 이제 다시 평탄한 길을 걸을 수 있다는 행복 하나만으로도 쌓였던 긴장감마저 일순간 사라져 버렸다.

산길로 접어들자, 내리던 비마저 언제 내렸냐는 듯이 그쳤다. 그친 비에 안개마저 사라져 이제 제법 시야가 좋아져 우리의 눈앞에 그 유명한 오르비고 다리(Orbigo Bridge)가 펼쳐지는 순간을 만끽할 수 있었다. 참으로 아름다운 다리이기에 연신 감탄하기에 이른다.

13세기에 만들어졌다는 이 다리는 여러 개의 아치가 있고 '명예의 통행로'라 불린다고 한다. 다리 건너편에 오스피탈 데 오르비고 마을이 소담하게 자리하고 있어, 그곳에서 잠시 지친 몸을 달래며 쉬어가기로 하였다.

"아~ 이곳에 정착해서 살고 싶네요."

멈출 줄 모르는 감동의 눈빛을 발산하며 에밀리에 자매가 던진 말이다. 내가 보아도 마을의 정취며, 주변 풍경이 사람의 마음을 쏙 빼버릴 정도의 아름다운 자태에 매료됨을 어찌할 수 없었다. 그다지 길지 않은 마을 길을 벗어나자, 옥수수며, 마늘, 배추밭인 듯한 농작물이 가득 심어진 넓은 들판과 마주했다.

우리의 시골 모습과 별반 차이는 없어 보이나, 그 넓으며 규모가 비교 불가다. 이따금, 개 짖는 소리도, 닭 울음소리도 들려오는 이 길을 걷는 순례자의 마음이 평온하지 않을 수 있을까? 저만치, 막 일을 끝내고 쉬는 듯한, 농부 아저씨 셋이 커다란 농기계 앞에서 대화하는 모습을 보고 눈인사를 나누어 본다.

비 온 뒤의 청명한 하늘과 시원하게 불어오는 바람을 등지고 걷는 기분이란, 표현할 수 없을 만큼 좋았다. 그런 정취에 빠져 걷노라니, 이제 도로 공사를 하는지 빨간 황톳길이 끝없이 눈앞에 펼쳐진다. 여기는 땅이 넓어서 무엇을 보아도 끝없이 펼쳐지나 보다.

굽어지는 길을 걸을 땐 저 길 앞에 무엇이 있을지 설레어 궁금해했고, 오르막을 오를 땐 힘겨워 숨 고르기에 바빴고, 도로를 지날 땐 안전을 살피느라 긴장을 늦출 수 없었지만, 오늘처럼 그저 길고 먼 거리를 걸으면, 무료한 시간이라도 달래보듯 자연히 무언가를 생각하게 한다.

오늘은 '길'에 관한 생각을 했다.

목적지를 향해 가는 길, 과연 나의 인생의 목적지는 어디인가?를 시작으로, 정면과 측면에서 불어오는 세찬 바람은 나의 인생에 비추어 정면으로 마주하는 시련 그리고 그 고통은 무엇일까?

지금 맞닿은 공사 중 황톳길은 어떤 의미인가? 울퉁불퉁한 자갈길은? 좋은 길이란? 진흙 길이란 무엇을 말하는 것일까?

조금은 황당하고, 답도 없는 생각들로 걷다 보면 솔직히 시간 가는 줄도 모른 채, 그 길을 빠져나오고 있었다. 그리고 다시 이어지는 대평원. 그리고 다시 시작된 엉뚱한 나의 상상이 시작된다. 초원과 맞닿은 지평선이 물결치는 대평원 속에 나 홀로 서 있다. 끝도 없이 펼쳐지는 대초원은 참으로 환상적이다.

대체, 이 넓은 우주 아니, 지구 아니, 한국 아니, 스페인에서 길을 걷고 있는 내 존재의 크기는 얼마나 될까? 한낱 먼지에 지나지 않을 육체, 이러한 세상에서 무엇을 위해 그다지도 앞만 보고 달려가고 있는지…. 인생무상이라고 하지 않았던가?

숙연해지기도 하고, 작고 왜소한 몸을 이끌고, 바다 건너 이 먼 타국에서 수십 날을 힘겹게 걷고 있는 자신을 보노라니 대견스럽기도 하다.

순례자가 목이 말라, 잠시 가던 길을 멈추고, 물을 들이켜는 동상이 서 있는 모습을 보아, 여기가 아스토르가일 것으로 짐작한다.

여느 때와 다르게, 나처럼 깊은 생각에 잠겼는지 묵묵히 길을 걷던 이 바실리오 형제가 잠시 주춤하더니, 동상 옆으로 가서 서더니 같은 포즈를 취해본다.

"여보! 한 장만 찍어주세요."

나도 에밀리에 자매에게 부탁하여 기념 샷 한 장을 남겼다.

동상과의 짧은 만남을 끝내고, 내리막길을 지나, 다시 오르막길을 오르니, 돌로 만든 큰 십자가 탑이 우뚝 솟아 있었고, 그 뒤로 아스토르가의 형체가 드러나기 시작했다. 제법 큰 마을이다. 어서 가서 여장을 풀고 쉬고 싶었다.

부지런히 걸어 도착한 이곳, 뻬레그리노스 산 자비에르(Peregrinos San Javier)라는 알베르게다.

침대 옆으로 배낭을 내려놓고, 세면도구를 챙겨 샤워장으로 가기 위해 비누를 찾는데 비누가 보이질 않는다. 어젯밤 분명 샤워를 끝낼 때까지 있었는데 말이다.

이로써, 나의 분실 목록에 아이템 하나가 더 추가되었다. 처음엔 티셔츠, 다음엔 샤워 타월, 칼 겸용 손톱깎이 그리고 비누까지… '잃어버렸던, 도둑을 맞았던, 기억하지 못하는 이 늙은 순례자의 모든 책임이 아니겠는가?'

한심하다는 생각이 들었다. 자신의 실수로 생긴 일임에도 불구하고, 내가 이렇게까지 기억력이 저하되었나 싶어 기분도 언짢고 해서 대충 물로 씻고 나와 버렸다.

바실리오 형제 부부가 마트를 간다며, 나서는 모습을 보고 그들을 따라 마을 한복판에 자리 잡은 제법 큰 규모의 쇼핑몰을 찾아 들어갔다. 분실한 물건들을 찾아 장바구니에 집어넣고, 이어 저녁거리로 먹을 만한 이것저것을 챙겨 담았다.

숙소로 돌아와 그들이 조리하는 동안, 열심히 재료 손질을 도왔다. 역시 앉아 기다리는 것보다야, 마음 부담도 덜 되고 뭔가 함께할 수 있다는데 자신감마저 불러옴을 느낄 수 있는 순간이다.

준비한 와인으로 입가를 살짝 적시고, 오늘 걸으며 생각한 사소한 일들을 재미삼아 이야기를 나누는 동안, 우리는 또 그렇게 아스토르가에서의 값진 추억 하나를 만들어 갔다.

천국의 길

DAY+30 2018년 6월 6일(수) 맑음/흐림

Routes of Santiago de Compostela in France + 27days

Astorga to Foncebadon 25.0㎞ / 548.5㎞

```
🚶
Astorga        8.5km                    11.5km                    5.km
         Santa Catalina de Somoza        Rabanal del Camino       Foncebadon
```

'548' 그리고 '25' 그리고 '238'.

순례길에서의 나의 과거와 현재 그리고 미래의 메시지를 담은 숫자들이다.

여정의 시작

순례길 출발 시점인 생장에서부터 시작하여, 여기까지 걸어온 거리 '548km' 그리고 오늘 목적지 폰세바돈(Foncebadon)까지 걸어야 할 거리 '25km' 마지막으로 '산티아고 데 콤포스텔라(Santiago de Compostela)'까지 남은 거리 '238km'를 말해준다. 사실, 순례길 만큼 숫자에 대한 개념을 많이 생각하게 된 경우도 없는 것 같다.

숙소를 나와 신발 끈을 고쳐 매는데, 바실리오 형제가 조심스레 말을 건네며, 오늘은 따로 걷다가, 약속한 목적지의 알베르게에서 만나자고 제의를 한다.

순간, '나는 왜 그런 생각을 못 했을까?'라는 생각이 든다. 지난 며칠 동안을 거의 붙어 다녔으니, '나로 인해 그들 부부의 시간이 어쩌면 없었을 수도 있겠구나!' 싶은 생각이 물밀 듯이 들었다.

결국, 나의 욕심 때문에, 혼자 이 길을 걷다 예상치 못한 일로, 의지할 수 있는 누군가를 애타게 찾았던 자신이 너무 부끄럽기도 하고, 한편으론 그들 부부에게 너무 미안하고, 죄송한 마음이 들었다. 두 말없이 그러자고 했다.

'홀로 걷는 순례자야말로 진정한 순례자가 아니겠는가?'

그리고 평소와는 다르게 부지런히 걸었다. 혹시나 그들과의 거리가 멀어지기라도 할까 봐, 신경이 더 쓰이기도 했지만, 그동안 걷기로 단련된 두 다리는 이제 거의 나의 통제 안에서 조절이 가능해지기도 했기 때문이다. 산티아고 데 콤포스텔라에 가까워질수록 길에서 만나는 순례자들의 수도 늘어났다. 부르고스에서 레온까지 이어지는 메세타Meseta)¹⁷⁾ 지역을 통과할 때만 해도, 거의 순례자를 보지 못했음이니라.

---

17) 메세타(Meseta) : 스페인 약 4분의 3을 차지하는 내륙 대지로 대륙성 기후의 건조지대

아스토르가를 완전히 벗어나 발비에사스(Valdeviejas) 마을을 지나, 두 시간여를 좀 더 걸으니 산타 카탈리나 소모자(Santa Catalina de Somoza) 마을에 입구에 들어섰다. 자그마한 성당 입구의 돌 비석에 낯익은 글씨가 의심 많은 순례자를 호기심을 또 자극한다.

거기에는 한글로 '신앙은 건강의 샘'이라고 적혀 있었고, 그 외에도 5개 국어의 나라별 글이 같은 뜻임을 짐작게 하듯, 줄줄이 쓰여 있었다.

좋은 글귀다. 분명 신앙은 정신적으로 위로를 받기에 건강에 도움이 될 것이라고 생각이 들기에 걸으면서 음미하리라 생각했다.

돌 비석 앞에 잠시 걸음을 멈추고 말없이 짧은 기도를 드렸다.

비석 외에 특이한 것이 없는 평범한 시골의 작은 마을이었기에, 다시 바쁜 발걸음을 재촉하여 걷기 시작한 지 십여 분, 길모퉁이에 위치한 작은 Bar가 날 보며 쉬어가라고 유혹하듯, 고소한 커피향을 풍기는 게 아닌가!

땀으로 젖은 신발과 양말까지 벗어젖히고, 조금 전 나를 유혹하던 커피 한잔을 마시며 쉬노라니, 아니나 다를까, 저만치서 바실리오 형제 부부가 걸어가는 게 보여, 가볍게 손을 흔들며 인사를 했다.

순례길은 거의 목적지로 가는 방향이 같기에 걷다 보면 자주 만나고, 헤어지기를 무한 반복하기도 한다. 이것이 순례길의 야릇한 묘미라면 묘미다.

볕이 좋아 젖은 양말이 금방 말라, 곧 자리에서 일어나 다시 걷기를 시작한 지 한 시간여다. 부지런히 걸어간 듯, 바실리오 형제 부부의 뒷모습은 어디에도 찾아볼 수 없었다.

오르막길을 막 오르는 지점에 오래된 듯한 낡은 형체의 자그마한 성당이 있어서 들렸다.

이방인의 방문을 꺼려 굳게 닫혀 있을 거라는 예상과는 달리 이 길을 걷는 순례자라면 언제나 환영하듯 성당 문은 활짝 열려 있어, 잠깐의 기도를 드렸다.

성당 한편을 유심히 보는데, 몇 시간 전에 돌 비석에 새겨진 내용과 비슷한 문구가 눈이 들어 왔다.

이번엔, 6개국어로 된 안내글이다.

그중 태극기 표시가 선명하게 자리 잡은 글을 읽어보니, 내용은 이렇다.

"베네딕도 수도원으로 순례자들은 누구나 머무를 수 있고, 같이 기도와 미사를 드릴 수 있다"는 흐뭇한 내용이었다.

그런 참에 오늘 이곳에 머물며 그런 기회를 체험해보고 싶었지만 바실리오 형제 부부와 약속한 일도 있고 해서 아쉬움을 뒤로하고 돌아서 나왔다.

Querido peregrino,

Bienvenido a Rabanal del Camino! El nombre mismo del pueblo tiene ya una referencia a la peregrinación a Compostela, siendo a lo largo de los tiempos un lugar de descanso en el Camino, y donde los peregrinos pueden disfrutar de un tiempo de paz y reflexión.

El monasterio benedictino de Monte Irago en Rabanal es parte de la comunidad benedictina misionera de Santa Otilia, en Baviera. Los monjes atienden a los peregrinos de acuerdo con la más antigua tradición de la orden benedictina, que invita a los monasterios a cuidar de los extranjeros y proporcionarles hospitalidad: "Póngase el máximo cuidado y atención en recibir a pobres y extranjeros" escribió San Benito (+ 543) en su Regla, bajo la cual viven los benedictinos hasta el día de hoy.

Todos los peregrinos están invitados a unirse a las oraciones que marcan el ritmo diario de nuestro monasterio. Después de la oración de la tarde un monje está a su disposición en la iglesia para la dirección espiritual o bien para la confesión. Al terminar la oración de la noche imparticemos la bendición a todos los peregrinos. Estamos encantados de sellar su credencial en la pequeña tienda en frente de la iglesia.

Entre mayo y octubre ofrecemos a los peregrinos que quieran hacer una pausa en su peregrinación la oportunidad de permanecer en la casa de peregrinos "Mater Salutis" para unos días de descanso y reflexión, de oración y lectura. En estos días se comparte la estancia normalmente con un reducido número de peregrinos, así como con los miembros de nuestra comunidad monástica.

¿Tiene alguna pregunta, petición o sugerencia?
Basta con acercarse a nosotros después del tiempo de oración.
Estamos aquí para usted.

Los monjes de Rabanal

Pilgergruss

Willkommen in Rabanal del Camino! Das Dorf trägt den Pilgerweg nach Santiago im Namen und ist von alters her ein Ort des Innehaltens und der Rast auf diesem Weg.

Das Benediktinerkloster von Monte Irago in Rabanal gehört zu den Missionsbenediktinern von St. Ottilien in Bayern. Die Mönche widmen sich hier den Jakobus-Pilgern gemäß der uralten Tradition des Benediktinerordens, die den Klöstern die Sorge für die Fremden auferlegt und Gastfreundschaft verlangt: "Allen Ankommenden werde große Menschlichkeit erwiesen" schreibt Benedikt von Nursia (+ 543) in seiner Mönchsregel, nach der die Benediktiner bis heute leben.

Alle Pilger sind herzlich zu den Gebetszeiten eingeladen, die den Alltag des Klosters gliedern. Jeweils nach dem Gebetszeiten steht ein Mönch in der Kirche fürs geistliche Gespräch oder auch für die Beichte zur Verfügung. Der Pilgersegen wird nach dem Nachtgebet erteilt. Im kleinen Klosterladen vor der Kirche stempeln wir auf Wunsch das Credencial.

Von Mai bis Oktober bieten wir Pilgern, die auf dem Weg verhalten wollen, die Gelegenheit zu einem mehrtägigen Aufenthalt in unserem Pilgerhaus "Mater Salutis": Tage des Ausruhens und Nachdenkens, des Lesens und des Betens, zusammen mit anderen Pilgern und begleitet von den Mönchen.

Haben Sie Fragen, Anliegen, Bitten? Kommen Sie nach den Gebetszeiten einfach auf uns zu: wir sind für die Pilger da.

Die Mönche von Rabanal

Saluto ai Pellegrini

Benvenuti a Rabanal del Camino! Il villaggio costituisce un punto di riferimento per il pellegrinaggio di Compostela, ed è sempre stato una sosta di riposo lungo il Camino ed un luogo in cui i pellegrini possono fermarsi per un tempo di pace e di riflessione.

Il monastero benedettino del Monte Irago a Rabanal fa parte della congregazione benedettina missionaria di St. Ottilien in Baviera. I monaci si dedicano qui ai pellegrini secondo l'antica tradizione dell'Ordine benedettino che incarica i monasteri a prendersi cura degli stranieri e a provvedere all'ospitalità. "Si usino tutte le attenzioni verso gli ospiti" scrive san Benedetto (+ 543) nella sua Regola, che i benedettini seguono ancora oggi.

Tutti i pellegrini sono invitati a partecipare alla preghiera nel nostro monastero. Dopo la preghiera della sera un monaco è disponibile in chiesa per ascoltarti e per la tua confessione. Durante la preghiera della notte avviene la benedizione dei pellegrini. Saremo contenti di stampare le tue Credenziali nel piccolo negozio davanti alla chiesa.

Da maggio a ottobre, per coloro che vogliono fare una sosta durante il loro pellegrinaggio, noi offriamo la possibilità di rimanere nella nostra casa del pellegrino "Mater Salutis" per alcuni giorni di riposo e riflessione, di preghiera e lettura. Normalmente questi giorni trascorrono condivisi con un piccolo numero di pellegrini e con i membri della comunità monastica.

Domande o richieste? Potete semplicemente interpellarci dopo i tempi di preghiera. Siamo qui per voi.

I monaci di Rabanal

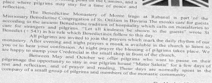

Pilgrim's Greeting

Welcome to Rabanal del Camino! This village which carries a reference to the Compostela pilgrimage in its name has always been a resting point on the Camino, and a place where pilgrims may stay for a time of peace and reflection.

The Benedictine Monastery of Monte Irago at Rabanal is part of the Missionary Benedictine Congregation of St. Ottilien in Bavaria. The monks care for guests according to the ancient Benedictine tradition of hospitality which calls on monasteries to care for strangers and pilgrims. "Let all kindness be shown to the guests" wrote St Benedict (+ 543) in his rule which Benedictines follow to this day.

All pilgrims are invited to join the prayers which mark the daily rhythm of our monastery. After evening and night prayers a monk is available in the church to listen to you or to hear your confession. At night prayer the blessing of pilgrims takes place. We are happy to stamp your Credencial in the small shop in front of the church.

Between May and October we offer pilgrims who want to pause on their pilgrimage the opportunity to stay in our pilgrims house "Mater Salutis" for a few days of rest and reflection, of prayer and reading. These days are normally spent in the company of a small group of pilgrims and members of the monastic community.

The Monks of Rabanal

HORARIUM

19:00 Visperas – Evening Prayer – Abendgebet – Vêpres – Vespri
저녁기도

La oración de la tarde para dar gracia a Dios y pedir por nuestras necesidades y las del mundo entero – canto gregoriano en Latín – 30 min

A prayer to give thanks to God, and to pray for our needs and those of all people – Gregorian chant in Latin – 30 min

21:30 Completas y Bendición de Peregrinos – Compline and Pilgrim Blessing – Komplet und Pilgersegen – Complies et Bénédiction du Pèlerin Compieta e Benedizione dei pellegrini
끝기도와 순례자 축복

La oración confiada de la noche en presencia de Dios y al final de la cual se imparte la bendición de peregrinos – 20 min

A night prayer of trust at the end of which the pilgrim blessing will be given – 20 min

7:30 Laudes – Morning Prayer Morgenlob – Laudes – Lodi
아침기도

Amanece un nuevo día en la presencia de Dios – 30 min

The dawn of a new day in God's presence – 30 min

9:00 Eucaristía – Holy Mass
12:30 Hl. Messe – Eucharistie – Messa
미사

Celebración de los misterios de la muerte y resurección de Nuestro Señor Jesucristo

Celebration of the death and resurrection of Jesus Christ

12:30 los Domingos – on Sunday – am
Sonntag – le Dimanche – la Domenica – 주일

u.i.o.g.d.

Chers pèlerins!

Bienvenue à Rabanal del Camino, un village dont le nom témoigne de l'accueil des pèlerins de Compostelle, pratiqué ici depuis les temps anciens. Rabanal est un lieu qui vous offre logis et repos.

Le monastère bénédictin du Monte Irago à Rabanal est une fondation des Bénédictins Missionaires de Sainte Odile en Bavière. Les moines se dédient à l'accueil des pèlerins de Compostelle selon les plus anciens traditions de l'ordre bénédictin qui demandent aux communautés de prendre soin des hôtes et des étrangers: "Qu'à chaque arrivant soit prodigué la plus grande humanité" dit St Benoît de Nursie (+ 543) dans sa règle qui est resté la reference des moines jusqu'à ce jour.

Tous les pèlerins sont invités à prendre part aux prières qui constituent la structure élémentaire de la vie du monastère. Après chaque prière un moine se tient à disposition dans l'église pour une conversation ou pour la confession. La Bénédiction des Pèlerins sera donnée après la Prière de la Nuit. Dans la petite librairie en face du monastère nous estampilons votre Credencial si vous le désirez.

Du mois de mai jusqu'au mois d'octobre nous offrons aux pèlerins qui souhaitent s'arrêter sur leur chemin pour quelques jours, de passer un séjour dans notre maison des pèlerins "Mater Salutis" qui offre des moments de repos, de réflexion, de lecture et de prière. Les journées se passent normalement en compagnie de quelques pèlerins et avec l'accompagnement des moines.

Avez-vous des questions ou des requêtes? Faites-nous en part après les prières! Nous sommes ici à votre service.

Les moines de Rabanal

순례자를 위한 안내

라바날 엘 카미노 (Rabanal del Camino)에 오심을 진심으로 환영합니다! 콤포스텔라(Compostela) 순례에 그 이름이 연결되어 전해지고 있는 이 마을, 카미노(Camino)는 순례자들에게 항상 휴식의 장소가 되어 왔고, 평화 가운데 성찰의 시간을 가지면서 머무는 장소이기도 합니다.

라바날(Rabanal)에 위치한 "몬테 이라고 베네딕토 수도원"(The Benedictine Monastery of Monte Irago)은 독일 바바리아 주에 있는 성 오틸리엔 포교 베네딕토 수도원에 소속되어 있습니다. 나그네를 돌보고 손님을 환대하는 것을 우선의 의무로 여기는 베네딕도 수도원의 오래된 전통에 따라, 저희 수도원은 순례자들을 정성껏 모시고 있습니다. "나그네를 성인께서는(+543) "손님들에게 온갖 정성을 다 기울이라(53장)"고 규율에서 기록하고 있고, 베네딕도회 수도자들은 오늘날에도 변함없이 이 분의 규칙을 따르고 있습니다.

모든 순례자들께서는 저희 수도원의 일과표에 표시되어 있는 공동 전례 시간에 참석하실 수 있습니다. 저녁기도와 밤기도 후에 성당에서 수도자와의 면담을 하거나 고해성사를 보실 수 있습니다. 밤기도는 순례자들에게 특별히 축복된 시간입니다. 그리고 성당 앞 작은 가게에서 여러분의 순례 확인서(크레덴시알 Credential)에 도장을 찍어 드리는 것이 저희에게는 행복입니다.

5월과 10월 사이에, 저희는 순례 기간 중에 잠시 멈추고 며칠간 휴식과 피정, 그리고 기도와 독서를 원하시는 분들을 위해, 순례자의 집인 "Mater Salutis"를 제공하고 있습니다. 보통 이 기간 동안 소규모 순례자들이나 수도자 공동체 회원들이 이 순례자의 집을 사용해 왔습니다.

혹시 저희에게 질문 사항이나 요청하실 것이 있으면, 공동 기도 후 편안한 마음으로 저희에게 말씀하시면 됩니다. 저희는 여러분을 위해 여기에 있습니다.

라바날의 수도승들 올림

Monasterio Benedictino del Monte Irago
E-24722 Rabanal del Camino (León)
www.monteirago.org ◇ monteirago@gmail.es

폰세바돈으로 가는 길목은 어느 지역과는 달리 '숲이 참 아름답구나!' 할 정도로 울창한 숲과 나무들이 꽉 차 있었고, 이름을 알 수 없는 새들의 울음소리가 여기저기서 흘러나와 지친 순례자의 마음을 풍요롭게 해주는 매력이 있는 것 같다. 길 양옆엔 아름다운 꽃들이 피어 있고 저 멀리 보이는 산에는 눈이 하얗게 덮여 있는 데다 하얀 구름이 걸쳐져 있는 모습이 환상적이라 혼자 감탄사를 연발한다. 나 혼자만의 길.

'과장된 표현이랄까? 마치, 천국을 걷는 길'처럼 말이다.

'이런 곳을 보고도 그냥 지나친다면 후에 많이 후회할 것이다.'

호주머니에서 휴대폰을 꺼내어 눈에 보이는 대로 찍어 보는데 몇 장 찍지도 않았건만 배터리가 얼마 남지 않았다. 어쩌나 아쉬운지…. 순례 중에는 휴대폰은 나의 생명과도 같이 중요했다. 목적지와 알베르게를 찾는 데 없어서는 안 되기 때문에, 확인하고 일정량의 배터리양을 남겨 놓곤 했는데 어젯밤 휴대폰 충전하는 걸 깜빡한 모양이다.

시계를 보니 오후 2시가 조금 지나고 있었다.

이제 슬슬 목적지가 내 눈앞에 다가올 것이라 믿어 의심치 않지만, 그들 부부와 만나기로 약속한 알베르게에 방이 있느냐, 없느냐의 문제가 잠재해 있다.

'헉!' 복통이 시작되었다.

다행히 변의는 아니지만, 이 상태로 걷는다는 게 그리 쉬운 일만은 아니기에, 다소 불편한 마음을 어찌할 수가 없는 노릇이다.

부르고스 사태 이후 물도 많이 마시고, 식사 전 약도 빠짐없이 먹곤 했건만, 아직 완전한 상태는 아닌 듯싶다. 순례길을 마칠 때까지 잘 버텨야 했기에, 밀려오는 걱정을 좀처럼 잠재울 수 없음이다.

오후 4시에 이르러 목적지 폰세바돈에 도착했지만 그들 부부가 있을 숙소는 찾을 길이 없었다. 피레네 산맥보다도 조금 높다는 레온 산맥의 이라고(Irago)산 해발 1,515m의 중턱에 있는 이곳에도 알베르게가 한둘이 아니었기 때문이다.

내가 찾은 곳은 삐에로(Fierro)라는 알베르게다.

입구로 들어서 접수를 하는데, 숙박료에 대한 얘기를 전혀 하지 않을 뿐더러, 처음 대하는 낯선 사람이라면 불쾌할 정도로 불친절해 보였다.

그렇게 멀뚱히 서 있자니, 한국인 젊은 순례자가 내 옆을 지나가며 인사를 건네는 이가 있어 그들에게 물어보았다.

"여기 숙박료가 얼마죠?"

"아~ 여기 무료입니다. 그러니까 여기는 '기부제(Donation)'입니다."

다시 말해, 순례자의 자유의사에 따라 자신의 형편에 맞게 혹은 숙박료를 내지 않아도 되는 기부제로 운영되는 알베르게라는 얘기다.

하기야, 순례길 27일째로 접어들지만, 말로만 듣던 기부형식의 알베르게에 머물러보긴 이번이 두 번째라, 기억도 가물가물했던 탓에, 괜한 오해를 불러 샀던 자신이다. 하지만 10유로를 내니 오히려 마음이 편했다.

또 한 번의 어리석고 미숙한 늙은 순례자의 반성시간이 되었다. 적당한 곳에 짐을 풀고, 침대에 누운 채로 두 눈을 지그시 감았다.

배부터 채우자 싶어, 숙소 밖을 나와 배회하는데, 저 멀리서 바실리오형제가 나를 발견하고는 큰 소리로 소리치며 손짓한다.

"형제님~ 형제님~ 여기입니다."

여전히 활기차고 힘찬 목소리의 그다.

그들 부부가 있는 곳으로 다가가니, 이곳에 맛집으로 소문난 전통 식당이 있다며 함께 가자는 제의를 한다. 그렇게 그들 부부를 따라가 니, 이윽고 도착한 그곳은 겉모습이 정말 전통식당답게 낡고 오래된 허술한 모습 그 자체였다.

'전통이란 게 이런 것이구나!'

"그러게… 맛집이라고 해서 근사할 줄 알았는데…"

바실리오 형제가 그의 아내의 말에 맞장구를 친다. 하지만 식당 내 부의 사정은 좀 달랐다. 마을 주민들과 순례자들로 가득 찼던 것이다.

"이 집이 맛집은 맛집인가 봅니다."

이 말을 던지고, 창가 쪽에 빈자리가 보여 그쪽으로 발걸음을 옮겼다.

메뉴판을 보며 바실리오 형제가 잠시 후 주인을 불러 세우는 그다.

메뉴판에 붙여진 사진을 하나하나 지목하며, 식당 주인에게 설명 을 부탁했고, 잠시 후 결정을 했는지 이것저것 알아서 주문을 하고, 난 그저 지켜볼 뿐이다.

주문한 메뉴를 기다리며 이런저런 얘기 나누기를 십 분 정도 지났 을 무렵, 드디어 메인 메뉴를 비롯한 몇 종류의 사이드 메뉴가 같이 우리의 식탁에 놓여졌다.

소갈비 스테이크와 감자볶음인 것 같다. 접시의 아래쪽에 둥근 빵 을 깔고, 그 위에 소갈비를 올린 모습이 이색적이었지만, 그보다 그 양에 놀라고 말았다.

내 평생 그렇게 많은 양의 소갈비를 먹어 본 게, 순례길에서 처음 이었으니 말이다. 조금은 가격이 걱정되기도 하지만, 그래 봐야 매 일 이렇게 먹는 것도 아니었기에, 부담은 잠시 접어둔 채, 배고픈 순 례자 3인방의 식탐이 시작되었다. 소갈비의 양만으로도 충분히 배를 채운 탓에, 감자볶음에 살짝 손을 대긴 했으나, 빵은 거들떠보지도 않았다. 오랜만에 즐겁고, 배부른 외식이 아니었나 싶다. 순례자들에게 꼭 한번 들려 보라고 할 정도다. 그래서 가족 카톡방에 사진을 보내기도 했다. 자식들이 혹시 이 길을 걷는다면 들려 보라고 권유하고 싶어서다.

계산을 했는데, 20유로다.
'역시, 보통 가격이 아닐 줄 알았어!'
그래도 기분은 좋은 식사였다. 맛집이었으니, 사진을 빼놓을 수 없지 않은가?

"저기, 우리 사진 한 장 찍고 가시죠?"
"좋죠! 형제님, 당신도 이리 와서 함께 서세요!"
식당 문 쪽 한편으로 나란히 선 채 포즈를 취하자, 이번엔 주인인 듯한 사내가 다가와 같이 찍자는 제스처를 보낸다.
'정말, 맛집다운 광경이 아닐 수 없다.'
그들 부부와 그렇게 저녁 식사를 마치고, 내일 다시 길에서 보자는 약속을 한 뒤, 초겨울 같은 쌀쌀한 밤바람을 맞으며 숙소로 발걸음을 옮겼다. 언제 비가 지나갔는지, 이미 흥건히 젖어버린 마을 길이 이 밤의 추위를 더 부추긴다.

재회의 길

DAY+31 2018년 6월 7일(목) 안개/맑음/흐림

Routes of Santiago de Compostela in France + 28days

Foncebadon to Ponferrada 27.0㎞ / 575.5㎞

2.5km　　　　2.0km　　　　　　15.0km　　　　　7.5km
Foncebadon　Cruz de Ferro　　Manjarin　　　　　Molinaseca　Ponferrada

　7시경 숙소를 나와 평소와 같이 걷기 시작하였다. 자욱한 안개에 쌀쌀함마저 느껴지는, 초여름 날씨라고 하기엔 부담스러운 초겨울 날씨가 펼쳐진다.

　조금 걷다 보니, 얼마 전 까리온 데 로스 콘데스(Carrion de los Con-des) 수도원 알베르게에 같이 머물렀던 캐나다 토론토 성당에 다닌다는 루피나 자매를 다시 만나게 되었다.

　처음 만난 이후로, 줄곧 그녀의 그림자조차도 보지 못해 궁금했던 터라, 너무나 반가웠다. 숙소를 나설 때보다 더욱 짙은 안개로 시야가 나빠 걷기가 불편했지만, 루피나 자매를 다시 만난 기쁨과 대화를 이어가는 와중에 그러한 불편함도 잊어버렸다.

　어젯밤 그녀가 머무른 알베르게에서 한국인 젊은 순례자가 쓰러

저 병원으로 이송되었고 치료 후 다시 걷고 있다며, 진심으로 걱정을 많이 하고 있었다. 순례길에서 길을 걷다, 혹은 알베르게에서 휴식을 취하다, 쓰러지는 순례자들을 드물게나마 볼 수 있다고 들었지만, 직접 목격한 사람에게 듣기는 처음이었다. 어찌 보면 나도 그런 사람들 중의 하나가 아닐까.

그렇게 한 시간여를 안개를 뚫고 걷노라니, '루피나 자매가 나의 보폭에 맞춰 걷고 있는 게 아닐까' 하는 생각이 스치고 지나갔다.

"루피나 자매님! 저와 걸음을 맞추시면 힘드니 먼저 앞서 가세요."

진심으로 하는 말이었다. 그러고는 성큼성큼 걷더니 이내 나의 시야에서 사라져버린다. 한때는 나도 산을 잘 탄다라는 소리 좀 들었는데…. '흐르는 세월은 어쩔 수 없나 보다.' 혼자 피식 웃어 보이는 자신이다.

이제 제법 안개도 걷히기 시작하며 보이지 않던 아침 태양이 고개를 내밀기 시작한다. 따뜻한 햇살의 온기가 온몸에 그대로 전해진다.

오전 9시경을 조금 지났을 무렵, 정면에서 비치던 태양을 이제는 등 뒤에서 맞이할 때쯤, 산의 정상인듯한 곳에 올랐다.

그리고 저 먼발치에 쿠루즈 데 페로(Cruz de Ferro)의 십자가, 일명 '철의 십자가'(해발 1,505m)로 유명한 그것이 눈앞에 모습을 드러내었다.

수북이 쌓인 돌무더기 위에, 전봇대처럼 삐죽하게 서 있는 십자가, 어떻게 보면 마치 돌무덤 같아 보이기도 하지만, 이 길 위에서 이곳은 나름 순례자들에게 희망과 감동의 메시지를 전하는 장소로 불리고 있단다.

산티아고 까미노의 천사들

이곳에 대한 사전 정보가 부족했던 탓에, 한국에서 돌멩이 하나를 가져오지 못했음이 못내 아쉬울 따름이다.

이곳에 도착한 순례자들은, 저마다 고국에서 가져온 소중한 돌멩이 하나를 여기에 놓으며, 성취하고픈 소원을 빌곤 한단다. 그래서 예전에는 철로 된 십자가만이 앙상히 서 있었을 텐데, 무수히 세월이 흐르며, 순례자들이 갖다놓은 돌멩이가 쌓여, 지금의 돌무덤 같은 형상으로 변한 것이라고 들은 바 있다.

어느 순례자는 준비 못 한 돌멩이를 대신하여, 길바닥에 굴러다니는 돌을 주워 올리는 모습이 보이기도 했지만, 나는 십자가 옆에서 잠시 기도드리며, 한 장의 사진으로 만족해하며 다시 길을 나섰다.

그곳을 지나 조금 내리막에 이르니, 이번엔 허물어질 듯한 집에 태양광 발전기를 달아두었는데, 안으로 들어서니 세계 각국의 국기가 수도 없이 걸려있고, 그 사이로 태극기도 자리하고 있었다.

'만하린(Manjarin)'

마을 이름인지, 집 이름인지 잘 구별이 되지 않는다. 순례길과 접한 입구에는 뉴욕, 파리, 독일, 멕시코시티 등 여러 도시까지의 거리와 방향이 적힌 나무 팻말이 있는데, 아쉽게도 서울은 보이지 않는다.

저 멀리 이름 모를 산에는 하얀 눈이 소복이 쌓여, 여기와는 전혀 다른 정취를 자아낸다. 이 길은 그야말로 환상적이다. 오르는 길 양옆에 낮은 키의 꽃나무들이 끝도 없이 펼쳐져 있어서 그윽한 꽃향기가 순례자의 마음을 기쁘게 한다. 이따금 한가로이 풀을 뜯고 있는 목장 저 멀리 하얀 눈이 쌓인 산을 볼 수가 있어 마치 이곳도 천국을 걷는 기분이다.

하지만 이곳은 해발 1,515m의 고산답게 내리막길이 끝이 없어서 자칫 잘못하면 넘어질 수가 있어서 여간 조심스러운 것이 아니었다. 게다가 돌길이라 발목과 무릎에 이상이 옴을 느낄 수 있어서 조심스러웠다. 이곳에서 만약 넘어지기라도 한다면 구조를 요청할 수 없을 것 같아 더욱 조심조심 걸었다. 많은 순례자들은 이미 거의 나 보다 앞섰기에 더욱 신경이 쓰였다. 해발이 높은 만큼 내리막길이 끝도 없이 이어지는 느낌이다.

급격히 깎아지는 듯한, 절벽 같은 내리막길을, 행여나 다칠세라 조심스럽게 내려오기를 두 시간여, 순례자의 노고를 치하라도 하듯 카페가 자리 잡고 있었다. 그리고 한편에서, 차를 마시며 여유롭게 쉬고 있는 루피나 자매와 다시 만나게 되었다.

그리고 어느 때보다 좀 더 긴 휴식 시간을 가졌다. 내리막길을 조심스레 내려오느라 소비한 에너지 충전도 있지만, 울퉁불퉁한 자갈과 돌길을 피할 수 없었음에 달아오른 발바닥을 식히기 위해서이기도 했다. 그런 상황은 나뿐만이 아닌지, 루피아 자매도 신발과 양말을 벗은 채로 한참을 그러고 있었다.

긴 휴식은 때론 순례자를 게으르게 만든다.

자리에서 일어나 떠날 때가 된 것이다. 다시 떠날 채비를 마치고, 그녀와 같이 걷기 시작했을 무렵이, 이제 막 오후 2시를 지나고 있다. 이제 서너 번 길에서 마주쳐서 그런지, 친근함도 쌓이고 인생 경험이 많은 선배로서의 대접을 하는지 사적인 얘기를 털어놓는 그녀다.

역시나, 예상대로 자식 얘기다.

"십여 년 전 캐나다에 이민을 가서 그곳 생활에 쉽게 적응을 못해…"로 시작하여 결국 "아들과 딸이 있는데…"로 마무리가 들어가는 전형적인 부모들의 같은 고민이랄까? 그녀의 이런저런 애기를 두어 시간 남짓 들으며 걸었을 무렵, 어느새 우린 목적지 폰페라다에 닿아 있었다.

산니콜라스(San Nicholas de Flue) 공립 알베르게 오늘 우리가 머물 곳이다. 다행히, 알베르게 도착 후 비가 내리기 시작해 안심했지만, 아직 해결되지 못한 문제가 하나 있다.

나의 배낭이다. 오늘 비가 내리는 날씨를 예상했기에, 어제 머문 숙소를 나오기 전 "배낭 탁송"을 신청했던 터다.

루피나 자매를 방으로 보내고 접수 장소로 가보니 그곳엔 이미 나와 상황이 비슷한 순례자들이 '웅성웅성' 대고 있었고, 관리자인 듯한 사내가 애기를 하고 있는 중이었다.

당연히 무슨 말인지 알아듣지 못한 채, 멀뚱히 있노라니 내 옆에서 같이 설명을 듣던 일본인 순례자 한 분이 내가 배낭을 찾고 있는 것을 알아차린 듯 따라오라는 시늉을 보내어 그를 따라가니, 저 멀리 정면에 보이는 넓은 주차장 건너편에 있는 카페를 가리킨다.

그에게 감사하다는 말을 전하고, 비가 오는데도 그곳으로 달려갔다. 과연 카페 한구석 방에서 배낭을 찾을 수 있었다. 다시 숙소로 돌아와 배정받은 침대에서 배낭을 풀고 있는데, 낯익은 얼굴 하나가 인사를 해오는 게 아닌가!

"형제님! 여기서 또 뵙네요."

"안녕하세요~."

바실리오 형제와 그의 아내 에밀리에 자매였다. 반가움과 기쁨이 교차하며 연신 입가에서 떠나지 않는 웃음으로, "아이고~ 우리가 보통 인연은 아닌가 봐요." 한다.

그렇게, 다시 만난 그들 부부가 손수 만든 저녁 식사로 즐거운 시간을 함께 보내며 순례길을 걷느라 고생한 서로의 마음이라도 위로하듯, 가득 채운 와인 한잔으로 목마른 갈증을 적셔 본다.

몸이 많이 불편해서 식당을 찾아 나서려니 많은 비가 내려 망설이고 있었는데 또다시 바실리오 형제 부부의 배려에 저녁 식사가 해결되었으니 그렇게 고마울 수가 없었다.

산티아고 까미노의 천사들

눈물의 길

DAY+32 2018년 6월 8일(금) 비오다/개다/종일 비내림

Routes of Santiago de Compostela in France + 29days

Ponferrada to Villafranca del Bierzo 22.5km / 598.0km

	4.5km		11.0km		7.0km	
Ponferrada	Columbrianos		Cacabelos		Villafranca del Bierzo	

　간밤에 내리기 시작한 비는 그칠 줄 모른 채, 고달픈 순례자의 마음을 저버린 듯, 멈출 기세가 보이지 않는다.

　탁송 배낭을 찾는 문제로, 다신 이용하지 않겠다던 어제의 나의 결심도, 빗속을 헤치며, 무거워진 발걸음을 한 발 한 발 내딛고 있을 자신을 생각하니 무의미해져 버리고 만다.

　숙소를 나와 어제 배낭을 찾았던 카페로 발걸음을 옮겼다. 이른 아침부터, 나보다 먼저 와 배낭을 맡긴 순례자들의 배낭이 줄줄이 놓여 있는 게 보였다.

　관리자인 듯한 사내에게 접수증을 받아, 내 이름과 목적지 알베르게 이름을 적은 뒤 비용을 지불하고 나니, 행여나 숙소에서 나를 기다리고 있을 바실리오 형제 부부가 생각났다. 부지런히 되돌아가 보았으나 그들 부부의 모습이 보이지 않는다. 미안한 마음에 긴 한숨을 내 쉬었다. 언제나 나를 위해, 각별한 신경도 써주고, 도움이 필요할 때는 스스럼없이 나서주는 그들 부부에게, 뭔가 제대로 해 준 게 없어, 매번 미안한 마음뿐이었는데, 인사도 없이 나왔으니 혹시 오해를 할 것 같아 다시 숙소로 와 보았지만, 보이지 않아서 얼마나 미안한지, 기회를 잡기가 쉽지 않음이 속상할 뿐이다.

여전히 빗줄기는 강하게 몰아친다. 목적지인 비아프랑카 델 비에르조(Villafranca del Bierzo)를 향해 발걸음을 돌렸다. 판초 우의를 머리부터 뒤집어쓰면 겨우 무릎 정도까지 내려와, 종아리 부분과 신발은 거의 젖은 채로 걷는다.

오늘처럼, 비가와도, 몸이 불편해도, 마치 그것이 숙명처럼 목적지를 향해 걸어갈 수밖에 없는 우리는 순례자이기에, 그 누구에게도 불평이나 하소연조차 할 수 없다. 다만, 서로를 배려하고 양보하고 위로할 뿐이다. 그러기에, 고통을 통해 순례의 참뜻을 이해하지 않나 하는 생각도 든다.

출발한 지 두어 시간을 걸어, 카카벨로스(Cacabelos)라는 마을을 막 지나는데, 알 수 없는 설움이 북받쳐, 갑자기 눈물이 '펑펑' 쏟아져 내린다. 흐느낌을 억누를 수가 없을 정도의 통제 불능인 채로, 쏟아지는 눈물에 소리 내어 '엉엉' 울기까지 했다.

이곳까지 오는 동안 별 깊은 생각이나 하느님을 찾는 기도도 하지 않았건만, 그러는 자신이 도무지 이해되지 않는 시간과 마주하고 있었다. '주변에 다른 순례자들이 없어서였을까?' 다른 이를 의식하지 않는다는 게 오히려 굳건한 마음을 약하게만 하는 것 같다.

두 뺨으로 흘러내린 눈물을 소매 끝으로 훔쳐내고선 마음을 가다듬은 뒤, 애써 웃음을 짓고 걸음을 재촉해본다.

마을을 막 들어서는데 한 편에 자그마한 성당이 눈에 들어온다. '이끌렸다'는 표현이 맞을지 모르나, 발걸음이 자연스레 성당 안으로 나를 끌고 들어간다. 그리고 두 눈가에 눈물이 고인 상태로 기도를 시작했다.

'눈물의 의미가 무엇인지 깨닫게 하여 주시고, 앞으로도 순례를 잘 할 수 있도록 건강과 지혜를 주시고, 그동안 저에게 크고 작은 도움을 주신 모든 천사 같은 분들께 은총과 축복을 주시기를 간절히 기도합니다.'

그렇게 기도를 하고 나니, 마음의 평온과 안정을 찾은 듯했다. 그렇게 홀가분한 기분을 느껴 본 게 얼마 만인지.

기도를 끝내고 막 일어나 나가는데, 언제부터 입구에 서서 나를 지켜보고 있었는지 성당 봉사자가 한 분이 서 있는 게 아닌가!

나의 두 다리에 이끌려 들어올 땐, 전혀 눈치채지 못했건만, 조용히 목례로 인사를 건네자, 순례자들이 무료로 먹을 수 있도록 체리를 담아 놓은 바구니를 건네기에, 한 줌 쥐어 들고는 감사의 인사를 전했다.

그리고 보니, 이 마을에 들어설 때, 집집마다 먹음직스럽게 '포동포동' 매달린 체리나무에 달린 열매를 보고, 군침을 다셨던 나였었다. 달콤하면서 시큼한 맛이 입안을 감돌아, 흘린 눈물에 보상이라도 받듯 기운을 북돋워 주는 것 같기만 하다. 참으로 고마웠다.

성당을 나와 걸으니 햇볕이 따사롭게 내리쬔다. 그리고 언제 몰려왔는지 시커먼 먹구름이 하늘을 뒤덮고, 결국엔 비로 돌변하는 게 아닌가! 참, 알다가도 모를 스페인 날씨다.

피에로스 마을 안내판을 확인하며 지나가는데, 순례길 옆에 위치한 식당에서 루피나 자매가 식사를 하는 모습이 눈에 띄었다.

"이제, 점심을 드시나 봐요?"

"어~ 안녕하세요!"

식사하던 도중, 갑작스러운 나의 출현으로 사뭇 놀라는 그녀다.

"예, 점심때를 놓쳤어요. 이 구간에는 식당이 별로 없어서 말이죠."

작은 키에 통통하고 나이가 지긋한 아저씨가 운영하는 식당이었다. 내가 입구를 설 때, "부엔까미노" 하며, 함박웃음으로 환영을 해주었고, 나 역시 "올라" 하며 답했었다.

식사를 먼저 마친 루피나 자매는 자리에서 일어나 아직 음식을 기다리리는 나에게 다시 보자는 인사를 한 뒤 떠나갔다.

햄버거가 나오는 때를 맞춰 시원한 맥주 한잔을 시켜 갈증까지 해소하고 나니, 이제 좀 살 것 같았다. 부풀어오는 배를 한 손으로 만지며, 식당을 나와 한참을 걷는데, 뭔가 식당에 두고 온 듯 허전한 기분이 계속해서 발걸음을 붙잡는다.

'흠… 뭐지?'

걸음을 멈추고, 한참을 생각해서야 지팡이는 양손에 들고 있는데 어깨에 멜 보조가방을 식당에 두고 온 사실을 알아차렸다. 벌써

1km는 벌어진 듯하다. 참으로 한심한 나다. 목적지에 도착해서 생각났더라면 상상조차 하기 싫은 일이다.

보조가방을 찾으러 식당에 다시 다녀오는 시간을 제외하고, 약 2시간 남짓 걸어 목적지 비아프랑카 델 비에르조에 도착했을 때가 오후 5시경이었다.

알베르게에 접수를 마치고, 방으로 이동했다. 곧바로 샤워장으로 향했다. 비에 젖은 몸과 약간의 추위에 떨었던 탓에, 온기 가득한 더운물이 몸에 닿자 걷잡을 수 없는 나른함이 몰려와 샤워하는지 졸고 있는지 모를 정도로 정신이 몽롱해졌다.

식당을 찾아 이른 저녁 식사를 마친 뒤, 저녁 9시도 채 되기 전에 잠자리에 들었다.

산티아고 까미노의 천사들

깨달음의 길

어젯밤 맞춰놓은 알람 진동 소리에 놀라 깨어난 시간이 아침 6시였다. 저녁 9시부터 자기 시작했으니, 무려 9시간을 내리 잔 것이다. 새벽에 일어나 소변을 보거나, 잠자는 동안에 뒤척거리지도 않아 완벽한 숙면을 취해 컨디션이 최상이다.

어저께 마트를 들리지 않아, 아침 식사 대용으로 먹을 게 없다는 사실을 떠날 채비를 마치고 배낭을 뒤져보다 알았다.

처음 만나는 카페에서 요기를 할 생각에 바쁘게 움직여본다. 도로 옆길의 비교적 가파른 길을 지나 평탄한 길로 접어들면서부터는 편안한 마음으로 걸을 수 있어 더할 나위 없이 좋았다.

겨우 아침을 안 먹었을 뿐이건만, 밀려오는 허기에 점차 발걸음마저 무거워짐을 느낀다.

'얼마나 걸었을까?' 시간을 확인해 보지는 않았지만, 첫 번째 마을 이후에 한 시간하고도 삼십 분을 더 걸은 듯하다. GPS 정보에 의하면 곧 마을이 나와야 하거늘⋯. 이마저도 날 도와주지 않는구나 싶다.

애꿎은 휴대폰만 바라보며, 작동이 멈춰버렸나 싶어 껐다 켜기를 반복하다 보니, 언뜻 예상한 마을이 눈앞에 나타나기 시작했다.

겨우 아레아 데 데스칸소(Area de descanso) 마을에 도착해서야 문을 연 Bar를 발견하고 황급히 안으로 들어갔다.

'근데, 이게 또 누군가?'

테이블 한쪽 구석에서 빵과 음료를 먹으며 아침을 해결하는 낯익은 순례자 루피나 자매였다. 나이에 비해 체력이 좋은 건지, 언제나 빠른 걸음으로 웬만한 순례자들은 저리 가라 할 정도로 걸음이 좋았던 그녀지만, 이상하리만치 꼭 Bar에 들어서면 그녀와 맞부딪치는 재미있는 인연이다.

"일찍 출발하시는 것 같더니, 여기서 다시 뵙네요!"

막 빵을 입으로 가져가려다 나의 인사에 당황하듯 빵을 내려놓는다.

"어머! 여기서 또 만났네요."

남몰래 뭔가를 먹다가 들킨 사람처럼, 쑥스러워 어쩔 줄 모르는 그녀다.

"그러게요, 저도 아침을 못 먹어서, Bar를 찾다가 여기까지 왔네요!"

아침을 거른 채, 거의 7km 넘게 걸어온 셈이다.

"잠시 저도 주문하고 오겠습니다. 무슨 메뉴 주문 하셨어요?"

보아하니 빵과 음료는 메인요리를 먹기 전 애피타이저로 허기를 달래는 듯해 보여, 메뉴 고르기에 아직도 고민이 많은지라 그녀의 메뉴와 같은 것으로 주문하는 게 났다는 판단에서다.

"믹스 샐러드에요."

'흠~ 믹스 샐러드라?'

이름만 봐도 꼭 채식주의자 냄새가 물씬 풍긴다.

샐러드만으로 몇 시간을 걷는다는 게, 어려울 것 같아 바게트 속에 훈제 고기가 들어간 스페인 전통 빵인 '보카디요(bocadillo)' 하나를 추가로 주문해 먹기 시작했다. 아침 같은 점심으로 꽤 거창한 식단이다. 아니 벌써 시간이 12시를 달리고 있으니 점심인 셈이다.

한동안 못 본 친구처럼, 음식을 먹는 내내 대화의 끈을 놓지 않은 우리였다. 그렇게 꽤 긴 시간 동안 아점을 먹어본 게 순례길에서 처음인 것 같기도 하다.

"자~ 이제 목적지를 향해 떠나 볼까요?"

사람의 관계란 이런 건지도 모르겠다. 만남과 대화를 반복하다 보면, 저도 모르는 사이 서로의 신뢰가 쌓여 가는 지금의 그녀와 나처럼 말이다.

그녀와의 대화가 무르익을 때쯤, 저만치 연세가 두둑해 보이는 외국인 순례자의 모습이 보인다. 걸음을 조금 재촉하여 가까이 다가가니 어림잡아 팔순은 넘어 보이는 바짝 마른 체구에 걸음마저 위태로워 보이는 걸음걸이로 천천히 그리고 부지런히 걷고 있다. 하지만 전혀 영어를 전혀 알아듣지 못하는 것 같다. 나처럼 말이다.

그래도 끈질긴 루피나 자매의 노력 끝에 약간의 프로필을 캐낼 수 있었으니, 스페인 마드리드에 거주하며, 현재 83세란다. 더욱 놀라운 사실은 매년 이 길을 혼자 걷는데, 그 횟수만 해도 벌써 스물세 번째 라는 것이다.

순간, 놀라움을 금치 못해 비명이라도 지를 뻔했다. 나이도 나이지 만 23번이나 이 길을 걸었다니, 그리고 할 수 있다면 계속 걸을 거라 니 말이다.

그에게 마음을 다해 한마디 건네 본다.

"Buen Camino!"

짧은 만남이었지만, 나의 뇌리에서는 영원히 남을 순례자다.

평탄한 길을 지나, 좁은 길로 들어서자, 가파른 경사가 굽이치는 산길로 안내하는 순례길을 마주한다.

옆에서 묵묵히 걷던 루피나 자매가, 내가 가쁜 호흡을 내쉬자 잠시 쉬어 갈 것을 권유했지만, 여기서 멈추면 올라갈 길이 더 멀어져 보 일 것 같아 그냥 계속 걷자고 했다.

저 멀리서 말을 타고 내려오는 이가 보인다. 순례자는 아니듯 영화 에서나 볼 듯한 카우보이모자를 눌러쓰고, 청바지에 가죽 재킷을 입 은 멋쟁이였다. 순례길을 걷다 보면 오늘처럼 말을 탄 이를 가끔 접 하게 된다.

오늘 도착할 마을은 산 정상에 자리 잡고 있다는 라파바(La Faba) 마을에 위치한 라파바 알베르게다. 저만치 산 정상위로 성당의 종탑 머리가 나뭇가지에 가려 힐끗힐끗 보이는 게 목적지에 가까워졌음을 증명해 주고 있었다.

비록 자욱한 안개로 시야가 흐려 정확한 분간은 되지 않지만. 이미 온몸이 땀으로 흠뻑 젖어 산의 정상을 오를수록 한기를 느껴 잠시라

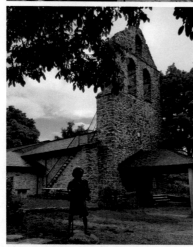

도 걸음을 멈추면 금방 추위가 엄습해 올 것 같아 산 정상에 다다를 때까지 계속 움직여야 한다.

그러기를 삼십 여분. 드디어 우리는 산 정상인 듯한 곳에 도착했다. 멀리서 바라볼 때는 꽤 규모가 있는 성당인 줄 알았지만, 작고 아담한 성당이다.

내가 정한 알베르게는 성당 바로 옆이었다.

한적한 시골 지역이라 젊은 마을 주민들이 많지 않은가 보다. 대부분이 나이 지긋한 어르신들인 것 같다. 나의 접수를 도왔던 알베르게 주인 역시 나이 많아 보이는 할머니 같았다.

산 정상의 고산지대라 날씨가 어지간히 변덕스러운 게 아니다. 비가 오다가도 금방 햇살이 비치고, 다시 비를 내리기를 무한 반복하는 아주 짓궂은 날씨다.

여정을 풀고 숙소를 나와 동네를 돌아보았다. 안개가 자욱해 희미하게 보이는 계곡이 깊어 지금 내가 서 있는 이곳이 높은 산등성이라고 생각되었다.

저녁 시간이 되어 한 레스토랑으로 들어갔다. 한산한 분위기를 자아내며 마을주민인 듯한 네댓 명의 손님이 테이블에 앉아 뭐가 열띤 대화를 주고받더니, 반가운 듯 먼저 인사를 건네 온다.

"Hola~.", "Hola~."

나머지 두 명은 한 손을 치켜세우며 손 인사를 건넸다.

"Hola~." 하며 그들의 환영에 답해주었다.

휴대폰을 이용해서 어렵게 주문한 음식이 나오니 식당 주인이 음식에 대해서 열심히 설명한다. 그렇지만 한인 알베르게에서 비빔밥을 먹었을 때처럼 알아듣지 못하는 상황이 또 벌어졌다. 무슨 전통 있는 음식 같았다. 저녁을 간단히 마치고 7시 미사가 시작되기 전 성당에 도착했다.

도미니코 회의 수도복인 듯한 제복을 입은 젊은 사제가 미사에 참여한 이들에게 손가락 한 마디만 한 회색 돌 하나씩을 나누어 주는데, 표면에 노란 화살표시가 그려져 있는 게 보였다.

그리고는 한 사람씩 자기소개를 직접 하는데, 내 차례가 되자 접수 신청을 받았던 자매가 나를 대신하여 한국 사람이라고 스페인어로 소개를 해줘, 긴장되었던 마음이 한순간 홀가분해지는 기분이다.

몇 사람의 소개가 끝나자, 이어 조용한 음악 소리가 성당 안을 뒤덮고 각자의 방식으로 기도에 들어갔다. 삼십여 분간 진행된 미사는 여느 곳과는 달리, 경내를 밝히던 불을 껐다가 켰다가를 천천히 반복했고, 그에 따라 조용한 음악 소리도 따라왔다. 묵상하기에 좋은 분위기였다. 생전 처음 접해보는 특별한 미사였다.

'또 어디서 이런 경험을 해 볼 수 있다는 말인가?'

아쉽게도 성체 모심이 없는 미사였지만, 대신 순례자들을 위해 사제들과의 사진촬영 시간을 배려해 주어, 기념으로 한 장을 남길 수 있어 만족해하며 숙소로 돌아왔다.

내일 목적지가 여기서 26km 거리에 있는 트리아카스텔라(Triacastela)인데, 빗길을 배낭을 메고 갈 용기가 나지 않아 탁송을 보내기로 결정했다. 그리고 또 놀라운 경험 하나를 실천하는 순간이다.

순례길 여정 중 처음으로 다음 숙소 예약한 것이다. 물론, 혼자 해 낸 일이 아님을 솔직히 밝힌다. 우연히 같은 숙소에 머물던 캐나다

교포 '류순'이라는 젊은 청년을 만났고, 그에게 부탁해서 할 수 있었던 일이다.

　중요한 사실은 매번 목적지에 도착해서 빈방의 유무를 확인해가며 정했던 터라 만원이라 방이 없을 때는 난처하기 그지없었다. 그러기에, 나에게 있어 다음 목적지 방을 예약했다는 것은, 달리 보면 내일의 순례길이 그만큼 여유롭고, 즐거울 수 있다는 의미로 해석할 수 있다.

　나중에 루피나 자매를 통해 전해 들은 이야기로는, 오늘 나에게 도움을 준 이 젊은 청년이 일전에 루피나 자매가 말한, 숙소에서 쓰러져 병원에 실려 갔다던 바로 그 한국인이었다는 사실이 또 한 번 나를 놀라게 했다.

　그의 말을 빌리면, 숙소에 도착해 여장을 푸는 도중에, 갑자기 혈당수치가 떨어져 정신을 잃었다는 것이다. 순례길을 걷다 보면 자신의 건강상태를 제대로 읽지 못하고, 그저 목적지까지 가야 한다는 생각으로 무리해서, 종종 이러한 일들이 발생하는 것을 보면 결코 소홀히 해서는 안 될 분명한 사실임을 다시금 깨닫는다.

　그리고 보니, 그 당시 사건의 주변에 내가 있었고, 지금은 그 사건의 주인공과 마주하고, 더욱이 그에게 도움을 받은 지금, 인연이란 아이러니 하게도, '억지로 만들어지는 것이 아니라, 마치 물 흐르듯 자연스럽게 연결되는 것 같다.'는 생각이 든다.

미로의 길

오늘은 다른 때보다 조금 일찍 숙소를 나왔다.

짙은 안개에 덮인 가랑비는 새벽부터 오기 시작했는지, 거리의 바닥은 온통 축축이 젖어, 가엾은 순례자의 발걸음을 무겁게 만드는 오늘이다.

어제 이곳을 오를 때에 비해, 경사가 완만해서 그나마 다행이다. 2km 남짓 걸어 능선에 오르니, 여전히 안개에 갇혀 불편한 시야지만 나름 산들의 능선이 안개에 파묻힌 광경도 볼만했다.

능선을 올라가는 길목에 때마침 Bar가 보여, 안개와 비를 맞으며 걷느라 지치고, 식어버린 체온을 데워줄 따뜻한 커피 한잔에 갓 구워 온기가 아직 가시지 않은 빵으로 요기했다.

높은 고산지대에도 Bar가 있는 걸 보니, 오랜 세월 동안 이곳에서 쉬어가는 순례자들이 많았음을 짐작할 수 있었다.

언제 그칠 줄 모르게 내리던 비가 잠시 소강할 때면, 저 멀리 건너 편의 산이 경치라도 뽐내듯 얼굴을 잠시 드러내며, 순례자의 눈을 즐겁게 해주기도 한다.

이곳의 공기는 정말 청정 그대로인 듯싶다. 심호흡을 할 때마다 신선한 산소가 나의 폐를 깨끗이 정화하는 기분이다. 그러다 바로 앞 산에 안개가 스치더니 곧바로 비가 쏟아진다. 언뜻 보기엔 낭만적으로 보이는 구름이 비를 몰고 오는 것이었다.

우연히, 발아래로 구름이라도 지나칠 때면, 마치 내가 구름 속을 걷고 있는 신선이 된 듯한 착각에 빠져보기도 했다.

자연이 선사하는 풍경은 형용할 수 없이 아름다운 것이 많음을 가늠케 하는 순간이 아니겠는가!

내리막길을 거의 다 내려와 두 갈림길에 접어들기 전, 재미있는 동상 하나가 눈에 띈다. 한눈에 봐도 몹시 지친 순례자가 지팡이를 짚고 먼 곳을 바라보는데, 아직 닿지 않은 산티아고 데 콤포스텔라를 동경하는 듯한 표정이 마치, 현재의 나의 모습과 겹치는 같아 한참을 바라보았다.

그런 순례자 동상을 회심의 작별을 나누고, 조금 더 걸으니, 작고 소박한 몇 채의 집이 옹기종기 모여 평화로운 풍경을 자아내는 마을 길목으로 한 무리의 소 떼를 몰고 가는 여성을 발견했다.

잠시 후, 그 여성의 뒤로 또 한 무리의 양 떼를 몰고 가는 사내도 모습을 드러낸다.

아주 오래전 한국의 농촌에서나 볼 수 있을 광경이다. 이제 더 이상 볼 수 없다고 생각했었는데, 왠지 그들의 모습이 나의 어릴 적 추억을 상기시켜주는 것 같았다. 그들이 나의 시야에서 완전히 사라질 때까지, 쉽사리 발걸음을 떼지 못했다. 마치 타임머신이라도 타고 옛 시절로 돌아간 것 같은 느낌이랄까?

그칠 줄 모르는 비와 동행하며 걷기를 벌써 4시간째다. 그나마 배낭을 탁송 보내서 보조가방의 무게만 감당하면 되었기에 다행이었다.

순례길을 걷다 보면 늘 마음이 무겁다. 여러 가지 이유가 있겠지만 본인도 그 연유를 정확히 알 수 없기에, 어쩌면 '그 해답을 찾기 위해, 홀로 이 길에 서지 않았을까?'라며 스스로에게 질문해 본다.

오늘 목적지인 트리아카스텔라(Triacastela)의 전 마을인 파산테스(Pasntes) 마을을 지나며, 길 한편에 위치한 Bar에 잠시 들려 따끈한 커피 한잔으로 갈증을 해소한 뒤, 한 시간여를 더 걸어 목적지의 알베르게에 도착하였다.

　비 때문인지, 거리 때문인지 의외로 이곳에 숙박하는 순례자의 모습이 별로 없었다. 어젯밤, 라파바 알바르게에서 만난 류순 청년이 추천하며 손수 예약해준 곳이건만 '인적이 뜸한 걸 보니 다른 이들은 잘 모르는 장소일 수도 있지 않겠는가!'라며, 생각해 본다.

　어쨌든, 순례자로 북적대는 숙소보다 적당히 한가로운 숙소가 쉬기에는 최상임을 이 길을 걸어본 경험 많은 순례자는 알 것이다.

　이곳에는 특이하게도 다른 알베르게에서는 볼 수 없는 벽난로까지 있으니 말이다. 붉게 타오르는 장작불 곁에서 한가로이 독서 하는 순례자도, 연인처럼 보이는 남녀순례자도, 이곳의 여유와 낭만을 만끽하고 있음이라 생각된다.

　저녁 시간이 지나도록 더 이상의 순례자는 찾아오지 않는 이곳이다. 이 늙은 순례자를 포함하여, 거우 4명의 순례자만이 오늘 이곳에서 신세를 지고 갈 것 같다. 문득, '이렇게 숙박인이 없어도 운영이 될까?' 하는 공연한 남의 걱정도 해보는 여유를 보이기도 한다.

어제에 이어 이틀째 말리지 못한 세탁물이 고스란히 배낭의 한자리를 차지하고 있다. 행여나 젖은 채로 열기마저 가해져 냄새라도 날까 싶어 노심초사지만, 하늘은 나의 걱정은 안중에도 없나 보다.

사실 비가 오는 날 숙소에 도착하면, 순례자는 할 일이 별로 없다. 그저 시간을 적당히 보내며, 멍하고 있다가 잠자리에 들기가 일쑤다. 우수수 떨어지는 빗방울을 응시하고서, 차 한 잔의 여유와 이어폰을 귀에 꽂은 채 클래식 음악이라도 들으며 낭만적인 시간을 보낼 것 같지만, 현실은 그렇지 않다.

저녁 7시에 가까워 젖은 신발을 고쳐 신고선 숙소 문을 나섰다. 계속 비가 내리는데도 그럴싸한 레스토랑을 찾아 근사한 순례자 메뉴로 한 끼를 해결해 볼 참이다. 만족스런 식사를 마치고 숙소로 돌아왔다.

오랜만에 청담동 성당 수지침봉사자 회원 및 레지오 단원들에게도 카톡으로 문자와 몇 장의 사진을 보내기도 했다. 출국 후 Wi-Fi가 되는 곳에서는 거의 상황을 가족 카톡방에 올리곤 했는데, 여러 날 만에 소식을 전하니 마음이 편하다.

한동안 소식이 없어 많이 궁금했었는데 문자와 사진을 보니 반갑고 안심이 된다면서 큰딸 루치아와 사위 클라로에게서 답신이 왔다. 이곳은 별일 없으니, 건강과 안전에 유의하라는 당부였다. 이곳 알베르게의 Wi-Fi 상태가 좋았던 게 행운이었음이다.

저녁 9시를 조금 넘어서자, 습관처럼 졸음이 몰려오기 시작한다.
'윙~~ 윙~~.'

침대 머리맡에 놓아둔, 휴대폰의 진동소리에 놀라 발신자를 확인해 보니 바실리오 형제다.

그에게 전화를 받아본 것도 사실 처음 있는 일이었기에, 행여나 그들 부부에게 무슨 변고라도 생긴 게 아닐까 하는 불안한 심정을 억누르며 통화버튼을 지그시 눌렀다.

그의 말은 이랬다. "내일 가는 길이 두 갈림길에서 혼동되는 곳이 있으니, 반드시 'San Xil' 방향으로 가라."는 것이다. 어찌나 고마운지. 함께 있지 않아도 이렇게까지 배려를 해주니 말이다.

그와의 짧은 통화 이후, 지그시 두 눈을 감은 채, 깊은 생각에 잠겨본다. '같은 길 위에 서로가 다른 공간에 있지만, 마음은 언제나 서로의 곁에 있노라!'

그가 나에게 그렇게 말해 주고 있음이다.

믿음의 길

DAY+35 2018년 6월 11일(월) 안개/맑음

Routes of Santiago de Compostela in France + 32days

Triacastela to Sarria 18.5km / 669.0km

벌써 며칠째 비가 내리는지, 이제 날짜마저 잊어버린 상태다.

오늘 구간은 순례길 전 구간 중, 가장 많은 순례자가 모인다는 사리아(Sarria)까지 약 28km를 걸을 계획이다.

사리아에 순례자가 많은 이유는 단 하나다.

순례길을 마치고 나면, 스페인 산티아고 순례자협회에서, 그 고된 여정과 고통을 이기고, 무사히 이곳 산티아고 데 콤포스텔라에 도착한 순례자를 위로하고, 격려하는 뜻으로 명예의 '순례자 인증서'를 발부한다.

그 인증서가 의미하는 바는, 이 길을 걸은 순례자 저마다 다르겠지만, 자신의 이름이 그 인증서 위에 쓰인 순간은 이루 말할 수 없는 감동과 자랑스러움마저 느껴지는 순간이며, 영원히 기억될 값진 추억 하나를 간직하는 셈이지 않겠는가?

이러한, 순례길을 걸었다는 인증서를 받기 위해선, 최소 100km를 걸어야 한다고 들었다. 그러한 까닭에, 최종 목적지인 산티아고 데 콤포스텔라에서 100km가 조금 넘는 거리의 마을인 사리아를 시작점으로 이 길을 걷는 이들이 바로 그러한 이유에서란다.

'모든 순례자에게는 저마다의 사연이 있지 않겠는가?'
물론, 나 같이 대부분의 순례자들은 생장에서부터 시작하기를 원한다. 인증서를 획득하는 것만이 목적이 아니기 때문이다. 이 길을 처음 걷는 미숙한 순례자인 나조차도, 최소한 이 길은 그런 단순한 목적에서 걷는 길이 아님을 절실히 깨닫기 때문이다.
홀로 빗속을 헤치며 걷는 고독한 순례자를 처음 맞이해주는 건, 짙은 안개 더미다. 요즘은 자주 이런 날씨 덕분에, 배낭 탁송 서비스를 하루의 일과처럼 보내며 시작한다.

비와 길의 바닥이 만나며 만들어내는 소리 리듬에 맞춰 뚜벅뚜벅 걷다 보니, 어제 바실리오 형제가 알려준 갈림길과 드디어 마주했다.
어젯밤, 우리의 통화를 엿듣기라도 한 듯, 바실리오 형제가 알려준 'San Xulián' 방향으로 모든 순례자들이 향하고 있다.
비가 왔어도, 시간이 지나면 자취를 감추었던 안개마저, 오늘은 사라질 기미를 보이지 않고, 나의 시야를 가로막고 선다. 그뿐이랴, 금방이라도 심장이 터져버릴 것만 같은, 가쁜 호흡을 내쉬며 오르는 가파른 오르막길을 벌써 몇 번째 마주하는지 모르겠다.
수를 헤아릴 수 없을 만큼 많은 이들이 지금 나와 함께 걷고 있다. 하지만 아무도 말이 없다. 그저 땅이 꺼지랴 고개 숙인 채, 걷고, 오르고, 그 곁을 지나칠 때면 가쁜 숨소리만 들릴 뿐이다. 나와 다를 바 없음에 동질감마저 느껴진다. 올라도 올라도 잡힐 것 같지 않은 고갯길을 한 시간째 걷고 있다.

그러다 또 마주한 두 갈림길이다. 짙은 안개로 노란 화살 표지판은 안보인지 오래다. 나를 뒤따라오던 순례자들도 갈림길을 마주하고서, 나와 같은 반응을 보이며 우왕좌왕이다. 뭔 소리인지는 몰라도 서로 상의를 하며 자신의 판단이 옳다며 따라오라고 설득하는 추임새다.

'난감한 상황이 아니겠는가?'

그런 그들을 지켜보며 결심하기에 이르는 자신이다. 나는 많은 사람이 가는 방향으로 따라갈 것이다.

드디어 결정을 했는지 그들 무리가 좌측으로 방향을 틀면서 이동한다.

'가자, 나도 그들 무리를 따라서…'

그렇게 혼잣말을 하며 막 발걸음을 이동하려는데, 좌측 방향에서 또 다른 무리의 순례자들이 잔뜩 지치고 상기된 표정으로 걸어오는 게 아닌가!

'이 길이 아니구나~'

저들이 아니었다면, 큰일 날 뻔했음이다. 좌측 방향을 선택하고 리드인듯한 사람을 따르던 사람들, 안도의 한숨을 쉬며 서로 웃다 보니 기분마저 좋아졌다.

다시 방향을 틀어 이 악몽 같은 지역을 벗어나고자 두 다리에 힘을 주어 빠르게 움직였다. 그런 나를 더 빠른 걸음으로 앞질러 가는 순례자들이 있어, 그들의 뒤를 바짝 쫓았다. 얼핏 보아 회교권 사람들로 보였다.

이 길에서 '무슨 신을 섬기냐?'며 따질 때가 아니다. 이 길 위에서만큼은 종교도, 국적도, 신분도, 모든 게 평등한 우리는 순례자 그 자체다. 뭔가에 쫓기기라도 하듯, 굉장히 빠른 걸음으로 이동하는 그들 무리다. 대여섯 명쯤 되어 보이는데, 내달리듯 그들 무리를 놓치지 않을 각오로 기를 쓰고 따랐다.

그렇게, 거의 3시간 가까이 추격전을 벌이고 나니, 몸에서 이상 신호를 보내고 있었다. 곧바로 뛰는 걸 멈추고, 다시 평소처럼 걷기 시작했다. 하지만 이미 두 무릎 관절에서 뇌신경으로 보내오는, 격한 통증을 통제할 방법이 없음을 깨닫고, 그들 무리를 따라 뜀박질한 자신을 원망하기에 이르렀다.

그나마 배낭을 탁송했으니 길을 잃지 않으려고 뛰는 일행을 따를 수 있었고, 일찍 숙소 부근에 도착한 것으로 위안을 받았다.

'이곳을 한시바삐 벗어나고픈 마음에서?' 아니면, '앞서가는 이들을 따르지 않으면 길이라도 잃을까 봐?'

아무튼, 그들을 따라 3시간여를 달렸던 고난에 대한 보상이 곧 눈앞에 펼쳐지자, 고개 들었던 통증도 잠시 숙연해짐을 느꼈다. 현재 걷는 위치라도 확인할까 싶어 GPS를 켰다. 목적지 사리아가 곧 눈앞인 걸 확인하고서부터다. 어림잡아 1km 전방이었으니 말이다. 사리아 시내를 접하는데, 이십여 분이 채 걸리지 않은 듯하다.

드디어 도착했다는 기쁨과 안도의 한숨을 내쉼과 동시에 어김없이 배고픔의 신호를 보내온다. 그러고 보니, 미친 듯 그곳을 벗어나느라 아침에 먹은 빵과 주스 외에 아무것도 먹지 않았으니 배 속이 아우성치는 것도 당연한 일이다.

평소 같으면 숙소부터 정한 뒤, 여장을 풀고 허기를 채우러 돌아다녔건만, 오늘은 예외로 하기로 했다.

점심도 거른 채, 3시간을 내달린 순례자가 밥 잘 챙겨 먹고 와서 숙소를 찾았거늘 내어줄 침대 하나 없을 소냐! 아직도, 그곳에서 비와 안개와 싸우며 나아갈 방향을 찾아 무거워진 발걸음을 옮기는 순례자들이 내 뒤로 줄을 섰을 텐데 말이다.

오랜 시간을 뛰느라 고생한 두 다리에 미안한 마음에 멀리 찾아갈 것도 없이 처음 눈에 보인 레스토랑으로 향했다. 다행히 사진으로 가득한 메뉴판에 흐뭇해하며, 볶음밥과 비슷해 보이는 녀석으로 주문을 했다.

'헉! 이럴 수가! 보기 좋은 게, 맛도 좋다고 했던가?'

아니다. 절대 그렇지 않다. 우선 너무 짜다. 쌀은 짓다가 만 생쌀 느낌이다. 그리고 더욱 나를 당혹스럽게 한 것은 영수증에 봉사료 10% 추가까지 되어있다는 사실이다.

GPS를 켜고, 마을 성당과 알베르게 위치를 확인해 보니, 지금 위치한 레스토랑에서 걸어서 10여 분 남짓한 거리에, 성당과 알베르게가 서로 마주보고 있음을 확인했다.

젖은 신발을 벗어 고쳐 신고 그곳으로 발걸음을 옮겼다. 아직은 내 뒤에서 갈팡질팡하던 순례자들이 도착하지 못한 듯, 숙소 내부는 꽤 한가로운 분위기였다.

여정을 풀고 숙소 맞은편 카페로 배낭을 찾으러 갔다. 그런데 3시가 넘었는데도 안 왔단다. 숙소에서 잘못 알려 주었나 확인했으나 그곳이 맞는단다. 다시 가서 확인하니 바로 앞 창고인 듯한 곳에 있지 않은가! 잠시지만 분실된 것은 아닐까 걱정했었는데 얼마나 다행인지. 하지만 카페 주인한테 몇 번을 물어보았는데도 모른다고 한 그의 불친절에 실망스럽지 않을 수가 없었다.

잠시 시간의 여유가 있어서 알베르게 바로 옆에 있는 성당에 가서 잠시 둘러보고 감사의 기도를 드렸다. 그리고 배낭 찾았던 카페로 가지 않고, 주변의 다른 식당으로 가서 간단한 저녁 식사를 마쳤다.

순례자들을 위한 안수를 기대하며, 7시 미사에 참례하기 위해 성당으로 향했다. 20명 내외의 순례자인 듯한 사람들이 참례하고 있었다. 혹시 안수를 해 주려나 기대했지만 없어서 아쉬웠고, 순례자들을 나오라 하여 야고보 성인의 모습인 듯한 상본 하나를 받는 것으로 만족할 수밖에 없었다.

반성의 길

5.0km 8.5km 4.0km 5.5km

Sarria Rente Ferreiros Moutras Portomarin

　　어제에 비해 다소 줄어든 약한 빗줄기지만, 여전히 안개를 동반하기에 별 차이가 없다. 그나마 걷는 구간의 흙길이 질지 않아 진흙 길보다는 훨씬 나은 편이다.

그나저나 어제부터는 정말 순례자들의 수가 눈에 띄게 늘어났음을 알 수 있었다. 특히, 어제 머물렀던 사리아 전에는 전혀 마주치지 못했던, 학생들의 수가 상당하다고 할까?

역시, 사리아부터는 산티아고 데 콤포스텔라와 점점 가까워지고 있음을 알 수 있다. 마치 우리네 수학여행을 온 학생들의 행렬을 연상케 할 정도로 다양한 교복을 차려입은 남녀학생들이 줄지어 걸으니, 순례길의 고요하고 신성한 정취마저 앗아가 버리는 느낌이다.

언뜻 들은 얘기로, 스페인 교육부에서는 고등학생들에게 순례길을 100km 이상 걸어야 봉사활동을 인정해주는 학점제도가 있다고 하니, 좋거나 싫거나 의무사항이니 참여하지 않을 수 없는 상황은 이해가 갈 만도 하다. 아무튼 사리아부터는 이전의 순례길에서 느꼈던 분위기에서 벗어나 오히려 이 길을 즐긴다는 기분으로 걷는 것도 하나의 방법이며, 정서적으로도 위축되었던 정신도 감정도 좀 편안해지지 않을까 하는 조심스러운 얘기를 꺼내본다.

산티아고 데 콤포스텔라가 점점 가까워질수록 크고 무성한 나무들이 숲을 이루는 반면, 소와 양을 방목한 목장들의 규모가 조금씩 줄어드는 것을 볼 수 있었다. 여기부터는 순례자들이 줄지어 걷는 통에 길을 잃을 걱정을 전혀 하지 않아 나름 마음도 편하고, 가파른 산길을 오르고 내려야 하는 구간이 없는 평탄한 길이다 보니 훨씬 걷기가 편했다.

오늘의 목적지 포르토마린(Portomarin)으로 가는 길목엔 한 집 건너 한 집마다 Bar가 즐비해, 원하는 때에 휴식을 취하거나 식사를 할 수 있었다. 이 또한 좋은 것 중 하나였다.

　모우트라스(Moutras) 마을을 지나자 나타난, 순례길 안내 표지석에 103,699km라고 적혀 있다. '아! 이제 산티아고 데 콤포스텔라까지 얼마 남지 않았구나!'라고 생각하니 가슴이 두근거림을 좀처럼 가라앉힐 수가 없다.

　드디어, 손장난이 심한 순례자들의 낙서로 여기저기 그들만의 의미 있는 글귀를 남겨놓은 100km 표지석이 나타났다. 어느 순례자는 이 표지석부터가 순례길 '카운터 다운(Count down)'의 시작이라는 말을 하는 걸 얼핏 들은 것 같기도 하다.

　기나긴 평탄 길을 지나 철길 위로 길을 낸 육교식의 철 구조물을 조심스레 건너가다 보니, 예정한 알베르게 숙소가 시야에 들어왔다.

　그동안 시설 면에서나 청결 상태를 고려하여 주로 사설 알베르게를 이용했었지만, 사실 기대 이하였던 점을 감안하면 제대로 만족을 못 했던 터라 오늘은 공영 알베르게에서 쉬어보기로 결정했다.

나의 경험으로 보아, 사립이든 공립이든 복불복인 게 아닌가 싶다.

'호스텔이나 호텔에서 잘 것이 아니라면 그냥 아무 데서나 자라.'라고 말하고 싶을 정도로 별반 차이가 없다는 뜻이다.

도착한 공립 알베르게에서 접수를 마치고 배정받은 침대를 확인하는데, 오늘은 위층 이웃을 잘못 만난 듯하다.

낮에 보았던 남녀 학생들이다. 어찌나 떠들어 대는지 정신이 하나도 없어, 손가락 검지를 입술로 갖다 대며 '조용히' 의사표시를 보냈으나 전혀 진전이 없는 그들이다.

언뜻 보아도 이 방안에 분명 스페인 순례자들도 있을 텐데, 누구도 그들의 소란을 제지하는 이가 없어 답답할 노릇이다.

순간 '내가 까다로운 사람인가?' 하는 생각마저 들었다. 분명 여러 사람이 함께 공유하는 장소에서의 기본적인 예의 상식 정도는 알고 있을 텐데 말이다. 그런 일로 스트레스를 받으니, 차라리 밖에서 시간을 때우는 게 났겠다 싶어, 필요한 물품도 살 겸 해서 마트로 발걸음을 옮겼다.

한 시간여의 쇼핑 끝에 밖으로 나오다 보니, 길 건너편에 마주한 성당에서 사람들이 밀려 나오는 것을 목격했다. 아마도 미사를 마치고 나오는 사람들이라는 생각이 들었다.

순례길을 처음 시작할 때만 해도, '발길이 머무는 모든 성당에 들러 가능하다면 미사에 참례해볼 것'이라고 자신과의 굳은 약속을 했던 나였지만, 성당들이 문을 닫은 곳이 많은 것 같고 미사 참례 시 강론의 뜻을 전혀 이해하지 못해서 시간이 지날수록 조금 소원해져 발길이 끊어졌었다. 하지만 그러면 그럴수록 미사에 참례하지 못했다는 마음은 오히려 가슴 한구석을 편치 않게 만들었음이다. 그리고 이제야 후회가 밀려오는 나 자신을 보니, 아직도 내가 하느님께 더 다가가기 위한 준비가 덜 되었음이다.

성당 옆 식당에서 순례자 메뉴로 저녁 식사를 하고 숙소로 갔다. 순례자 메뉴가 산티아고에 가까워질수록 같은 금액인데도 불구하고 질이나 양적인 면에서 점점 떨어지는 느낌이 들어 아쉬움을 금치 못했다. 여전히 시끄러운 상황에다가 침상이 계속 움직여서 잠자리에 누웠어도 제대로 잠들 수가 없었다.

순례자의 길

DAY+37 2018년 6월 13일(목) 맑음

Routes of Santiago de Compostela in France + 34days

Portomarin to Palas de Rei 25㎞ / 717.0㎞

Portomarin — 8.5km — Gonzar — 3.5km — Hospital da Cruz — 5.5km — Airexe — 7.5km — Palas de Rei

어젯밤은 말 그대로, 순례 기간 중 최악의 밤을 나에게 선사한 추억 가득한 잠자리를 보내게 되었다.

침대 위층에서 자는 학생이 마치 둘인 듯, 밤새도록 몸을 이리저리 뒤척이는 바람에 나까지 선잠을 잤다. 어제 숙소에 도착하고부터 맘에 안 들어 눈여겨 봐두었건만, 아침에 일어나 숙소를 떠나기 전까지 나를 괴롭히는 얄미운 철없는 순례자이다.

선잠으로 제대로 풀리지 않은 몸을 일으켜 세워, 준비해둔 빵과 요구르트 한 병을 단숨에 들이키고서, 다른 때보다 일찍 숙소를 나선 시간이 6시 30분경이다.

오랜만이다. 이런 쾌청한 날씨를 맞이하는 아침이 말이다. 그칠 줄도 모르는 비와 안개는 잠시 동면이라도 취하는 듯, 더 이상 가엾은 순례자들을 괴롭히지 않는다. 그러나 날씨가 맑고 햇살이 쏟아지니,

이번엔 너무 더워 다시금 순례자들을 괴롭히는 하늘이다.

'세상은 불평하면 불평하는 만큼 느끼고, 좋게 생각하면 좋게 생각하는 만큼 느끼는 이치이거늘…'

그나마, 이전에는 고원지대의 산길을 걷느라, 따가운 햇살도 피하며, 나무들 사이로 불어오는 시원한 바람 덕분에 더위를 피할 수 있었건만, 앞으로 걸어가야 할 이 길들은 그런 모습과는 전혀 다른 풍경이기에 어쩔 수 없는 노릇이 아니겠는가!

어제에 이어, 오늘도 여전히 전형적인 시골 농촌의 냄새를 싣고 불어오는 바람을 정면으로 맞이하며 그 길을 걷고 있다. 바로, 소똥 길이다. 어제 이 길을 한참을 걸어왔건만! 전혀 냄새에 대한 적응이 되지는 않는 나였다. 그나마, 잠시 후 나타난 우거진 숲 길 덕분에 따가운 햇살로부터 더위를 피할 수 있어 다행이었다.

'자연은 역시 무조건 빼앗아 가지만은 않는다'는 진리를 깨닫게 해주는 것만 같다. 평소보다 일찍 걸음을 재촉했던 탓에, 팔라스 데 레이(Palas de Rei)로 가는 첫 번째 마을을 지나고부터는, 수많은 순례자들의 행렬을 실감할 수 있었다. 얼핏 보아도 이제는 두 분류의 순례자로 구별이 될 만큼 느꼈던 어제와 오늘이다.

나처럼 큼지막한 배낭을 둘러메고, 얼굴에 윤기가 없다거나 고된 여정으로 지쳐 보일 법한 순례자는 장거리 순례자요, 그렇지 않다면 사리아부터 첫걸음을 시작한 단거리 순례자일 것이다.

십여 분을 맨 흙바닥에 앉아 쉬노라니, 저만치서 누가 봐도 불편해 보이는 다리를 한 발 한 발 이끌다시피 걸으며, 세상 어디에도 없는 행복한 미소를 짓고, 즐겁게 이 고개를 오르는 순례자가 있어 한참을 눈여겨 바라보았다.

예전에, 루피나 자매와 잠시 걸으며, 라파바(La Faba)로 가는 길목에서 만난 어느 83세의 스페인 순례자를 연상케 했다. 그의 표정이 얼마나 밝아 보이던지, 나는 지치고 힘들 때마다 땅만 보고 걸었던지라 사실 다른 순례자들의 걷는 모습을 제대로 못 봤을 수도 있겠구나 싶었다.

그들은 힘들게 걷는 것 같아도, 아니 분명 힘겨워함에도 절대 웃음을 얼굴에서 놓아 버린다거나 다른 순례자들과 마주칠 때도 인사를 게을리하지 않는다.

"부엔 까미노(Buen Camino), 올라(Hola)" 하며, 인사를 외치듯 주거니 받거니 한다. 세상에서 가장 평온하고, 행복한 모습으로 말이다. '이것이 진정, 순례길의 참 의미'라며, 나에게 가르쳐주는 것 같기만 하다.

땀이 거의 마를 때쯤 다시 일어나 이번엔 내리막길을 조심스레 내려가기 시작했다. 조금 전, 그 나이 많은 순례자가 다리를 절뚝거리며 나를 앞질러 건너자 이상한 호기심이라도 발동한 듯, 몰래 뒤편에서 그의 뒷모습을 몇 장 찍었다. 그리고 그의 옆으로 다가가 조심스러운 질문을 던져 보았다.

"Hola!"

가볍게 고개 숙여, 먼저 목례로 인사를 건네 본다. 그러고선 궁금했던 나이를 다짜고짜 물으니 76세란다. 우리의 나이로 계산해보면 나와 동갑인 셈이다. 그러고 보니, 가끔 길에서 마주칠 때면 서로 말 없이 눈인사를 나누었던 우리였다. 기억을 못 했을 뿐이지….

포르토마린에서 6시 반경에 출발하여 팔라스 데 레이까지, 거의 25km를 8시간을 걸어, 목적지 알베르게에 도착했다. 가끔은 GPS의 도움 없이도, 경험 많은 노련한 순례자인 듯, 어림짐작으로 원하는 알베르게를 찾을 수 있다 보니, '이제 익숙해 질만도 했구나' 싶다.

오랜만에 한국에서 나를 애타게 걱정하고 있을 가족들에게 안부라도 전할까 싶어, 오늘은 Wi-Fi가 원활한 숙소로 정하고자 사립 알베르게에서 여장을 풀었다. 그리고 '부르고스 사태' 이후, 병원에서 처방받은 약을 꾸준히 복용한 결과, 어느 시점부터인가 용변도 편하게 보고, 배 속의 통증도 완전히 사라졌음을 알았다.

'나에게 있어, 이보다 더한 좋은 소식이 있겠는가!'

이제는 무사히 남은 여정을 마치는 일만 남았으나 아쉬운 점이 있다면, 묵주기도다.

내가 느끼기에 평온하고 안식을 찾을 땐, 기도에 대한 생각과 행동이 강하게 작용하였으나, 지치고, 힘들 때면 배고픔을 달래기 위해 음식을 먼저 찾았고, 피로를 잠재우기 위해 잠을 찾았으니, 기도는 생각조차 할 겨를이 없었었다.

'그러다 힘들면 하느님을 애타게 찾으며, 도와달라고 외치고 하느님을 향해 간청하였던 자신'이 아니었던가. '그런 자신을 부디 용서하시고, 이해해 달라고, 그리고 그 넓은 따뜻한 품으로 감싸달라고, 이 길 위에서 쓰러지지 않도록…'

새로운 동행의 길

Routes of Santiago de Compostela in France + 35days

Palas de Rei to Arzua 29.5㎞ / 746.5㎞

| 6.0km | 3.5km | 5.5km | 11.5km | 3.0km |
| Palas de Rei | Casanova | Leboreiro | Melide | Ribadiso de Baixo | Arzua |

뭔가에 쫓기듯, 바쁜 아침을 맞이하며 떠날 채비를 서둘러 마친 뒤. 숙소를 나서는 시간이 6시 반을 조금 넘은 시간이다.

아주아(Arzua)까지, 여기서부터 약 29km 되는 꽤 먼 길을 걸어가야 했기에 서두르는 수밖에 없었다.

성수기가 시작되는 6월에서 9월 사이에는 수를 헤아릴 수 없을 만큼, 많은 순례자들이 이곳 산티아고 순례길을 방문하고 걷는다. 그러기에 마을 어디를 가나 숙소를 잡기 위해, 빠른 걸음으로 걷는 순례자들의 진풍경이 펼쳐진단다.

서둘러 걷지 않으면, 침대를 사수 못 할 것이고, 그렇게 되면 선택은 딱 정해져 있다. 돈 많은 순례자는 호텔로 향할 것이고, 그렇지 못한 순례자는 처마가 있는 건물 아래나 공원 벤치 혹은 성당 옆 잔디 위에서 밤을 지새워야 할 수도 있다.

숙소를 떠난 지 두어 시간이 지났건만, 자욱하게 내려앉은 짙은 안개 덕에 아직 어둠이 채 가시지도 않았다.

그렇게 한 시간여를 더 걸으니 이제 제법 주변의 풍경이 시야에 들어온다. 순간, 두 명의 여성 순례자들이 나를 앞질러 가길래, 얼굴을 보니 한국인 순례자 같았다.

"안녕하세요~."

한국인이라 확신하듯, 먼저 인사를 건네 본다.

"어? 한국인이시네요?"

사실, 한동안 바실리오 형제 부부와 루피나 자매와 헤어지고부터 거의 한국인 순례자를 만나지 못했기에, 그런 그들이 얼마나 반가웠는지 모른다. 그런 그들도 내 처지를 이해하는 듯, 어쩌면 같은 심정일지도 모르지만, 반갑게 맞아 주는 느낌이다.

"오랜만에 한국 사람을 만나니 너무 반갑네요."

그들은 김천에 있는 황금성당에 다닌다고 한다. 두 자매 중, 조용하고 침착해 보이는 분이 동생인 릿다 자매고, 연신 웃음 지으며 활발해 보이는 분이 언니인 베로니카 자매였다.

언니가 동생의 환갑기념으로 여행 아닌 여행을 시켜주기 위해 둘이 길을 나섰단다. '자매 관계가 좋은 것 같아, 행복한 집안이겠구나!' 생각도 잠시 해보았다.

한국에서 출국 전부터 발바닥의 통증을 호소했던 동생 릿다 자매는 보기에도 걸음이 부자연스러워 보였음에, "언니의 배려로 이따금 차량 편으로 이동하며, 순례길을 이어가고 있다며" 릿다 자매가 머쓱해 하며 이야기를 전해준다.

그들과 계속되는 대화를 이어가다 보니 어느새, 한적한 시골 마을의 어느 Bar에 이르러, 따가운 햇볕과 건조해진 공기 탓에 갈증으로 타오른 목을 잠시 축이고 가자며 잠시 걸음을 멈춰 섰다.

그렇게 셋이 자리를 잡고 주문한 음료를 마시는데, 언니인 베로니카 자매가 적극적으로 대화를 주도했다.

"부친은 교장선생이었고, 동생 릿다 자매는 전형적인 가정주부에 책 읽기만 좋아한다."는 말로 시작한 그녀의 얘기는 계속 이어진다.

'예전에 나도 교직을 그만두지 않았더라면 교장으로 퇴임했을 텐데 왜 그만두어 그동안 가족들을 고생시켰나?' 하는 후회스러운 생각이 생뚱맞게 떠오르기도 했다.

아주아(Arzua)로 가는 중간 길목의 마을인 폰테캄파나(Pontecampana)에서 베로니카 자매가 얼핏 말한 스님 한 분과 카페에서 인사를 나누게 되었다.

'스님이라?'

　수많은 국적의 순례자와 다양한 직업을 가진 순례자들을 만났건만, 스님은 처음이라 신기하기도 하고, '스님이 왜 이 길을 걷는지'도 궁금하기도 했다. 여승이지만 모자를 쓰고 일반 트레킹 복장으로 한 탓에, 스님이 맞는지 아닌지 알 수가 없었다.

　또르띠야(Tortillas)[18]와 커피를 주문하여 먹는데, 초면인데도 부담 없다는 듯, 옆자리에 앉아 잠시 대화를 나누기도 한다. 어려서 성당에 나간 적이 있고 한계령 넘어 오색약수터의 어느 절에 있다고 하였다.

　그런데 커피값을 지불하려는데 스님이 나서서 계산한다. 나의 커피값을 지불하다가 또르띠야 값까지 지불하는 것이 아닌가! 순간 당황했다. 초면에 같은 신자도 아닌 이방인의 도움을 받아서다.

　그러면서, 오늘 아침 눈을 뜨며 처음으로 생각한 것이 '누구에게 커피 한잔을 사줘야겠다.'였는데, 그 대상이 바로 나였다며 즐거워하시는 게 아닌가?

---

18)　또르띠야(Tortillas) : 고기와 양파 등을 곱게 썰어 양념하여 볶은 것을 프라이팬에 지진 계란으로 싼 스페인식 요리

'2유로도 하지 않는 커피 한 잔의 위대한 힘을, 도대체 나는 왜 몰랐을까?' '받은 자는 받아서 기분 좋고, 베푼 자는 주어서 기분 좋고.' 사소한 것에서부터 서로를 이해하고, 베풀어야 한다는, 이 큰 의미의 진리를 나는 또 망각했음이다. 언젠가 오색약수터에 가면 꼭 한번 찾아가서 은혜를 갚고 대화를 해보리라 생각도 했다.

차나 한잔 마시려 들렀던 자리였건만, 그곳에서 많은 것을 배우고, 깨우치고 나오는 묘한 기분을 머릿속에 각인시키며, 목적지를 향해 다시 발걸음을 돌렸다.

남은 거리 59.559km라는 표지석이 나타난다.

'이제 정말, 대망의 산티아고 데 콤포스텔라가 눈앞이구나!' 생각하니, 절로 신도 나고 왠지 서운한 마음이 교차해짐은 어쩔 수 없음이라. 스님과 작별을 하고 떠나 온 지, 한 시간여를 걸어 제법 큰 마을인 듯한 멜리디(Melide)에 도착했다.

거리의 레스토랑마다 보기에도 먹음직스러운 낯익은 바다 고기의 그림과 사진을 문 앞에 걸어 두고, 바쁘게 걸어가는 순례자들의 발걸음을 멈추게 하려는 듯, 그 냄새마저 코를 자극한다, 이것이 바로 스페인에서 유명하다는 '뽈뽀(Pulpo)', 갓 삶아낸 신선한 문어를 갖은 양념으로 버무려 볶아 향을 낸, 문어 숙회 요리란다.

'아무리 돈 없는 순례자라도 그 맛과 풍미가 굉장하다고 하니 이 맛을 저버린 채 그냥 지나칠 수 없지 않은가? 그런 이유를 두 자매도 알고 있던지라, 언니 베로니카 자매가 맛집을 물어물어 어느 식당을 찾아 들어갔다. 우리의 시골 장터를 연상케 할 정도의 바글바글하다는 표현이 나올 정도의 많은 인파와 그들이 내는 왁자지껄 대화 소리에 정신이 몽롱할 정도다.

더더욱 날 놀라게 한 것은 이들 중에는 생장에서부터 순례를 시작할 때 옷깃이라도 스친 인연부터 여기까지 오며 길 위에서 또는 알베르게에서 안면이 있는 순례자들이 많이 있었다는 것이다.

"참, 신기하네요. 여기 제가 아는 순례자들이 대부분이에요."

한쪽 구석진 자리에서 식사를 다 마쳤는지 일어나는 순례자 팀이 보여 그쪽으로 이동했다.

십여 분의 기다림 끝에, 자그마한 나무 쟁반에 주문한 빵과 맥주가 먼저 나왔다.

"얘~ 너 맥주도 시켰니?"

언니 베로니카는 우리가 주문한 게 아니란 듯, 동생 릿다에게 확인 질문을 했다.

"응, 언니! 아저씨도 계시고 해서, 그리고 옆 테이블에서 마시는 걸 보니까 괜히 마시고 싶어져서 시켰지 뭐~"

시원한 맥주가 목덜미를 타고 가슴을 지나 위 속으로 전해지자, 파르르 떨리는 몸이다.

"카악~, 역시 이 맛이죠! 기분이 너무 좋습니다."

맥주를 받아들자마자 한 모금 마셨다. 그리고선 잔을 탁자에 내려놓으며 '카악' 하고 소리를 내자, 나를 따라 하듯 두 자매도 '카악' 소리를 내며 맥주잔을 탁자에 '탁' 하고 내려놓고는 연신 좋다며 웃어댄다.

주문한 '뽈뽀'가 나오고, 우린 다시 건배를 외치며, 순식간에 한 접시를 해치워 버렸다. 한입 넣고 씹는데 입 안에서 사르르 녹는 기분이다.

식당을 나서며 베로니카 자매가 계산을 치렀다. 좋은 분과 같이 맛있는 음식을 먹게 되어 너무 고맙단다. 내가 더 고마운데 말이다.

평화로운 목장 길옆을 조금 지나자 숲 속 길이 나온다.

얼마 전, 두 자매는 길 위에서 잠시 인연이 되어 사진을 찍었던 두 명의 필리핀 사제를 또 만나서 사진을 같이 찍기도 했다. 베로니카 자매가 곧잘 영어로 외국인 순례자들과 대화를 나누길래 물어보니 예전에 호주에서 생활을 한 적이 있는데, 그때 배웠단다.

산티아고 데 콤포스텔라 순례 후, 다시 포르투갈로 넘어가서 동생 릇다 자매와 포르투(Porto)에서 투어를 시작할 것이라고 하니 그 용기와 기백이 대단하지 않은가.

걷는 발걸음이 즐겁다 보니, 언제 도착했는지도 모르는 사이에 목적지 아주아에 4시를 조금 넘겨 도착했다.

오는 내내 걷는 순례자가 어제보다 더 많아진 것 같아, 내심 방을 구하지 못하면 어쩌나 싶었지만, 이곳에 도착하고 보니 조금은 안심이 되었다. 눈에 보이는 알베르게 숫자만 해도 헤아릴 수 없을 만큼 많았기 때문이다.

그런데 헤어졌다고 생각했던 여자 스님은 같이 걷지는 않았지만 미리 앞서가서 방을 정해주어 숙소를 찾는 데 신경을 쓰지 않아도 되었고, 지금까지 묵었던 알베르게들 보다 볕까지 잘 들어 빨래를 널기에 아주 좋았다. 깨끗한 빨래를 보고 산티아고 입성을 앞두고 몸과 마음을 깨끗이 한다고 생각하니 기분이 좋았다.

저녁 시간이 다 되어서야 낮잠에서 막 일어난 듯한 두 자매는 나를 의식한 듯, 말을 건넨다.

"저기, 우리는 마트에 가서 재료를 사와 밥해 먹을 건데, 식사 같이 하실 거죠?"

주섬주섬 옷과 지갑을 챙기던, 베로니카 자매가 던지는 말이었다.

"식사 같이하시죠! 저도 마트에 같이 가겠습니다."

오늘 여러 가지로 두 자매에게 신세를 진 것 같아, 물건값도 치르고, 저녁 식사를 도울 생각에 던진 말이었다.

"아니에요. 피곤하실 텐데 쉬고 계세요. 언니랑 둘이 다녀오겠습니다."

극구 나의 제안을 사양하더니 이내 빠른 걸음으로 사라졌다. 도대체 난 왜 도움만 받는 걸까? 이 고마움을 언제 갚을 것인가? 정녕 기다리기만 할 것인가?'

어느 틈엔가 마트를 다녀온 그녀들은 음식재료를 가득 담은 비닐봉투를 들고선 주방으로 이내 발걸음을 옮겼다. 그리고선 누가 뭐라 할 것도 없이 한 명은 재료를 손질하고, 다른 한 명은 손질된 재료를 이리저리 냄비에 담아내고선 요리를 시작한다. 난 그저 그런 그녀들의 모습을 지켜볼 뿐이다.

오늘은 풍성한 저녁이었다. 와인, 문어 통조림, 돼지고기, 영양 죽까지 있으니 이 이상 더 좋은 식단이 있을까 싶었다. 순례 얘기가 끝이 나지를 않는다. 이 좋은 분들을 만나서 함께 하니 행복감마저 든다.

기다림의 길

DAY+39 2018년 6월 15일(금) 흐림/맑음

Routes of Santiago de Compostela in France + 36days

Arzua to Pedrouzo 19.5km / 766.0km

잠결에 소변이 마려워 화장실을 다녀온 이후로, 쉽사리 다시 잠들지 않는다. 창가로 스며드는 달빛에 겨우 손목에 찬 시계를 확인하니, 새벽 3시를 조금 넘기고 있다.

내일이면 꿈에라도 그리던 산티아고 데 콤포스텔라의 입성이 예고되어있기에, 쉽사리 마음을 가라앉히지 못함일까? 그토록 고난과 역경을 이겨내며 부르짖었던 산티아고 데 콤포스텔라가 아니었던가.

어릴 적, 내일 소풍이라도 떠나는 초등학생처럼 들뜬 기분을 좀처럼 다스리지 못해, 어서 날이 밝기만을 기다리는 어린아이가 된 듯하다. 그러다 문득 생각난 것이, 나의 이 여정 이 순례길의 모든 기억과 추억과 경험들을 한편의 책으로 만들면 어떨까 하는 가당치도 않은 생각을 하기에 이르렀다.

'에이~ 책이라니? 내가 무슨 책을 쓴다고…'

물론, 전혀 가능성이 없는 것만은 아니다.

나는 지금까지 책을 쓰기 위해 글을 써 본 적은 없지만, 지난 수십 년간 일기를 쓰던 버릇이 있어 사실 순례를 하면서도 매일 그날의 일과를 짧게나마 적었었다. 이것에 더 살을 붙여 책을 만들면 되지 않겠느냐 하는 게 나의 생각이었다.

그렇다면, 책을 쓰는 주제는 무엇으로 해야 할지 생각해야 하는 과제가 남았다. 77세라는 나이에 순례길에 오른 것도 중요했지만, 자신이 이 길을 걸으며 무엇을 보고, 느끼고, 깨달음을 얻었는지, 더욱이 이 여정의 시작과 끝의 중간에서 만나고, 헤어지는 인연의 반복 속에서 그들과 엮인 가지각색의 사연들이야말로 최고의 이야기가 되지 않을까?

또한, 곤경에 처했을 때 마치 천사처럼 나의 앞에 나타나 따뜻한 도움의 손길을 건네고, 유유히 사라져 간 그들, 하느님의 천사들이라고 말하고 싶은 그들이야말로, 나의 이야기 속의 진정한 주인공이 아니겠는가.

'이 세상에 존재하는 모든 것들은, 존재하는 이유가 반드시 있을 것이다.'

이전에 '하느님이 왜 나를 이곳까지 부르셨을까?'라며 했던 생각들이, 이제는 '하느님께서 나를 이곳에 부르신 이유가 반드시 있을 것이다.'로 전환되기 시작했다. 어쩌면 생전에 그들로부터 받은 도움을, 이제는 내가 누군가에게 손을 내밀 수 있도록 인도하는 것인지도 모르겠다.

결국, 새벽 3시부터 시작한 내 생각들은 아침이 밝아서야 멈췄다.

이제 이곳을 떠나 산티아고 데 콤포스텔라 입성 전인 마을인 오뻬드로우조(O' Pedrouzo)까지가 오늘 걸어갈 곳이다. 밤새 거의 뜬눈으로 새벽을 보내고 아침을 맞이했건만, 예상보다 피곤하거나 힘겹지가 않음이 이상할 정도다. 떠날 채비를 마치고, 창문 너머를 바라보니 가느다란 빗줄기가 내리고 있었다.

이곳 아주아에서 오뻬드로조까지의 거리는 20km에 이르지만 그저 평범하고 소박한 전형적인 스페인의 시골 길이다. 다른 점이 있다면, 주변 풍경을 보는 시간보다 오늘 이 길을 걷는 순례자의 모습이 더 많이 눈에 들어온다는 것이다. 그만큼 많고, 다양한 사람들이 보여 신기하고 새롭기도 한다.

혼자 걷는 길은 많은 생각을 할 수 있는 기회를 제공한다. 또한 그렇게 걷다 보면 어느덧, 목적지에 발을 딛고 서 있는 자신을 발견할 수 있다.

공립 알베르게로 발길을 부지런히 움직였다. 베로니카와 릿다 자매 그리고 그들을 통해 인연이 된 여승을 만나기 위해서였다. 알베르게에 도착하여 접수를 끝내고 돌아서는데, 이미 도착한 듯 휴식을 취하고 있는 그녀들을 발견하고서 반가운 인사를 건넸다.

"벌써 도착하셨군요? 축지법이라도 쓰시나 봐요."
사실 릿다 자매가 걷기 어려워서 순례길에서 인연이 되었던 어느 분의 도움으로 승용차에 동승해서 왔단다. 그래서 발이 많이 아픈 것을 알기에 더 이상 묻지 않았다.
"그러게요? 먼저 나가시는 걸 보고, 후에 나갔는데 말이죠."

베로니카 자매의 익살스러운 답변에 준비라도 한 듯, 모두 한바탕 웃어넘긴다. 우린 그렇게 잠깐의 대화를 끝내고, 저녁 식사 시간에 다시 보자며 배정받은 침대로 돌아갔다.

'참, 재미있고 유쾌한 분들이다, 그러기에 이 순례가 즐겁지 아니할 수 있겠는가?'

나의 세탁물까지 챙기며 같이 세탁하잔다. 그렇게 고마울 수가…. 세탁기를 돌려놓고 샤워를 하는 도중에 문득 내일 산티아고 데 콤포스텔라로 입성하는 자신의 모습을 그려보았다.

오늘 세탁한 깨끗한 옷으로 갈아입고, 샤워로 깨끗이 몸단장을 하고, 기도로 마음을 정화한 뒤 그곳에 도착한 후, 기쁨과 감동의 눈물을 내고 있을 자신을 말이다. 어쩌면 오늘이 그녀들과 하는 마지막 저녁이 될지도 모른다는 생각에 아쉬운 마음이 들었다. 그리고 설령 오늘이 마지막 밤이라도, 이 순례의 여정을 함께한 그들과 같이 마무리할 수 있어서 너무나 행복하다.

그들에게 진심으로 감사드리며, 또 감사드린다.

산티아고 까미노의 천사들

환희와 영광의 길

DAY+40 2018년 6월 16일(토) 맑음

Routes of Santiago de Compostela in France + 37days

Pedrouzo to Santiago de Compostela 20.0km / 786.0km

Pedrouzo ——10.0km—— Lavacolla ——5.5km—— Monte de Gozo ——4.5km—— Santiago de Compostela

어느 날보다 일찍 눈이 떠졌다. 주위를 둘러보니 이 방에서 밤을 지낸 대부분의 순례자들이 벌써부터 일어나 짐 정리를 하고 있었다.

오늘이 드디어 그렇게 애타게 기다렸던 산티아고 데 콤포스텔라와 마주하는 날이 아닌가! 그 부푼 기대를 안은 채 순례의 여정을 마무리하는 모든 순례자들의 마음이 다 같지 않겠는가!

어젯밤 그들과 함께 걷고, 그곳에 도착해 기쁨의 눈물을 나누자고 약속하였기에 모든 채비를 마친 후 배낭을 짊어지고 조심스레 발걸음을 옮겨 1층 식당으로 내려갔다.

산티아고 데 콤포스텔라 대성당에서는 매일 정오 12시 정각에 순례자를 위한 미사가 있단다. 순례자들의 험난했던 노고를 위로하고, 명예로운 순례자로서의 의미를 부여하는 시간으로 참석한 모든 이들과 함께 나누는 것이란다. 순례자이건 아니건 누구나 참석할 수 있으며, 서로를 껴안으며 수고했노라, 자랑스럽노라 하며 격려를 해주기도 한단다.

12시 전까지 그곳에 도착하려면 서둘러야 한다. 그들도 나도, 그리고 이곳에 모인 모든 순례자들도 이미 알고 있다. 언제 준비해서 나왔는지, 이미 식당 테이블 하나를 차지하고 분주히 배낭을 챙기는 모습들이다.

두 자매님들이 어제저녁에 먹다 남은 재료 몇 가지와 계란 프라이를 빵 속에 넣어 만든 햄버거로 다 같이 아침 식사를 해결했다. 그리고 이내 숙소를 빠져나와 시간에 쫓기듯, 바쁜 걸음을 한 발 한 발 디디며 나아갔다.

오늘은 다들 침묵하자고 약속이라도 한 듯 묵묵히 걷기만 했다.

앞서거니 뒤서거니 하며 걸어가는 다른 순례자들의 모습이 모두 우리와 같지는 않았다. 걸으며 대화를 하거나, 음악을 듣거나 또는 우리처럼 묵묵히 걷는다.

이른 아침이라 아직은 세상이 온통 짙은 안개와 어둠에 묻혀있다. 그나마 대도시라는 장점 때문에 가로등 불빛이 순례자들의 길을 환히 밝혀주며, 길을 인도하는 것처럼 나의 눈에 비친다.

한동안 같이 걷다가, 먼저 앞서간다는 그들을 먼저 보낸 뒤 잠시 혼자 걸었다. 그런데 아무리 속도를 내어 따라가도 먼저 떠난 베로니카와 릿다 자매가 보이지 않는다.

불과 몇 분 차이였는데 어디로 사라졌나 싶다가도, 혹시 어둠 속에서 길이라도 잃은 것은 아닌지, 걱정이 일어 초조하고 불안한 마음을 달랠 길이 없었다.

릿다 자매가 불편한 다리로 속도를 낼 수 없으니 먼저 출발해 정시에 그곳에 도착할 것을 계산하고, 내가 어련히 따라오겠지 하며 떠났다고 생각했건만, 시간이 지날수록 마음이 쓰였다. 그들을 걱정하며 걷느라 어느 지점부터인가 방향을 잃은 것 같았다.

'이럴 땐, 뒤따라 오는 순례자를 기다리는 게 상책이다.'

오 분이 채 지나지 않아, 한두 명의 순례자가 내 쪽으로 걸어오는 것을 보고는 안도의 한숨을 내쉬어 본다. 그리고 그들이 내 옆을 지나가자, 곧 그들의 뒤를 따라가기 시작했다. 하지만 그들은 내가 가고자 하는 곳으로 가는 이들이 아니었다. 나와 목적이 조금은 다른 이들이었음을 알아채기까지는 그리 오랜 시간이 걸리지 않은 것이 천만다행이다.

다시 걸음을 멈추고, 혹시나 이 길을 지나가 줄 순례자를 기다리며 그렇게 선 채로 보냈다. 잠시 후, 8~9명 정도의 순례자 그룹의 모습을 발견하고서야 안도의 한숨을 내리 쉬었다.

나와 같은 일반 순례자는 아닌 듯했다. 인솔자인 듯한 안내자가 선두를 걸으며, 뒤따라 오는 이들에게 띄엄띄엄 뭔가에 대해 설명을 해주는 모습처럼 보였다.

'저들을 따라가자, 분명 단체 순례자일 거야!'

그렇게 확신하고 어둠을 밝혀줄 헤드 랜턴을 착용하고, 제일 뒷줄에 서서 그들을 조심스레 따라 걸었다. 하지만 몇 발짝 가지 못해 앞서가던 인솔자가 나를 보며 헤드 랜턴을 꺼달라는 듯, 자신의 손을 이마에 갖다 대고 전원을 끄는 시늉을 한다. 그리고 그들 그룹 누구도 입을 열지 않은 채, 묵묵히 인솔자의 방향에 따라 한 발 한 발 걷기만 할 뿐이다.

고요한 분위기 속에 걷노라니, 저만치에서 개구리의 우는 소리와 어둠 속에서 정체를 알 수 없는 새들의 아름답게 지저귀는 소리만이 지금의 이 적막과 어둠을 깨울 뿐이다.

문득 새 울음소리와 연관된 추억이 하나 생각났다. 몇십 년 전쯤 평화방송에서 하는 성지순례에 참가하여 프랑스에서 파티마 성지를 갈 때가 있었다.

어느 지역인지 기억이 나진 않지만, 스페인 어느 숙소에서 자고 일어났을 때 들었던 그 환상적인 새소리를 지금 산티아고 데 콤포스텔라로 향하는 아침 길에서 다시 듣는 것만 같았다. 잠시 길을 잃고 방황했던 일이, 오히려 이런 기회를 주나 싶어 기쁘지 않을 수 없었다.

조금씩 날이 밝아오자, 그동안 어디에 숨어 있었는지 순례자들의 수가 눈에 띄게 많아지고, 줄지은 채, 같은 방향, 한 장소로 가는 모습이 마치 일터로 나가는 개미들의 행진을 보는 듯하다.

태양이 머리 위로 오르자 기대하지 않았던 더위가 서서히 드러나고, 이내 몸을 땀으로 적시고 갈증을 호소하기 시작한다. 그것뿐이면 다행이겠지만, 갑자기 예상치 못한 문제가 일어났다. 어제까지만 해도 멀쩡했던 오른쪽 발목이 시큰시큰 아프기 시작하더니 점점 걷기가 힘들어질 정도로 상태를 악화시키는 게 아닌가!

'하필이면, 마지막 날 이럴 게 뭐람!'

조금은 화가 난 듯, 원망 섞인 목소리를 애꿎은 발목한테 내뱉는 나였다.

'설마, 하느님이 내가 당신에게 다가가는 것을 거부하시는 걸까?' 아니면, '너는 아직 나를 만날 준비가 되지 않았으니 시간을 가져라.'며 당신 곁에 다가서지 못하도록 하시는 걸까?

말도 안 되는 별의별 생각들로 이 상황을 정의해보려 하지만, 결국 내가 찾은 답은 그동안 너무 무리했던 탓이다. 자신의 신체적 불리함을 알면서도 무리한 강행군과 관리에 소홀했음이다. 그 결과가 참다 참다 오늘 일어난 것뿐이다. 그나마 '목적지를 목전에 두고 일어났으니, 얼마나 다행스러운 일인가!'라며 스스로 위안도 해본다.

원래는 산티아고 데 콤포스텔라 도착해, 다시 피스테라(Finisterre)와 묵시아(Muxia)까지 가야만 800km의 여정이 끝나는 줄 알았는데, 산티아고 데 콤포스텔라까지가 800km라는 것을 뒤늦게서야 알아서 한편으론 다행이라는 생각도 들었다. 내가 목표했던 거리는 산티아고까지 가면 되는 거리였기에 조금은 위안이 되기도 했다.

더욱이 베로니카 자매도 그런 나에게 이런 얘기를 했었다.

"더 이상 걷지 말라는 주님의 계시가 아닐까요?"라면서, 진심 어린 말로 나를 안심을 시켰을 정도였다. 더운 날씨에 한 발 한 발 내딛기가 너무도 힘들었지만, 힘을 달라고 기도하면서 걷고 또 걸었다.

목적지가 가까워 옛 건물들의 사잇길을 걷노라니 어디서 왔는지 모를 순례자들의 행렬이 길게 줄지어 거리를 메운다.

지친 몸과 아픈 발목을 끌며, 결국엔 12시가 되기 얼마 전 도착했다. 드디어, 내가 이 두 다리로 여기 산티아고 데 콤포스텔라 대성당 앞에 서 있다. 표현할 수 없는 감동의 소용돌이가 물결치는 파도가 되어 밀려 왔다.

조금 전까지 지쳤던 몸도 마음도, 언제 그랬냐는 듯 기억의 저편 너머로 사라져 버렸다. 기쁨과 환희에 겨워 두 손을 번쩍 들었다. 그리고 주체할 수 없는 감정에 북받쳐 예수님과 성모님 야고보 성인에게 감사한다는 말이 절로 튀어나왔다. 두 손을 번쩍 들고 만세를 불렀다.

물론 나만 그런 것이 아니다. 오늘 이 자리에 도착한 모든 순례자들이 나와 같음이었으리라. 같은 날, 다른 시간, 다른 장소를 걷고 있었지만, 그들이 느꼈을 고통과 역경의 정도는 같았을 것이다.

옆에서 나와 같은 감동을 나누던 베로니카, 릿다 자매와 기념사진을 찍고 막 돌아서려는데, 순간 눈물이 왈칵 쏟아졌다. 왜소하고, 나약한 나이 많은 내가… 나조차도 해낼 수 있을지에 대한 수없이 많이 의심했던 이 길.

그리고 마침내, 그 의심이 진실로 바뀌어 현실이 되어있는 이 순간. 이곳을 오기 위해 크고 작은 일이 있었던 지난 여정, 그리고 이 길 위에서 나에게 도움의 손길과 기도와 격려를 아끼지 않았던 '길 위의 천사들'까지….

그 모든 일들과 인물들이 하나, 하나 엮이고 섞여 필름처럼 나의 머릿속을 스쳐 가니, 어찌 눈물을 아니 보일 수가 있겠는가!

산티아고 까미노의 천사들

여정의 시작

　한 30분을 그들 두 자매와 그곳에서 시간을 보낸 듯하다. 그리고 순례자 미사 참석하기 전에, 할 일이 하나 있었다. 바로 순례자 완주 인증서를 발부받는 일이다. 미사 전까지는 발부받아야 했기에 서둘러 그곳으로 발길을 옮겼다.

　다행히, 대성당에서 오 분 거리 남짓한 곳에 위치해 있지만 문제는 줄지어 늘어선 다국적 순례자들이다. 그 끝을 알 수 없을 정도로 꼬리에 꼬리를 물었으니 말이다. 줄을 서서 있는 동안 주위를 보니 한국 순례자인 듯한 사람들이 보이기도 했다.

　결국, 1시간여를 기다린 수고 끝에 내 차례가 되어 인증서 발부 절차를 밟았다.

인증서를 발부받기 전, 몇 가지 질문이 이어지는데, 역시 베로니카 자매의 통역 덕분으로 이 또한 순조롭게 해결할 수 있었다.

순례길 완주 인증서는 2장을 발부해 주는데, 그 내용은 스페인어라 베로니카 자매의 능력으로도 알 수 없었으나, 주위의 들은 얘기로 한 장은 순례길을 완주했다는 증명서고, 다른 한 장은 완주 거리가 표시된 증명서라고 한다. 나는 몇 km를 걸었는지가 제일 궁금했었는데 순례증명서 하단에 799km라고 적혀 있는 것이 보여서 이제야 내가 걸은 거리가 얼마인지 알 수 있었다.

다시 말해, 나처럼 생장에서 걸은 순례자는 '799km'라고, 거리표시가 되지만, 사리아에서 걸었다면 '100km'만 표시되는 이치이다.

우리는 결국, 이 종이 두 장을 받느라 미사 시간을 맞추지 못해 순례자 미사 참례를 내일로 미루기로 했다. 그리고 이곳에 일찍 도착했던 여승께서 수고해주신 덕분에 대성당 가까운 곳인 호스텔에서 여장을 풀 수 있었다. 여승께서 숙소까지 구해 주셨으니 방을 구하느라 헤매지 않으니 얼마나 다행이고 고마운 일인지 몰랐다.

모든 구간 중 가장 방 구하기 힘든 곳이 바로 여기라는 사실을 몰랐더라면, 오늘 밤 어디서 밤을 새우고 있을지 아찔하다. 그런데 호스텔이라고 해서 내가 생각하는 개인전용 방은 아니었다. 알베르게와 마찬가지로 2층 침대로 배치되었지만, 한방에 그 수용 인원이 4명 정도로 제한된다는 점이 달랐다.

몇십 명을 수용하는 일반 알베르게에 비해, 나름 아늑하고 약간의 개인 공간을 가질 수 있다는 장점도 있지만, 문제는 가격이다. 알베르게의 거의 2배 수준이라서, 자주 이용하기엔 금전적으로 부담스러운 것이 순례자의 주머니 사정이기 때문이다.

약간의 개인 정비 시간을 약간 가진 후, 이곳에서 유학을 하고 있다는 베로니카 자매의 지인과 함께 점심을 먹으러 간다고 함께 하자고 하여, 혼자 알지도 못하는 곳에서 식사를 하는 것 보다는 좋을 것 같아 따라나섰다.

우리는 대성당 옆 좁은 식당 골목길에 들어섰고, 겉으로 보아도 나름 고급스러움이 물씬 풍기는 한 레스토랑으로 안내되어 들어섰다. 베로니카의 지인은 벌써 부터 와서 자리하고 있었고, 그 옆으로 빈 의자에 둘러앉으며, 가벼운 인사를 나누었다.

여기 레스토랑은 생선요리가 일품이라며, 추천메뉴로 내놓은 그는, 현재 이곳 대학교에서 유학 중이며, 한국에서 다니던 직장을 그만두고 어학연수차 머무르는 중이라고 간단히 소개해주었다.

이후, 식사하는 내내 그는 베로니카 자매와 거의 모든 시간을 대화에 열중하였고, 나는 허기진 배를 맛있는 음식으로 채우고 있었다. 식사를 마친 우리는 다 함께 공원 산책을 즐기기도 하였다.

'한동안은 걸을 일도 없다는 생각이 들어서일까?'

공원을 산책하며 걷는데 어찌나 여유롭고, 한가로운지, 마치 순례 길을 걸어온 순례자가 아니라 원래 이곳에 머물고 있던 관광객쯤으로 자신을 오해할 뻔했었다. 저 앞에 대성당의 모습이 웅장하고 아름답게 보인다.

하루 일과라도 끝내는 듯 식사와 산책을 마치고 숙소로 돌아와 이제 남은 빨래를 마저 하고선, 저녁 7시 미사에 참례하기 위해 서둘러 그곳으로 향했다.

'도무지 하루 일과가 끝날 것 같지 않은, 바쁜 하루가 아닌가?'

숙소를 나서기 전, 여승이 성당에 야고보 성인상이 있어서 참배하고 왔다는 말을 듣고, 순간 이곳까지 무사히 도착하도록 도와 달라고 야고보 성인께 얼마나 매달렸던가, 바로 그분의 흉상과 무덤이 성당에 있다니 서둘러 가보고 싶었다.

넓은 성당 내 어느 곳에 모셨는지 도무지 알 수가 없어 한참을 헤매다가 순례자들이 줄지어 있는 모습을 보고 그들 뒤를 따라가 보았다. 한참을 가니, 그분의 흉상이 있지 않은가? 감동 그 자체였다.

내 뒤로 사람들이 많아 짧은 시간 동안 뒤에서 끌어 앉고 이곳까지 무사히 도착할 수 있도록 도와주셔서 고맙다고 감사기도를 드렸다.

잠시 흉상 앞을 보니 저 앞에 제대가 있고 미사 참례자들이 앉은 의자가 보였다. 다시 줄을 따라가니 무덤이 있다. 야고보 성인의 무덤을 주변으로, 줄지어 늘어선 많은 사람의 사이에서 함께 묵상하며, 조금은 여유 공간이 있어 무릎을 꿇고 잠시 기도를 드렸다.

이어서 제대 앞으로 가서 미사에 참례했다. 순례자 미사가 아니라 그런지 조금은 덜 복잡하고 대형 향불 모습을 볼 수 없었다.

'이 자리에 앉기까지 기적 같은 여정을 하게 하심에 감사하나이다. 그동안 어려울 때마다 천사를 보내 주시어 무사히 순례할 수 있도록 인도해 주시었고, 보살펴 주셨기에 이 모든 것들이 가능했습니다.'

그렇게 감동적인 미사를 마치고, 주님과 성모님께 다시금 감사를 드리고서야 숙소로 돌아올 수 있었다. 돌아오기 전 대성당의 내부 및 외부의 모습이 너무나 고풍스러워 기념사진 남기는 것을 잊지 않았다.

숙소로 돌아와 침대에 누우니 이젠 또 다른 고민이 생겨났다. 예정보다 일찍 이곳에 도착했기에, 귀국 예정일까지 6일 정도 시간이 남아 있었다. 그래서 이 시간을 어떻게 효율적으로 보낼지 계획이 필요했다.

처음 계획대로 피스테라와 묵시아를 둘러본 뒤, 성모님 발현지인 포르투갈의 파티마 성지를 갔다 올지, 아니면 이곳 산티아고 데 콤포스텔라에 머물면서 여유와 낭만을 즐기며 맛집을 찾아 이리저리 돌아다니는 진정한 관광객의 모습으로 시간을 보낼 것인가 하는 것이다.

'배부른 소리가 아닌가?
남은 여정을 위해 다시 순례가 될지, 아니면 관광객이 될지?
머리가 다시 복잡해짐을 느끼자, 오늘은 생각을 그만두기로 했다.
난 지금 충분한 휴식과 잠이 필요할 뿐이다.

새로운 시작의 길

DAY+41 2018년 6월 17일(일) 쾌청

Routes of Santiago de Compostela in France + 38days

At Santiago de Compostela 0.0km / 786.0km

00.0 km

Santiago de Compostela   Santiago de Compostela

'아~. 늦잠을 잔다는 게 이런 기분이구나!'

순례길을 걸은 지 정확히 38일 만에 맛보는, 정말 꿀맛 같은 늦잠
이다. 그간 매일 이른 새벽에 일어나는 습관 탓에, 한두 번 깨긴 했
지만 그래도 깊은 잠과 오랜 시간을 자서인지 머릿속만은 개운하다.

자리에서 일어나자마자, 허기짐을 달래줄 음식부터 찾아 나선다.
며칠 전 비상용으로 준비해둔 빵과 음료로 간단히 아침 식사를 해결
해본다. '이제는 비상 식품이 필요 없겠구나!' 허기짐에 빵 한입을 베
어 물고선 떠오른 생각이다.

어제 잠이 들기 전 계획했던, 이후의 순례일정에 대해 잠시 생각을
하다, 문득 10시 전까지 숙소를 비워줘야 한다는 얘기가 생각났다.

'어떻게 될지 모르니, 재투숙이라도 해볼까?'

옆 침대에서 막 일어난 듯한, 베로니카와 릿다 자매는 일찌감치 계획한 일을 실행이라도 하듯 '좋은 하루 보내라며' 가벼운 인사를 남긴 채, 숙소를 나선다. 그리고 여승도 오늘 묵시아(Muxia)를 간다면서 9시쯤 예약한 관광버스 탑승 장소로 조금 전 떠났다.

다시 찾아온 홀로서기다.

하늘을 보니 구름 한 점 없는 쾌청한 날씨다. 가을 하늘처럼 새파랗다.

'이런 날은 빨래를 말리기에 그만이지 않겠는가?'

이런 생각을 하며, 배낭에 넣어둔 빨랫감을 주섬주섬 챙겨 들고선 세탁실로 향했다. 이미 한번 빨아 둔 거라, 간단히 물에 헹구어 탈수한 뒤, 뒤뜰 마당에 자리 잡은 빨랫줄에 널어 말렸다.

푸른 잔디가 넓게 깔린 전형적인 서양의 앞마당 모습이다. 햇살이 잔디 위를 비추니 파르르 생동감마저 되살아나 두 눈이 부실 정도다. 집에서 살림을 챙기는 주부처럼, 이런저런 개인 정비를 마치고 나니 벌써 시간이 10시를 넘어선다.

'아~ 맞다. 호스텔 관리인을 만나 재투숙 신청을 해야겠구나!'

오늘은 대성당 12시 순례자 미사에 참례할 계획이고, 그전에 근처 레스토랑에서 점심을 해결해야 했기에 서둘러야만 한다. 2층을 내려와 1층 로비에서 어제 인사를 나눈 관리인과 눈이 마주쳤다.

"Hola!"

먼저 인사를 건네는 주인아주머니시다.

"Hola!"

그녀의 인사에 답하고, 대충 재투숙 의사를 밝혔다. 문제없다며, 숙박비는 나중에 줘도 되니 그러라고 한다. 재투숙 신청도 마쳤으니, 이제 12시 대성당에 순례자 미사 참례하러 가면 되겠구나 생각하고 있었다.

그런데 그때 마침, 수원 안젤라 자매한테서 카톡 문자가 왔다. 팜플로나에서 헤어진 이후로 한동안 그들 부부의 모습을 보지 못해 소식이 궁금하기도 했었건만, 먼저 안부를 물어줘 얼마나 반갑고 고마웠는지 모른다.

그녀는 남편 김 프란치스코 형제와 오전 11시 미사에 참석하려고 하는데 10시쯤 대성당에 도착할 것 같다면서, 함께 자리하자는 내용이었다.

나는 12시 순례자 미사에 참가할 계획이었던지라, 그렇게 문자 답신을 보내고 나니 곧 답변이 왔다. 그러면 11시에 대성당에서 만나자는 것이다. 그들 부부를 어디서라도 보고 싶은 마음에, 일찌감치 대성당에 도착하여 어제 접한 야고보 성인상의 뒤에서 끌어 앉기도 하고, 무덤 앞에서 묵상도 하며 그들 부부를 기다리는 이 순간을 맘껏 즐겼다.

그래도 한번 왔던 길이라 그런지, 복잡하게 얽히고 섞인 대성당 주변 길이건만, 구석구석 돌아보며 탐험이라도 하듯 연신 카메라 셔터를 눌러대는 자신을 보니, 이제 제법 관광객티도 났음이다.

순간, '헉~ 큰일이다.'라는 생각이 들었다. 관광객티를 내보느라 정신이 팔린 나머지, 안젤라 부부와의 약속을 까마득히 잊었던 터다.

벌써 12시가 가까워져 오고 있는 게 아닌가!

그들에게 문자라도 보내 양해라도 구했어야 했지만, 까마득하게 잊어버리고 머릿속에서는 온통 12시 순례자 미사에 참례해야 한다는 생각뿐이니 말이다.

빠른 걸음으로 재촉하여 제대 앞으로 향했다. 다른 이들보다 좋은 자리를 선점하여 순례자 미사의 하이라이트인 거대 분향의 모습을 사진으로 담기 위해서였다. 다행히 제시간에 도착하여 주위를 둘러보니, 한 명 정도 설 수 있는 앞자리 공간이 보여 그곳으로 이동 후 자리 잡았다.

순례자 미사가 시작되고, 잠시 고개를 돌려 주위를 살펴보니, 이미 경내는 많은 인파로 발을 디딜 틈조차 보이지 않음에 다시 한 번 놀라움을 감출 수 없었다. 순례자나 관광객이나 현지인이나 오늘 이 광경을 보기 위해 모인 모든 이들의 마음은 같을 것이다.

그러나 오늘 내가 이 자리에 참석한 이유 중 하나는 아주 특별한 개인 사정 때문이다.

해방 직후 다섯 살 때 어머니와 38선을 넘어 이남으로 피난 오면서 헤어진 후, 6·25동란이 일어나면서 나는 아버지를 영영 만나지 못했다. 1·4 후퇴 때 이북에서 피난 온 먼 친척들이나 이웃들에게 조금의 소식은 들었으나 어렸던 나는 기억할 수가 없다. 어렴풋이 어릴 때 누군가 나를 따뜻하게 안아준 사람이 있었는데 그분이 나의 아버지일 것으로 생각할 뿐이다.

아버지 없이 살아가면서 남쪽으로 오자마자 낳은 남동생과 더불어 세 모자가 고생하면서 얼마나 아버지를 원망했던지. 그러나 어른이 되면서 불쌍하신 아버지라고 생각하게 되었고, 연민의 정을 느껴 동정하게 되기도 한 아버지였다.

산티아고 까미노의 천사들

그렇게 얼굴조차 기억이 나지 않을 정도로 일찍 세상을 떠나신 아버지. 이날이 바로 아버지의 기일이었기에, 이 자리를 빌려서 하느님께 영원한 안식을 주시도록 기도를 드리고 싶었던 마음이 컸다. 먼 이국 땅에서 순례를 마치고 드리는 미사였기에 나로서는 더할 나위 없이 뜻 깊은 날이 아닌가 하는 생각이 들었다.

어젯밤 잠깐 아내와 통화하면서, 내가 없는 빈자리를 아들 베드로와 딸 루치아가 알아서 준비하니 걱정하지 말라는 통보를 받았지만, 난 나대로의 할 수 있는 일을 하고 싶었다. 그래서 이 자리에 반드시 나오고 싶었던 것이다.

단 한 번도 이런저런 변명으로 아버지의 기일을 손수 챙기지 않은 날이 없었건만, 생애 처음으로 그 자리를 자식들에게 맡기고 나니 왠지 모를 설움이 북받쳤다. 눈물이 금방이라도 쏟아질 것 같아서 지그시 두 눈을 감아버렸다.

'언제나 자신이 지키고 있었던 자리였기에 자식들이 모시게 되니, 아버지께 미안하고 또 죄송한 마음이 밀려와서일까?'

순례자 미사는 꽤 오랜 시간 동안 신부님의 강론으로 진행되었고, 드디어 인터넷 동영상으로 봐 왔었던 거대 분향식이 거행되었다. 순간, 잠이 확 달아남을 느끼면서 사라졌던 긴장감마저 온몸에 다시 몰려든다.

7명으로 이루어진 구성원들이 둥글게 위치를 잡고, 긴 밧줄 하나를 대향로에 걸어 동시에 잡아당기니, 동영상에서 보던 모습처럼 대향로가 앞뒤로 솟구쳐 천장에까지 닿을 듯 왔다 갔다 하며 향 연기를 뿜어내었다. 그야말로 장엄하다는 표현이 맞을 것 같다.

산티아고 까미노의 천사들

어떤 이는 한순간도 눈을 떼지 않은 채 눈물을 흘리기도 하고, 또 어떤 이는 고개 숙여 연신 기도를 하는가 하면, 또 어떤 이는 카메라의 셔터 누르기에 바쁘다. 물론 그 세 가지를 다하는 이가 있었으니, 그건 바로 나 자신이었다.

그렇게 숭고하고 장엄했던 순례자 미사는 약 사십 여분에 걸쳐 진행되었고, 대향로 분향식을 끝으로 막을 내렸다.

자리에서 일어나자마자 천안 문프란치스코, 프란치스카 부부와 베로니카, 릿다 자매, 필리핀 사제 두 분도 만나 인사를 나누고 사진을 찍는 등 서둘렀다.

각자의 일정이 다르니 서두를 수밖에 없었다. 몇몇 스쳐 간 얼굴들도 보았지만 제대로 인사도 못 하고 헤어졌다. 인파에 밀려 성당 문 밖으로 나오다가 약속했던 수원 김 프란치스코, 안젤라 부부와 딱 마주쳤다.

그제야 '아차' 하는 생각이 들었다. 어쩌면 그렇게도 까마득히 잊을 수가 있는지…. 너무나 반가워 포옹 인사를 나누었다. 나 자신이 이렇게 기억력이 저하되었는지 탄식이 절로 나왔다.

"형제님! 어찌 된 일이세요? 약속 장소에서 한참을 기다려도 오시지 않아, 길이라도 헤매고 계신 줄 알았습니다!"

그 말을 듣는 순간 온몸이 경직되고, 심장이 딱 멈추는 줄 알았다. 너무나 미안하여 어쩔 줄 몰랐다.

"내가 얼마나 두 분을 다시 만나 뵙고 싶었는지 모릅니다."

이 말을 하는 순간, 두 눈가가 촉촉이 젖어오고 있었다. 이 순간 그들을 향한 나의 말과 마음은 진심이기 때문이다.

"형제님! 완주를 축하드립니다. 나와 아내는 형제님이 반드시 해낼 실 줄 알았습니다."

"정말 고생하셨어요. 대단하세요."

"저 역시, 두 분이 반드시 해낼 거라 믿어 의심치 않았습니다."

이곳에 올 때마다 들리는 식당이 있다면서 안젤라 자매가 근처에 일식을 하는 식당을 안다면서 그곳으로 가자고 한다.

"우동 좋죠! 순례자가 뭔들 안 좋아하겠습니까!"

그렇게 길을 나서 십여 분만에 도착한 일식집은, 자그마한 현대적인 일본식당의 분위기를 적절히 자아내는 듯한 분위기로 입구부터 그 느낌이 물씬 풍겼다.

순례길을 걸으며, 가끔 국물이 생각이 날 때면 라면을 사다가 끓여 먹고 싶었는데, '우동은 또 다른 맛이 아니겠는가?' 싶기도 했고, 일식집이면 초밥도 있을 거라는 기대에 군침을 다시며, 흔쾌히 따라나서 방문한 일식집이었다.

메뉴를 직접 고르기도 하고, 뷔페개념의 자신이 원하는 재료를 골라 담아 주방장에게 건네주면 요리를 해주는 방식의 일식집이었다.

솔직히 집에 있을 때도, 먹어보지 못한 일본식 우동이었던 나에게는 시원한 맥주와 함께 먹는 그 맛이 생소했지만 그렇게 맛깔스러운지 몰랐다.

그들과 식사를 하며 팜프로나에서 헤어진 이후의 일정에 대한 서로의 얘기를 많이 나누었다. 이야기를 나누다가 나는 '파티마'를 계획 중이었던지라, 식사 후 버스터미널을 찾아갈 것이라고 하였다. 하지만 계획만 그렇지 아직 확정된 것도 아니고, 더욱이 버스터미널이 어디에 위치하는지도 모른다며 신세타령을 늘어놓으니, 김 프란치스코 형제가 따라나서서 찾아주겠다며 나를 안심시켜 주었다.

오랜만에 느껴보는 느긋하고, 한가로운 그들과의 점심 식사였다. 그동안의 그들에 대한 신세라도 갚을 겸 해서, 계산을 하려고 카운터로 나서자, 이내 달려와 만류하는 안젤라 자매다.

"괜찮아요. 우리가 계산할게요~"

"아닙니다. 그동안 신세 진 것도 있고, 이렇게 맛있는 음식까지 먹을 기회를 주셨는데 제가 사야죠."

하지만 나의 그런 응대에도 물러섬이 없는 그녀. 한사코 자기들이 낸다며 내가 집어 든 카드까지 빼앗아 버리고선, 자기 카드로 계산을 하는 것이 아닌가. 결국, 내가 보은하는 것이 아니고 신세를 지게 되었으니 언제 기회가 오려나 한국에 돌아가면, 반드시 이들 부부를 초대하여, 근사한 식사대접을 할 것이라 다짐하고선, 버스터미널을 찾아 길을 나섰다.

그렇게, 식당을 나선 우리는 김 프란치스코 형제의 안내로 행인들의 도움도 없이 터미널을 찾는 데 별 어려움 없이 도착했고, 김 프란치스코 형제의 도움으로 내일 정오 12시 스페인 고속버스 회사인 'ALSA'의 '파티마(Fatima)' 행 티켓을 손에 쥐게 되었다.

그들 부부의 배려는 여기서 끝이 아니었다. 지금 묵고 있는 알베르게가 터미널에서 멀어, 다시 찾아오기가 쉽지 않았음에, 터미널 부근에서 알베르게를 다시 잡고 내일 떠날 수 있도록 예약까지 나를 대신해서 마쳐주는 그들이다.

그들에게 감사하다는 말 한마디로, 진심 어린 나의 마음을 다 보여주지 못함이 못내 아쉬울 따름이다. 만약 나의 능력으로 이 문제를 해결할 수 있었을까? 아니 도저히 해낼 수 없는 일을 해준 것이다.
어떻게 이렇게까지 적시에 나타나서 도움을 주어 해결해 주시는지 참으로 신기하였고, 진심 어린 감사를 드리고 감동하지 않을 수 없었다. 아쉽게도, 저녁 6시가 다 되어 우리는 다음을 기약하며 그만 헤어져야만 했다.

"언제나 건강하시고, 끝까지 안전여행하십시오! 제가 매일 기도하겠습니다."
그들과의 헤어짐에 아쉬워 쉽사리 발걸음이 떨어지지 않아, 그들 부부를 번갈아 가며, 살며시 포옹해주었다.

"형제님도, 건강하시고 마지막까지 무사히 다녀오십시오"
"가끔 문자 주세요. 보고 싶으시면…"
솔직히, 눈물이라도 흘리고 싶은 심정이지만, 꾹 참았다. 그렇게 그들 부부를 떠나보내고, 이내 발걸음을 돌려 숙소로 돌아오는 내내 왜 그리 가슴 한구석이 '뻥' 뚫린 듯, 허전하던지 원….

내일 파티마를 혼자 가려니 은근히 밀려오는 걱정으로, 잠시 고민하다, 그동안 소식을 전하지 못한 가족들에게 안부 문자와 나의 얼굴이 들어간 사진 몇 장을 전송하고 나서 긴 잠을 청했다.

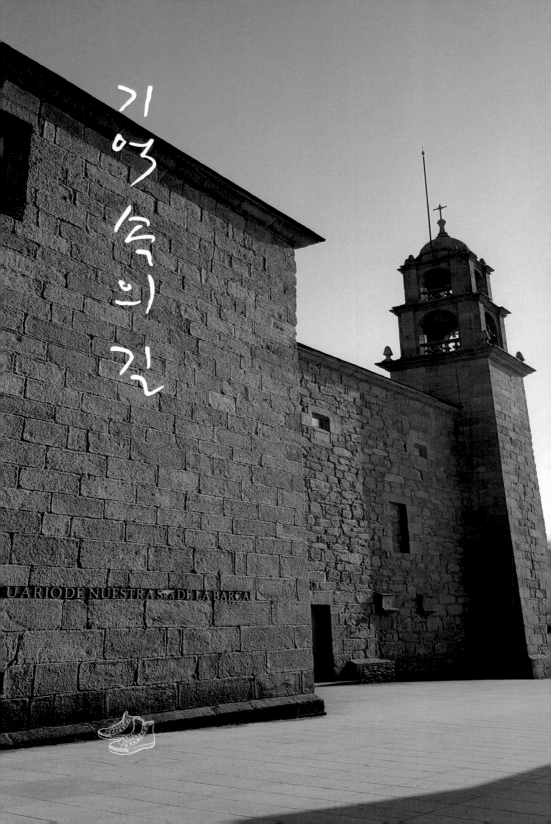

기억 속의 길

DAY+42 2018년 6월 18일(월) 맑음

Routes of Santiago de Compostela in France + 39days

Santiago de Compostela to FATIMA 0.0㎞ / 786.0㎞

Santiago de Compostela   417.0 km   FATIMA

오늘도 어제에 이어 늦잠이다.

하지만 게을러서가 아니다. 그동안의 쌓인 피로에 대한 휴식이라 보면 되겠다. 아직 나의 여정은 끝나지 않았음에 체력관리가 필요하기 때문이다.

어제 빨랫줄이 설치되었던 마당잔디로 나와, 평소 같으면 거의 하지도 않던 맨손체조까지 하며, 기분전환도 해본다.

　시계를 보니 버스 출발 시간이 임박해, 서둘러 배낭을 들고 숙소를 나섰다. 파티마에 가 있는 2박 3일간은 예약한 알베르게에 배낭을 맡겨야 하기에, 필요한 물건만 챙겨 보조가방만 들고 갈 계획이었다.

　걸음을 재촉하여 버스터미널로 향해 가는 도중에, 마트에 들러 필요한 비상식량도 구입하고, 식당에 들러 이른 점심 식사를 허겁지겁 해결하기도 했다.

　그렇게 어제 김 프란치스코 형제가 예약을 해준 라크렌셜(La Crencial) 알베르게에 도착하여, 3일 후 파티마에서 돌아와 숙박하기 위한 사전 체크인 및 요금까지 지불하고 나서야, 겨우 제시간에 버스터미널에 도착할 수 있었다.

　그나마 서두른 탓에, 버스 출발 시간보다 조금 일찍 도착한 듯하여 조금의 여유마저 생겨 터미널 내 의자에 앉아 그동안 순례길에서 담아둔 휴대폰의 사진첩을 꺼내어 보며, 혼자 웃기도 했다.

　시계를 보니 출발 시간 5분 전이다. 1층의 버스 승차장으로 갔더니, 오늘 나를 파티마로 데려다줄 ALSA 버스가 대기하고 있음을, 몇 번이고 버스 전광판에 표시된 목적지를 확인하고 또 확인해 본다.

마침내 확신에 찬 심정으로 버스에 올라타니, 부푼 기대와 기분 좋은 설렘을 안고 버스는 출발하였다.

그렇게 내달리는 버스 안에서, 옆자리 손님을 의식한 듯, 창 쪽으로 고개를 돌려 창밖 풍경만 바라보다 서서히 밀려오는 졸음에 이내 잠들어 버렸다. 어디쯤인지는 모르겠다. 잠결에 버스가 덜컹거리는 소리에 눈을 떠보니, 어느 이름 모를 도로를 한창 달리고 있다.

시계를 잠시 보니, 오후 4시를 지나고 있다.
'내가 4시간 동안 잠을 잤다고…?'
언뜻 창밖을 보니, 주변의 풍경이 이전의 익숙한 모습이 아니었기에, 직감적으로 내가자는 사이에 국경을 넘어 이미 포르투갈에 진입한 듯했다.

잠에서 깨어난 후, 한 시간여를 더 내달리던 버스는 어느 한적한 도롯가에 정차를 한다. 그리고 버스 기사의 안내를 알리는 듯한 몇 마디가 끝나자, 탑승했던 승객들이 일제히 일어나 '우르르' 내리기 시작하는 게 아닌가?
'에~ 뭐지? 다 온 건가?'
아니다. 여기는 도로의 한적한 공터가 있는 갓길 같은데, 벌써 도착했을 리 없지 않은가? 젊은 사람이었다면 벌써 눈치를 챘을 것이다. 지금의 상황이 무슨 의미를 뜻하는지 말이다. 자리에서 일어나긴 했으나 내리지도 않고 우두커니 서 있자니, 버스 기사가 내 쪽으로 걸어온다.
'모든 승객이 다 내렸건만, 내가 버티고 있으니 내리라고 그런가?'

산티아고 까미노의 천사들

그렇게 긴장감이 잠시 감도는 가운데, 내 코앞까지 다가온 버스 기사가 나의 손목시계를 가리킨다. 그리고는 다시 창문 넘어 밖을 가리킨다. 이제야 그의 뜻을 이해하며, 한참을 웃다가 버스에서 내렸다.

그가 가리킨 손목시계의 분침은 50분까지 다시 오라는 소리임이 분명했다. 그거야 눈치껏 다른 승객들이 다시 승차하는 걸 보면 될 테니 문제가 될 게 없을 거라 생각하며, 거의 5시간 만에 버스에서 내려 갑갑한 의자에서 한껏 움츠렸던 몸을 기지개를 켜며 스트레칭을 해 보았다. 그리고 아침에 준비해온 빵과 생수로 매점 의자에 앉아 출출했던 배도 채우며 짧은 휴식을 취했다. 버스가 돌아오고, 승객들이 하나둘씩 모여들어 그들의 뒤를 따라 다시 승차했다.

여기서 일어나는 모든 일이, 나에게는 왜 이렇게 낯설고 힘겨운지, 오늘 태어난 얘기처럼 세상을 살아가는 지혜를, 하나하나 다시 배우는 듯한 묘한 기분이 드는 이유는 무엇일까?

스페인과 포르투갈이 두 국경을 마주하고 나란히 있어서 그런지, 자연이며, 도시며, 사람들의 생김새도 별반 차이가 없는 것 같다.

그렇게 다시 우리를 태운 버스는 3시간을 더 달려서야, 겨우 포르투갈 파티마 버스터미널에 우리를 내려놓고 사라졌다.

하차할 때 그 버스 기사에게 다시 한 번 "Grasias!"로 감사의 말을 전하자, 웃으며 손까지 흔들어주더니, 차표에 적힌 날짜와 시간에 다시 여기로 오라는 듯 설명을 하는 것 같아 'si~ si' 하며 알겠다는 의사를 전했다.

생각과는 달리, 파티마 버스터미널은 차도 몇 대 없는 자그마한 시골 터미널의 모습이었다.

버스가 정차한 반대편 쪽으로 걷기 시작하였다. 파티마에서 유명한 대성당으로 가기 위한, 이곳에서의 첫걸음인 셈이다. 순간, 현지인으로 보이는 사내가 친절한 미소를 지으며, 서툰 영어 발음을 하며 말을 건네 오는 게 아닌가?

"Japan? Korea?"

"Korea…."

얼굴을 보자마자 남의 국적부터 물어오는 이 사내가 내심 석연찮아, 관심 없다는 듯 낮은 음성으로 그의 질문에 응했다.

"안녕… 하세요…"

"나도 안녕하세요."

역시 서툰 발음으로 한국식 인사를 다시 건넨다.

지금 생각해보니, 그 사내는 그냥 이방인인 나에게 인사 한번 건네고 싶었는데, 괜히 그 사내에게 경계심만 품은 것 같아 미안한 마음뿐이다.

시골의 작은 터미널이지만, 그래도 관광객이 많이 찾는 이곳인 만큼, 여느 터미널답게 주변 도로변으로 택시들이 줄지어 손님을 기다릴 것이라는 예상과는 달리 택시가 없었다,

저만치, 손님을 기다리는 듯한 택시에서 두 명의 기사가 대화를 나누고 있는 게 보여 다가가 카테드라우(Catedral)하며 성당을 묻자, 기사왈 여기서 걸어서 2분 거리에 있다며 손짓으로 방향을 가리켜준다.

'걸어서 2분 거리라? 그렇다면 바로 코앞이 아닌가?'

택시 기사에 감사하다며 인사한 뒤, 그가 가리키는 방향을 걷다가, 혹시나 하는 마음에 행인에게 재차 확인에 들어간다.

'흠… 기사가 말한 방향이 맞긴 맞나 보네…'

그렇게 확신하고 로터리를 건너자, 멀리서 살짝 보일 듯 말 듯했던, 높이 솟은 하얀 탑이 윤곽을 드러냈다. 파티마 대성당이다.

조심스레 성당의 광장으로 들어서자, 좌측으로 촛불 봉헌 장소가 있고, 그 옆으로 미사가 한창 진행 중이었다. 살며시 한자리를 찾아 앉아 참례를 했다.

산티아고 순례길을 걸으며, 순례 후 반드시 이곳을 방문하리라 다짐을 했기에 나에겐 의미 있고 감동적인 미사가 아닐 수 없었다.

'주님! 부족한 이 몸을 이곳까지 무사히 올 수 있도록 인도하여 주셔서 감사합니다.'

한국에서 레지오 주회를 할 때 늘 모시는, 성모님을 이곳에서 뵈어 기분이 더욱 남달랐음이다.

미사가 끝나자, 성당 내부를 좀 더 둘러보기로 하며, 이리저리 돌아다니다 투명한 유리관 안에 머리에 금관을 쓴 성모님을 발견하고 다시 한 번 혼자만의 기도를 드리기도 하였다.

한 시간여를 파티마 성당에서 시간을 보내고, 수녀님들이 운영하는 숙소가 근처에 있다는 말을 들었던지라, 이곳에 오기 전 미리 번역기에 입력했던 내용을 성당 사제에게 보여주며 위치를 물어보았다. 하지만 돌아온 답변은 모르겠다는 것이다. 하는 수 없이 성당 밖으로 나와 성당 주변을 배회하기에 이르렀다. 오늘 밤 지낼 숙소를 찾아야 했기 때문이다.

얼마나 걷고, 또 걸었는지 발바닥이 달아올라 아플 정도였다. 거기다 걷는데 에너지를 다 쏟아 부은 탓에 배고픔까지 밀려왔다.

우선, 허기진 배부터 채우고, 힘을 내서 숙소를 다시 찾아보자고 다짐하고, 길 건너편으로 자그마한 레스토랑으로 발걸음을 옮겼다. 예상대로 관광객이 모여드는 곳이었기에, 메뉴판은 영어와 사진이 붙여져 있어 별 어려움이 없이 주문할 수 있었다.

주문한 요리는 생선을 구워 그 위에 소스와 레몬을 곁들여 먹는 유럽의 가장 일반적인 요리인데, 그 양이나 가격이 너무나 합리적이었다.

탁자에 앉아 십여 분을 기다린 끝에, 주문한 요리가 내 앞에 놓였고 갈증을 느꼈던 터라 생수 한 병을 추가로 주문하여 마셨다.

'그나저나 큰일이다. 오늘 밤 잠잘 곳을 구해야 하는데 말이다.'

성지 부근이면 인파가 북적거릴 것으로 생각했었는데, 이상하리만치 한적한 거리다.

밥을 먹지만, 방 구할 걱정에 전혀 입맛을 느낄 수가 없었다. 그러다 그런 자신이 한심하다는 생각마저 들어, 집어 든 포크를 내려놓고 고개를 들어 한숨을 내쉬는데, 창 너머로 예쁘장하게 꾸며놓은 기념품 가게가 눈에 들어왔다. 그리고 나의 동공을 확장시키는 문구를 발견하고는, 놀라움에 그만 입속에서 씹고 있던 음식을 뱉을 뻔했다.

'FATIMA LOUNGE GUEST HOUSE'

'옳거니!' 잘 됐다 싶어, 먹던 음식을 단숨에 해치우고선 레스토랑을 나와 그곳으로 달리다시피 갔다. 혹시나, 방이 없으면 어쩌나 하며 긴장을 늦추지도 못한 채 문을 열고 들어섰다. 다행히 나에게 내어줄 방이 있음을 확인하자, 긴 한숨과 함께 긴장감으로 흥분되었던 마음이 진정되기 시작하였다.

　1층은 가게를 운영하고 2층은 게스트하우스를 운영하는 구조로, 생각보다 비싼 숙박비에 조금 놀라기도 했으나, 선택의 여지가 없었기에 25유로를 지불하고 방을 배정받았다. 그리고 손님은 달랑 나 혼자였으니, 독방을 얻은 셈이다.

　알베르게를 구하지 못하면 호텔이라도 갈 생각이었으니, 그 비용에 독방이니 얼마나 좋은지. 사실 호텔과 비교해 부담도 덜 가는 가격이고 2인 침대에 화장실, 샤워시설이 호텔처럼 깨끗해서 좋았다. 오랜만에 조용한 방에서 혼자 잘 수 있고, Wi-Fi가 잘 되어 가족들한테 소식을 전할 수 있어 더욱 좋았다.

'아~ 포르투갈에서 첫날밤을 이렇게 보내는구나!'
　여느 때와 달리, 몸도 마음도 많이 지치는 하루가 아니었나 싶다. 행여나 하고 밤 9시에 성당 광장으로 나갔으나, 함께 하리라 생각했던 촛불 행진을 보지 못한 채 발걸음을 돌려야만 했다.

축복의 길

DAY+43 2018년 6월 19일(화) 맑음

Routes of Santiago de Compostela in France + 40days

At FATIMA 0.0㎞ / 786.0㎞

🚶
FATIMA ────────────── 00.0 km ────────────── FATIMA

　오늘은 늦게까지 잠을 자 볼 생각이었지만, 새벽 6시에 눈이 떠져 침대에서 내려왔다. 그리고 매일 하는 아침기도와 묵주기도를 하였다. 긴 숙면을 가진 덕분에 기분은 상쾌할 정도로 좋은 컨디션이다.

　간단한 세수를 마치고, 어제 둘러본 파티마 성당을 다시 보려는 마음에 숙소를 나오는데, 그만 유리창에 머리가 '쿵' 할 정도로 세게 박치기를 했다. 어찌나 약이 오르던지. 나이 탓은 아니겠지….

　이른 아침이라 그런지 광장은 아주 한산하다.

　새파란 하늘과 상쾌한 아침 공기를 맡으며, 성당으로 향하는 마음과 발걸음이 너무나 가벼워 숙소를 나서며 당한 어처구니없는 봉변은 이미 기억 속에서 잊어버린 지 오래다.

　'아침의 산책이라….'

내 생에 이런 여유로운 시간을 보내 본 적이 있었는지조차 모르겠다. 비록, 순례길에서처럼 누군가와 동행 없이 혼자 걸었던 분위기와는 사뭇 다르지만 여기서는 여기대로의 분위기를 즐겨보리라.

생각이 많았던 산책을 마치고, 숙소로 돌아와 어제 준비했던 빵과 과일 요구르트 등으로 아침 식사를 맛있게 먹으니 배가 든든하다. 오늘은 파티마 성지를 둘러보며, 이곳의 정취를 제대로 느껴볼 생각이다.

아침 대성당의 모습은 고요와 평온이 감도는 아늑함을 제공해 주는 듯하다. 사람들의 발길도 없다 보니 더욱 그러한가 보다. 광장에 들어서자 왼쪽에서 촛불 봉헌을 한 뒤, 바로 옆 안내소로 발길을 돌렸다.

준비한 번역기를 이용해 성모님 발현지와 성모님 발현을 목격한 목동들의 무덤이 어디 있는지 물어보기 위해서다. 그리고 보니, 참 편한 세상이 아닌가! 요즘은 휴대폰만 있으면, 불가능한 일들을 가능케 할 수 있다고 말할 정도니 말이다.

번역기를 통해 아주 간단한 대화가 오가고, 이내 안내자가 지도에 붉은색 펜으로 세심하게 표시를 해주었다.

'어? 여기가 거기란 말이지?' 깜짝 놀랐다. 어저께 미사를 드렸던 지금 서 있는 바로 앞 유리관 안에 계신 성모님 자리가 발현하신 바로 그곳이라니…. 놀라지 않을 수가 없었다.

안내자에게 감사 인사를 전하고, 발길을 돌려 성모님 발현하신 앞으로 갔다.

그리고 그 어느 때보다 정성을 다하여 간절한 기도를 드렸다.

'이곳까지 무사히 올 수 있도록, 인도하여 주시옵고 보살펴 주심에 감사드리며, 남은 여정도 무사히 마칠 수 있도록 도와주십시오.' '그동안 저에게 보내 주신 은인들에게도, 주님의 은총과 평화와 축복 주시기를 간절히 기도드립니다.

　기도를 마치고 대성당으로 올라가니, 제대 양옆으로 목동들의 무덤이 있었다. 그 무덤을 보고 있으니, 내가 20년 전쯤 이곳을 처음 방문했을 때의 기억이 조금씩 떠올랐다.

　그 당시 성모님 발현을 목격한 루치아 목동이 생존하고 있다는 초가집 같은 허술한 곳을 둘러 본 적이 있었는데, 지금은 '목동 히야친타와 루치아' 묘가 나란히 있고, 반대편에는 '목동 프란치스코[19]'의 무덤이 있는 것이 아닌가!

---

19) 히야친타, 루치아, 프란치스코 : 파티마 성모님 발현을 목격한 세 명의 목동들. 파티마 성모님 발현은 1917년 5월 13일부터 10월 13일까지 매월 13일 여섯 차례에 걸쳐 나타남

얼마 전 청담동 성당에서 〈파티마의 기적〉이라는 영화를 상영했었기에 더욱 생생하게 떠올랐다. 그리고 영화 속에 담긴 비밀스런 그들만의 약속이 무엇인지 궁금하기도 했다.

'이분들이 성모님과 약속한, 발설하지 않은 내용이 무엇일까?'

성당에 도착해 시간을 보낸 지 벌써 2시간 남짓 지난 듯하다. 그리고 어느 듯 기도를 하러 방문하는 이들의 줄이 계속되어 이어지자 조금은 어수선하다.

그래도 이곳 파티마까지 오려고 했던 목적을 달성했다는 생각에 마음은 한결 가볍고, 행복할 뿐이다. 몇 장의 사진을 추억으로 남기고 밖으로 발걸음을 옮겼다.

광장 저 아래 건너편에 커다란 현대식 건물이 보이자, 나도 모르게 발걸음이 그곳을 향해 걷고 있다. 그런데 광장에서 보기에도 꽤 먼 거리를 두 무릎으로 걸으면서 대성당을 향해 묵주 알을 돌리며 기도하는 사람들이 두 눈에 들어왔다.

그리고 문득 '과연 나의 신심은 저 사람들에게 비교가 될 수 있을까?' 하는 생각이 들자, 갑자기 숙연해지기도 한다.

건물 안은 엄청나게 넓었다. 내 추측건대, 대성당은 어림잡아 몇만 명은 수용이 가능할 듯싶을 정도로 그 위엄을 자랑한다. 가운데 통로 한쪽으로 문이 열려있어 들여다보니, 그곳에도 성당이 자리하고 있었다. 그리고 보니, 성모님 발현지 외에도 대성당을 포함하여 기도를 드릴 수 있는 성당이 여러 곳곳에 있는 것으로 보아, 이곳이 얼마나 의미 있고, 상징적인지 가늠케 할 수 있는 있지 않은가!

조금 전 들어갔던 가운데 통로를 나와 이번엔 통로의 맞은편으로 들어서니 박물관인 듯한 내부모습이 나타났다. 역시, 성모님 발현 목격자 세 사람이 신문에 게재된 사진을 비롯해서 많은 성화와 조각품들이 전시된 걸 보니 박물관이 맞는 것 같았다.

순례길을 걸으며 제때에 도착해야 하는 시간의 압박이 없다 보니, 맘껏 여유로운 시간을 즐기며, 틈틈이 명상에도 잠길 수 있어, 이 순간들이 너무나 편하지 않을 수 없다. 다만, 아쉬운 점이 있다면 언어적 장벽으로 전시된 그 모든 것들에 대한 세세한 설명을 하나하나 읽을 수 없었다는 것이다.

밖은 벌써 태양이 이글거리며 강한 빛을 내리쬐고 있었다. 여기나 스페인이나 유월의 날씨는 비슷한가 보다. 그늘진 실내에서 나오자마자 숨이 '턱' 하고 막힘을 느끼자, 더 이상 밖을 돌아다니고 싶은 마음이 사라져버린 나의 마음을 이해라도 한 듯, 숙소로 방향을 바꿔 걷는 두 다리가 신기하기만 할 뿐이다.

숙소로 돌아와 늘어지게 한숨 자고 일어나, 슈퍼마켓을 찾아 장을 보기도 하였다. 누가 보면 대가족이라도 먹일 듯, 한 봉지 가득 들고서 돌아왔다. 먹을 음식이 가득하니 마음까지 흐뭇해진다.

빵, 바나나, 사과, 자두 등 오늘 저녁과 내일 아침까지 먹을 양치고는 꽤 욕심을 부려 사온 듯했으나 전혀 괘념치 않았다.

숙소에서 충분한 휴식을 취한 이후에, 저녁 8시에는 다시 성모님 발현지 앞에서 드리는 미사에 참례하는 일을 잊지 않았다. 그리고 내가 미사 때마다 노래를 부르던 촛불 행진이 있을까 내심 기대했지만 아쉽게도 그 희망은 끝내 이루어지지 못하였다.

'아~ 촛불 행진 한번 보기가 이렇게 힘들 줄이야! 죽기 전 이곳에 다시 올 수 있으려나…'

아쉬움만을 남기고 발길을 돌려 숙소로 돌아오는 발걸음이 쉽사리 떨어지지 않는 밤이다.

산티아고 까미노의 천사들

이별의 길

DAY+44 2018년 6월 20일(수) 맑음

Routes of Santiago de Compostela in France + 41days

FATIMA to Santiago de Compostela 0.0㎞ / 786.0㎞

417.0 km

FATIMA   Santiago de Compostela

새벽 5시에 자연스레 눈이 떠져, 허리를 일으켜 세웠다.

고요한 새벽의 시간을 틈타 드리는 묵주기도는 언제나 하느님 앞에 좀 더 가까이 다가가는 기분마저 들어 이보다 행복하지 않을 수 없었다.

한 시간 정도의 기도를 마치고, 이제 이곳을 떠나 다시 산티아고 데 콤포스텔라로 돌아갈 준비를 시작했다.

어제 사다 둔 빵과 과일 등으로 간단히 요기를 하고, 어제의 그 광장으로 다시 가보았다. 아침 7시 반경에 성모님께서 발현하신 곳에서 미사가 있다는 이야기를 들었기 때문이다. 그리고 미사참례는 내가 이곳을 찾은 가장 우선시되는 일이기에 할 수 있다면 좀 더 많은 미사참례를 하고 싶었던 나의 소박한 바람 때문이었다.

어제도 언뜻 느꼈지만, 주위 분위기가 낯설지 않다고 생각을 한 것이 아마도 20여 년 전 이곳에 왔을 때, 바깥의 산길 모퉁이 자그마한 성모님 앞에서 기도했었던 기억이 어렴풋이 났음이다.

'아~ 이곳이 그때 그곳이구나!'

떠오른 기억의 조각들이 하나하나 새로운 감회가 되어 돌아왔다.

'아! 이제 여기와 작별할 시간이구나!'

나를 태우고 산티아고 데 콤포스텔라로 돌아갈 버스의 출발 시간이 이곳을 떠나기 싫어하는 나의 애타는 마음을 조금씩 조여 오고 있었다.

왕복 버스표에 파티마 출발 시간이 9시 15분으로 되어 있어서, 엊그제 하차했던 터미널로 조금 일찍 나갔다.

서둘러 출발한 탓에, 시간 여유가 있어 커피 한잔을 하며 주변을 감상하기도 했다. 그런데 한참을 기다려도 버스가 와야 할 시간이 훨씬 지났음에도 불구하고 버스는 모습을 드러내지 않는다. 분명히 엊그제 하차할 때 버스표를 보면서 이 시간에 이곳으로 오라고 버스 기사가 확인시켜주었건만….

'내가 뭔가를 놓친 걸까?'

이런 의구심을 가득 안은 채, 버스 티켓을 판매하는 창구에 표를 보이며, 왜 버스가 안 오느냐고 물었더니, 버스표에 나온 시간 '9:15' 위에다가 '10:15'로 고쳐 적어 주는 게 아닌가?

'이런 말도 안 되는…'

시차 때문이었다. 포르투갈과 스페인의 시차가 1시간이나 났음을 몰랐다. 그저 국경을 접하고 있는 이웃 나라라고만 생각을 했지, 그

두 나라의 땅 넓이를 전혀 고려하지 않았다. 이렇게 또 한 번의 놀라움과 나의 작은 착각으로 입가에 살짝 미소를 띄워본다.

얼핏 뇌리를 스치는 진한 아쉬움, 이틀에 걸쳐 '밤 9시에 진행하는 촛불 행진이 있다'라는 것만 각인이 되어 발길을 돌리곤 했던 기억이 떠오른다. 줄곧 스페인 시간으로만 생각했었으니…. 1시간의 시차를 알았었더라면 10시에 광장에 나가서 그렇게도 갈망하던 장엄한 촛불 행진에 함께할 수 있었을 텐데….

이것이 다 나의 부족한 언어장벽 때문에 타인들에게 문의하는 시도조차도 못했기에 일어난 상황이라고 생각되니, 영어를 하지 못하는 아쉬움과 부끄럼을 느끼지 않을 수 없었다.

그나마 스페인이 포르투갈보다 시차가 1시간 느려서 다행이지, 빨랐다면…. 상상도 하기 싫다는 듯, 고개를 좌우로 흔들어 본다. 더욱이 겨우 하루에 한 번밖에 운행하지 않는 버스가 아닌가 말이다.

최악의 상황을 모면해서 그런지, 어김없이 찾아드는 온몸의 늘어짐을 이끌고 긴 한숨 후에 다시 버스 출발 시간을 기다리며 주변 산책을 나서본다.

약속한 대로 10시 15분이 조금 지나서야 버스가 들어왔다.

나라별 시차에 대한 추억하나를 간직한 채, 버스에 몸을 싣고, 산티아고 데 콤포스텔라로 돌아가면 무얼 할지 곰곰이 생각해 보았다. 그나마 이미 다녀온바 있는 산티아고 데 콤포스텔라로 돌아가는 길이니, 파티마로 올 때보다는 신경이 덜 쓰여서 좋았다. 그 느낌이 마치 고향의 집으로 돌아가는 느낌이라고 말하는 게 맞는 것 같다.

산티아고 데 콤포스텔라로 돌아가는 버스는 의외로 정차하는 터미널이 많았다.

'아, 이러면 올 때는 8시간이었지만, 그보다 훨씬 오래 걸리겠군.'

몇 번의 정차를 거듭하던 버스는 이제는 환승을 하라며 내가 탄일반버스에서 ALSA버스로 갈아타게 되었다.

산티아고 까미노의 천사들

'그러니까 이곳까지 온 것은 포르투갈 버스이고, 이제 스페인 버스로 갈아타는 거구나!' 하며 혼자 의례 짐작해 본다. 그렇다면 여기는 내가 짐작하는 포르투(Porto)라는 도시임이 분명하다. 포르투갈의 수도인 리스본(Lisboa)에 이어, 제2의 도시이자 수도로 불릴 만큼 크고, 상업발전도 되었지만, 그보다 포르투갈 순례길을 걷는 순례자들이 제일 선호하는 출발지점으로 더 유명하다는 것을 일찍이 들은 바 있었다.

'흠… 순례길이라… 그것도 해변을 따라 걷는 포르투갈 순례길…'
갑자기, 움츠렸던 순례자의 본능이 되살아 난 듯, 두 다리가 움찔거림을 나의 눈보다 심장이 먼저 느끼는 것 같았다.
그렇게 환승을 마치자 약 30분간의 휴식시간이 찾아왔다. 카페가 눈에 띄어, 커피 한잔을 주문하여 받아들고 의자에 앉아 그럴싸하게 관광객 티를 내어본다.
환승하여 탑승한 버스는 나의 예상대로 한 시간이 더 걸린, 9시간 가까이 걸려서 산티아고 데 콤포스텔라의 버스터미널에 나를 내려놓았다.
장시간의 버스 여행으로 몸과 마음은 이미 지칠 때로 지쳐, 머릿속에는 샤워 후 잠잘 생각밖에 들지 않았다. 곧장 발걸음을 옮겨 파티마로 떠나기 전, 예약해둔 터미널 부근 La Crencial 알베르게로 돌아왔다. 숙박료가 13유로 대성당 옆의 반값이다. 이곳으로 오면서 경비까지 절약되고 시설도 좋고 직원 또한 친절해서 좋았다. 대성당까지 걸어서 15분 정도밖에 안 걸리니 멀지도 않으니 더욱 좋을 수밖에.

도착 후, 그동안 제대로 식사를 못 한 탓에 가는 길목에 보이는 레스토랑에 들러 마침 메뉴판에 그림을 보고 주문했다.

스테이크와 비슷했다. 양이 많아 파티마에서 부족했던 영양을 다시 보충한 기분이다. 시원한 맥주와 곁들여 며칠 만에 잘 먹었다. 누군가 여기 스테이크와 맥주는 '천상의 궁합'이라고 했던 기억이 살짝 떠올랐다.

시간 속의 길

DAY+45 2018년 6월 21일(목) 맑음

Routes of Santiago de Compostela in France + 42days

At Santiago de Compostela 0.0㎞ / 786.0㎞

00.0 km

Santiago de Compostela   Santiago de Compostela

　잠자리가 불편했던 탓인지 간밤에 몇 번을 뒤척이더니, 결국엔 이른 새벽에 눈을 뜨고 말았다. 피곤함이 채 식지도 않아, 늘 하던 묵주기도마저 거르고 시작하는 아침이다.

　다른 숙소에 비해 2층 침대의 높이가 1층으로부터 다소 낮아 허리를 제대로 펼 수 없었던 탓일 거다. 못다 한 기도는 이따가 대성당에서 하기로 하고, 어제 파티마에서 구입해 두었던 빵과 과일 등으로 아침 식사를 했다.

　이제는 하얀 쌀밥이 그리워질 때도 된 것도 같은데, 너무나 익숙하게 먹는 모습이 마치 생전에 빵을 주식으로 하는 나라의 사람이었나 싶을 정도다.

　아침 식사 후, 로비로 내려와 숙소 직원에게 피니스테라 행 버스 시간을 물으니, 파티마를 오갈 때 이용한 바로 그 터미널로 가서 확인을 해보라는 것이다.

　간밤의 선잠으로 찌뿌둥한 몸도 풀 겸 해서 곧장 터미널로 발걸음을 옮겼다.

　터미널로 가는 길목에서 순례길에서 자주 만나며 인사를 나누었던 일산에 산다는 아가씨들도 잠시 만나, 서로의 안부를 묻기도 하며, 그동안 여정에 대해 잠깐 대화를 하다 보니, 그들은 벌써 피스테라와 묵시아에 다녀오는 것 같았다. 터미널의 근처에 자리한 숙소였기에, 이내 그곳에 닿을 수 있었고 담당 직원에게 문의하여 내일 그곳으로 떠날 버스 시간까지 확인했다.

　이제 대성당으로 발길을 돌릴 차례였다.

하루의 일과가 마치 미리 짜인 수레바퀴처럼 돌아가는 듯, 매일 바쁜 일상을 보내고 있음을 아직 자신만 모르는 듯하다.

곧 이곳을 떠나, 귀국을 해야 한다는 시간의 압박 때문일까? 아니면 언제 다시 올 줄 모르는 이곳을 조금이라도 더 경험하고 눈에 넣고 싶은 작은 바람에서일까?

이곳에 머물면서 습관적으로 가장 먼저 야고보 성인상 뒤에 가서 끌어 앉고 인사를 한 뒤, 무덤 앞에 가서 잠시 기도를 한 후, 경내를 다시 둘러보며 이전에 놓쳐버린 대상을 카메라에 담는 일상을 보내고 있었다.

그래도 오늘은 대성당에서 매일 열리는 순례자 미사에 참석하여, 그날의 기쁨과 환희의 눈물을 흘렸던 장면을 다시 재현할 수 있는 기회를 얻었기에 뿌듯한 마음뿐이다.

12시에 시작된 미사를 마치고 나오니, 시장기가 감돌았다. 이전에 미사를 마치고 나오면서 재회의 순간을 만끽하며, 함께 점심을 먹었던 일식집으로 발길을 옮겼다.

'그때의 추억이라도 다시 떠올라 보고 싶었던 마음에서였을까?'

그래도 한번 경험했던 주문 방식을 알기에, 그때와 다름없이 눈에 보이는 이것저것을 접시에 주워담아 주인에게 내밀어 요리를 부탁했다. 그런데 그가 나를 주시한다. 한참을 빤히 쳐다보더니 이내 가격표를 보여준다. 순간, 정말 '헉' 소리가 내 입속에 절로 튀어나왔다.

'아니, 이게 자그마치 50유로라고, 이게 한국 돈으로 70,000원이라고…'

그러다 문득, 지난번 김 프란치스코 형제가 대신 밥값을 치러준 것이 생각났다. 그때는 이것보다 더 많았는데 말이다.

창피하고 부끄러운 순간이지만, 담아 놓은 접시의 재료들을 다시 원위치로 되돌려 놓았다. 그리고는 벽면에 붙은 4.5유로 메뉴를 주문하고선 자리에 앉았다. 그야말로, '좌불안석'인 셈이다. 주문한 메뉴가 나오면 '번갯불에 콩 구워 먹듯' 해치우고 줄행랑이라도 치고 싶은 심정을 그 누가 또 알겠는가!

순례길에서 이렇게 빨리 밥을 먹은 본 게 처음인 것 같다. 식사 후, 도망치듯 식당을 빠져나와 순례자와 관광객들 눈을 사로잡는 기념품 골목길을 거닐며 시간을 내 보기로 했다.

그래도 이 먼 곳까지 왔는데, 빈손으로 돌아갈 수는 없지 않은가! 가족들과 레지오 단원들 그리고 절친한 지인들에게 줄 만한 자그마한 선물이라도 사 가야겠다는 생각에서 이곳저곳 둘러보았다.

역시, 예전이나 지금이나 앞으로도 난, 쇼핑에는 제격이 아닌 듯하다. 선물 대상자들을 생각하다 보니 선뜻 살 수 있는 물건이 하나도 없었다. 결국, 고른 것이 순례길 상징인 조가비였다.

숙소로 오는 길에, 마침 문을 연 마트가 보여 잠시 들리기로 했다. 내일 피니스테라에 출발 전 그리고 도착 후에 먹을 비상식량을 구비해 놓기 위해서다.

참회의 길

DAY+46 2018년 6월 22일(금) 맑음

Routes of Santiago de Compostela in France + 43days

Santiago de Compostela to Finisterre 0.0㎞ / 786.0㎞

85.0 km

Santiago de Compostela   Finisterre

어제 피니스테레행 버스 시간을 미리 알아 놓았기에, 오늘은 9시 버스를 타기 위해 터미널로 향했다. 나중에 산티아고 데 콤포스텔라의 공항에 갈 때도 이곳에서 버스가 출발한다고 하니 이동하는 데 전혀 불편함이 없을 것 같았다.

배낭은 저번과 같이 숙소 창고에 맡겨 놓고, 보조가방에 필요한 것만 넣고 왔기에 부담이 없는 여행이다. 여기서부터 두어 시간이면 목적지에 도착한다고 하니, 어제의 장시간 버스 여행에 비하면 이건 아무것도 아니지 않은가.

제법 손님이 많았다. 빈자리 하나 없이 승객을 가득 태운 버스는 이내 터미널을 빠져나와 시내를 벗어나 확 트인 도로를 내달리기 시작한다. 창밖으로는 아름다운 경치가 펼쳐져, 전혀 지루하거나 따분함을 느낄 수가 없었다. 피스테레로 가는 버스는 거의 해안도로를 따라 달렸다.

'스페인의 해안선이 이토록 아름다울 줄이야~'

비록, 꽉 닫힌 버스의 창문 너머로 감상하는 풍경이지만, 밀려오는 감동은 매 한 가지가 아닐 수가 없다. 듬성듬성 해안 사이 밀집한 해안가 건물들과 그 뒤를 받쳐주는 푸르름이 가득한 낮은 산의 조화가 어찌도 저리 평화롭고 조화로운지, 마치 하느님이 이곳에 축복을 가득 내린 것처럼 보였음이다.

약 3시간을 달린 버스는 11시가 가까워서야 우리를 피스테레에 내려놓았다.

버스에서 내린 사람들이 하나둘씩 터미널을 떠나고, 어느새 다들 어딜 그리 바삐 가는지 바로 자취를 감춰 버린다. 다만 다시 산티아고 데 콤포스텔라로 돌아가기 위해 줄지은 배낭을 멘 순례자인 듯한 사람들만 북적이고 있을 뿐이다.

나중에 안 사실인데, 이곳 피스테레로 먼저 오는 것보다 묵시아를 먼저 갔다가 이곳까지 와야 버스 타기가 편하다는 사실을 알았다. 버스 속에서의 시원한 에어컨 바람에 느끼지 못했지만, 바깥은 강한 햇살 탓에 한여름 절정에 달한 열기를 뿜어내고 있었다.

'오늘은 우선 숙소부터 정해놓고, 움직이자.'

지난번 파티마에서 숙소를 잡기 힘들었던 일이 있어 내린 결론이었다.

내가 숙소를 찾겠다고 마음먹은 걸 알아차린 듯 현지 아주머니 한 분이 말을 걸어온다. 자기가 운영하는 알베르게가 있으니 그리로 가자는 것이다. 앱을 켜고 찾아가는 것보다 낫겠다 싶어 그녀를 따라 길을 나섰다.

그녀와 같이 걷는 내내 가깝다며 다 왔다며 한참을 떠들었건만, 십여 분이 넘도록 숙소에는 아직 도착하지 못했다. 문득 뇌리를 스치고 지나가는 이 불길한 느낌은 무엇일까? 이상한 느낌이 드는 걸 감출 수 없었다.

'타국에서 낯선 이의 지나친 친절에 의심을 품어라.'

순간, 아차 싶어 그녀에게 죄송하다며 인사를 건네고, 부리나케 그 자리를 피해 처음 이곳에 버스로 도착한 장소로 발걸음을 돌렸다. 나의 지나친 의심과 경계심이었는지도 모르지만, 영 마음이 내키지 않음은 어쩔 수 없는 선택이었다.

휴대폰의 앱을 켜 주변을 탐색하니, 약 5분 거리에 알베르게가 나타났다. 조금 전의 일도 있고 해서, 무작정 그곳으로 향했다.

도로변 언덕 위에 위치한 알베르게의 간판이 보이기 시작한다. 아직 환한 대낮임에도 전원을 끄지 않아 간판의 불이 들어와 있는 게 보였다. 이왕이면 규모가 작은 숙소이길 바라며, 입구로 들어서는데 관리자인 듯한 사람이 보이지 않아, 잠시 숙소 내부를 들여다보았다.

그리고 나의 기대에 호응이라도 하듯, 다행히 2층 침대 6개 정도가 배치된 작은 방이었다. 그리고 내친김에 부엌도 잠깐 둘러보았으나, 간단한 조리를 할 수 있는 아주 작은 구조이다.

'요리도 하지 않는 내가 부엌이 좋으면 뭐하겠냐?'

그도 그럴 것이, 순례길 38일 동안 직접 요리를 해 먹은 것이라고는 겨우 라면이었으니 말이다.

'그래, 그냥 여기서 숙박하자.'

더운 날씨에 더 돌아다녀 봐야 그곳이 그곳일 것 같을 거라는 생각에서 오늘은 여기서 지내기로 하였다. 잠시 후, 주인으로 보이는 중년의 아주머니가 인사를 건네며, 내가 숙박할 것을 아는지 방을 보여주며 맘에 드는 침대를 골라 쉬라고 한다.

혹시 모를, 뒤에 찾아오는 순례자들의 북적거림을 예상해 방 구석진 곳으로 자리 잡았다. 그리고 가져온 빵과 요구르트 그리고 자두 등으로 조금 늦은 점심 식사를 했다.

든든히 배도 채웠겠다, 더운 날씨지만 이곳까지 와서 해변을 둘러보지 않는다면 무슨 의미가 있겠는가? 먼저 항구를 둘러본 뒤, 해변의 백사장을 걸어보기로 하며 발길을 향했다.

낚싯배로 보이는 듯한 수십 척의 배들이 항구를 가득 채우며, 언제 나갈지 모를 출항을 기다리는 듯 편안한 휴식을 취하고 있었다.

간간이 개인소유의 보트들도 낯선 이방인의 출현을 반가워하는지 내리쬐는 햇살에 배 표면이 반사되어 눈이 부시도록 빛이 바랜다.

'어쩌면 이리도 바닷물이 맑고 푸를까!'

그야말로 청정해역이 아닐 수 없었다. 제법 먼 거리에서도 바닷물 속에서 헤엄치는 물고기들의 모습이 선명할 정도로 보인다.

해변 한편에는 수산시장이 개설된 듯하다. 우리의 수산시장과 뭐가 다를까 싶어, 궁금하기도 해서 그쪽으로 발길을 옮겨 가보니, 아쉽게도 수산물 시장은 장이 끝났는지 띄엄띄엄 문을 닫은 가게들만 보이고, 일반 상품들만 판매하고 있었다. 그렇지만 수산시장이 아니었더라도 이곳은 그 풍경만으로도 충분히 아름다운 곳이었다.

'이번엔 해변을 따라 백사장이라도 걸어보려고 버스를 타고 올 때 보이던 하얀 모래 해변이 저 멀리 보여, 무작정 길이 아닌 해안을 따라 걸었다.

이따금 바위를 만나면, 걷기가 조금 불편했지만, 위험하거나 걷기에 큰 어려움은 없었다. 해변에 간간이 설치된 파라솔을 보니, 이곳이 성수기에 해수욕장으로 이용되는 해변임을 쉽게 알 수 있었다.

아직은 여름 성수기가 아니라서 그런지 모래사장과 멀리 떨어진 해변에서 튜브를 타고 노는 아이들의 모습과 일광욕을 즐기는 몇몇 사람만 보일 뿐이다.

걸음을 멈추고 손과 발도 담가 보며, 대서양의 바닷물은 어떤지 느껴보기도 했다. 1시간여를 따라가니 드디어 백사장과 접했다. 한국에서 만져 보던 그런 모래의 감촉이 아니었다. 뭐랄까? 마치 채반으로 내린 듯한 아주 보드라운 느낌이랄까?

좀 과장하자면 밀가루의 감촉 정도에 비유하면 좋을 듯했다. 시간도 여의치 않고, 갈아입을 옷도 없어, 바닷물에 몸을 담그지 못하는 것이 아쉽기만 하다. 잠시 그렇게 해변에서 시간을 보내며, 대서양 바다의 낭만과 여유를 만끽하기도 하였다.

　숙소로 돌아가기로 하고, 숙소 방향으로 이번엔 해안 길을 더듬어 발걸음을 옮기는데, 저만치서 낯익은 표식 하나가 눈에 들어왔다. 그 것은 순례길 안내 표지석이었다.

　'아! 이 길이 내가 걸으려던 길이구나!'라고 생각하니 몸이 불편해 서 더 걷지 못하는 것이 한없이 아쉽게 느껴졌다.

　산티아고 데 콤포스텔라에서 여기까지 나의 두 다리로 여정을 끝 내지 못한 아쉬움에서였을까? 그냥 무작정 순례길을 따라 걸어보기 로 했다.

　'이 느낌?'

　다시 순례자가 되어 순례길을 걷는 느낌이다. 나의 두 다리는 이 느낌을 분명히 기억한다. 나의 의지와 상관없이 '터벅터벅' 미끄러지 듯 걸음을 옮긴다. 언제가 될지 모르지만 체력이 허락한다면 산티아 고 데 콤포스텔라에서 이곳까지 걷고, 다시 묵시아까지 걸으면 더욱 좋은 순례길이 될 수 있겠다는 생각이 들었다.

숙소로 돌아와 잠시 쉬고 있으니, 몰려오는 졸음에 눈꺼풀이 계속 감겨온다. 하지만 좀 더 참아 보기로 하며, 화장실로 달려가 세수까지 해가며 정신을 차려 보기로 했다. 산티아고 데 콤포스텔라에서 수원 안젤라 부부와 같이 식사를 하면서 이곳 순례길에 와서 피스테레의 석양을 못 보고 가면 반드시 후회한다며, 꼭 구경할 것을 강력히 추천해서 온 곳인데.

침대에 있으면 더 졸려서 잠을 잘 것만 같아, 숙소 직원에게 그곳 피스테레의 석양을 볼 수 있는 위치를 물어 가보기로 했다. 이곳에서 약 3km 정도 걸어가면 된다고 하니, 한 시간이면 충분한 거리다.

평탄한 큰길 옆의 인도를 따라 걷다 보니, 순례길 표지석들이 군데군데 또 나타났다. 또다시 순례길을 걷는 기분이다. 왼편으로는 새파란 바다를 벗 삼아, 오른쪽으로 초록빛 산을 벗 삼아 걷는 기분이란 이 길을 걸어보지 못한 이는 결코 느껴보지 못할 감동 그 자체일 테다.

50여 분을 걸었을 무렵, 저 멀리 등대의 모습이 나의 시야에 들어왔다.

'거의 다 온 모양이다.'

저곳에 도착하면 순례길의 마지막을 알리는 '까미노 km 0.000' 표지석이 있다고 한다. 곧 그것과 마주한다고 생각하니, 발걸음이 절로 빨라지고 가벼워진다.

'흠, 저것인가? 순례길의 마지막 표지석?'

순례자들이 노래 부르듯 말하는 '땅끝'에 지금 내가 서 있다. 대서양의 시작과 끝이 동시에 존재한다는 이곳에, 나의 두 발로 딛고 서 있는 자신이 너무나 자랑스러울 수가 없는 순간이다. 표지석 옆에는

십자가가 있고, 그 위에는 생명을 다한 듯한 등산화 한 짝이 올려져 있다.

'누군가 이곳까지 왔으니 이제 더 이상 필요가 없어서 걸어 두고 간 것일까? 아니면 완주의 환희를 기념하여 걸어 놓고 간 것일까?'

등산화를 보면서 이런저런 생각을 하는데, '한쪽만 두고 갔으니 그럼 맨발로 어떻게 돌아갔을까?' 하며, 등산화의 주인을 걱정하기에 이르렀다.

'나도 이곳까지 걸어 왔으면, 더 좋았을 텐데…'

아쉬움과 후회 가득한 마음만 머릿속에서 맴돌 뿐이다.

머리 위를 내리쬐는 해는 아직도 중천이다. 석양을 보려면 한참인데, 어디서 시간을 보내며 석양이 모습을 드러낼 때까지 기다려야 할지 조금은 난감했다.

주변을 둘러보니 등대 주변으로 사람들이 벤치에 앉아 차와 맥주를 마시는 광경이 눈에 선명하게 들어와 '저곳이구나!' 싶어 가 보았다. 이곳에 유일하게 레스토랑을 운영하는 곳으로, 대서양의 경치를 한눈에 담을 수 있는 위치에 제법 넓은 테라스의 모습이 주변의 경관과 너무나 잘 어울려 화려한 조화를 이루어낸다.

'저기서 시간을 보내야겠구나!'

조금 전 나에게 감탄을 자아내던, 레스토랑으로 향했다.

테라스 쪽 테이블에는 이미 자리가 없을 정도로 주변 풍경을 감상하며 시간을 보내는 이들로 가득했다. 나도 그들 틈에 끼어 시간을 보내볼 참으로 한쪽 구석진 자리에 앉아 맥주 한잔을 시켜 나만의 시간을 보내본다. 대서양의 바람을 맞으며 시원한 맥주 한잔의 여유가 이렇게나 달콤한지 예전엔 몰랐을까?

일몰 시간이 궁금하여 레스토랑의 직원에게 물으니 '10시에서 10시 20분'이라고 메모를 해주어 좀 더 여유를 가지기로 해본다. 아무래도 적도가 가까워서인지, 우리나라보다 해지는 시각이 늦은 것 같다.

아직 3시간이나 남았구나!'

여유로운 낭만을 즐기는 것도 좋지만, 시간이 지남에 엉덩이가 계속 들썩이는 자신을 보니, 그냥 앉아 있을 수가 없어 저 멀리 보이는 능선에 올라 볼까 하고 그곳을 향해 걸었다.

제법 키 큰 나무들은 안쪽으로 뿌리를 내리고 있었다. 가파른 오르막길을 30분 정도 걸어 오르니, 숨이 차 걷기도 힘들 정도. 거의 능선의 정상에 다 달았을 무렵, 거센 바닷바람을 견뎌 낸 키 작은 나무들과 풀들이 너무도 억세서 더 이상 걷기가 어려워, 발길을 돌려 내려와 길 다란 벤치에 누워 파란 하늘을 바라보았다.

그러다 문득, 신비로운 넓은 우주 속에 속한 작은 먼지에 불과할 나의 존재에 대한 생각이 떠올랐다. 그리고 나라는 존재 하나가 홀로 이 먼 길을 돌아다니며, 인생에 대한 새로운 가치관과 의미를 만들어 가고 있으니, 한편으론 대견한 생각마저 들었다. 이렇게 혼자서 이런저런 생각을 할 때면, 돌이키고 싶지 않은 시절 받았던 상처의 기억들이 다시 살아나 눈시울을 붉히게 한다.

세월이 흘러, 옛 시절의 과거를 되돌아보며 가슴 아파 흐느끼는 자신을 보니 '나도 이제 많이 늙었구나!'라는 메아리가 늘 귓전을 울리고 있을 뿐이다. 얼마후, 저 멀리 수평선을 바라보니 절대로 떨어지지 않을 것만 같던 해가 조금씩 아래로 서서히 가라앉기 시작한다.

그 순간을 놓칠세라, 휴대폰을 꺼내어 들고선 연신 동영상 촬영에 분주해진다. 하루 종일 태양의 열기로 데워진 바닷물이 해가 지면서 온도가 내려감에 따라 수증기로 변해, 연무를 만들어 내는 야릇한 분위기를 자아내고 있음은 경이로웠다.

그렇게 나도, 이 자리에 선 모든 이들도 저마다의 꿈과 희망을 가득 담은 메시지를 그 일몰의 사라짐과 함께 떠나보내며 자리를 뜨기 시작했다. 일몰과 동시에 찾아온 서서히 내려앉는 어둠을 뒤로 한 채,

숙소로 향하는 발걸음이 배낭을 메고 걸을 때의 묵직함과는 또 다른
느낌이었다.

숙소에 도착하니 벌써 밤 11시가 넘어섰다. 너무 늦은 시간대라 저
녁 식사는 내일 아침으로 미뤄두고, 간단한 세면 후 침대에 누웠다.

'응? 아무도 없네? 나 혼자뿐인가?'

정말 그랬다. 12명이나 잘 수 있는 이곳에 오직 혼자만 자리를 차
지하고 있었다. 더욱이, 처음에 전혀 알지 못했던 시설에 불편함을
감출 길 없음이다. 하지만 너무 늦은 시간이라, 불편함을 호소할 때
도 없고 혼잣말로 중얼거리다 어느새 잠이 들어 버렸다.

끝과 시작의 길

DAY+47 2018년 6월 23일(토) 맑음

Routes of Santiago de Compostela in France + 44days

Finisterre to Muxia 0.0km / 786.0km

잠자리가 불편해 몸 컨디션이 최악이다. 아직 이른 아침이건만, 더 이상 침대에 누워 잠을 청하고 싶지도 않다.

'알베르게 관리가 엉망이니, 누가 찾아오겠어!'

오죽했으면 사진이라도 찍어 트위터에 올려, 망신을 주고 싶다는 생각이 들기도 했으니 말이다. 그렇게 혼잣말로 애써 감정을 억누르고, 해변 산책이나 하며 기분전환이라도 할 맘으로 짐을 챙겨 숙소를 나왔다.

해변을 걸으며, 발바닥에 가끔씩 느껴지는 아침의 차디찬 바닷물이 얼음물 속을 걷는 듯한 착각을 불러일으켰다.

항구 쪽을 바라보니, 어제와 마찬가지로 조용하고 한가한 분위기

속에 휴식을 취하는 배들과 이따금 산책을 즐기러 나온 사람들의 발걸음 소리만이 이 적막감을 깨며 지나갈 뿐이다.

어제 일몰 구경에 시간을 보내느라 놓친 저녁 식사와 이른 아침 해변을 걷느라 더욱 시장해진 허기짐에 근처 카페로 발걸음을 돌렸다. 버스 승차장 맞은편 Bar에서 커피 한 잔과 빵으로 간단히 요기를 하며 묵시아행 버스가 오는 것을 확인하였다.

오늘은 이곳 피스테레를 떠나 묵시아로 갈 예정이기 때문이다. 하지만 버스 출발 시간인 9시 45분이 되어도 묵시아행 버스의 모습은 어디에도 없다. 간혹, 비슷한 시간에 버스 승차장에 멈추는 버스가 있어 확인을 해보았으나 묵시아행을 알리는 표시는 볼 수 없음이다.

'여기는 정말 시간개념이 없구나…'

손님을 기다리는 듯한 버스기사한테 물으니, 묵시아행 버스는 운행하지 않는다는 답변만 할 뿐이다. 답답한 마음에 질문을 던져보지만, 그는 그대로 나는 나대로 서로 다른 얘기만 하고 있을 뿐이다.

한참 후에야 겨우 알아들은 몇 마디가 "산티아고 데 콤포스텔라로 가다가 어디서 내려서 택시로 갈아타라."는 것이다.

'이제 나의 선택만이 남았음이다.'

'될 대로 대라'

그런 마음으로 그 버스에 몸을 실었다. 이대로 언제 올지도 모를, 버스를 기다리며 시간을 보낼 바에야, 그의 말대로 시도해보는 것이 오히려 좋을 것이라 판단했기 때문이다.

버스에 승차한 사람은 나와 현지인으로 보이는 듯한 여자 손님 둘

뿐이다. '설마, 묵시아로 가지 말라는 하느님의 계시인가?' 하는 생각과 '그냥 이 버스로 산티아고로 가는 것이 낫겠다.'라는 생각이 들었다. 별의별 생각이 머릿속을 휘젓고 지나갈 뿐이다.

순간, 버스가 막 출발하려는데 황급히 아가씨 두 명이 승차한다.

'아! 한국 사람인 것 같은데…'

버스에 오르는 그들을 한순간이라도 놓칠세라 주시하고 내린 결론이다.

"안녕하세요! 한국분이시죠?"

확신에 찬 질문을 던졌다.

"예? 아 맞습니다. 안녕하세요."

설마 이런 곳에서 한국 사람을 만난 것이 의외라는 듯, 약간의 당황스러움마저 보이며 대답하는 그녀들이다.

"혹시, 어디까지 가세요? 저는 묵시아를 갈려고 하는데…"

"아… 저희도 묵시아에 가는 중이에요."

"묵시아에 간다."는 대답을 듣는 순간, 구원자라도 얻은 듯 놀라움과 기쁨을 감출 수 없었던 나였다.

그녀들은 본명인지 애칭인지, 청주에 사는 현, 김포에 산다는 신이라고 자기소개를 하자, 말이 끝남과 동시에 내가 이 버스를 타게 이유를 설명해주었고, 이내 그녀들 중 신이라는 아가씨가 버스 기사에게 다가가 한참을 대화하고서야 나에게 상황을 다시 설명해주는 친절함까지 보여준다.

현재 묵시아에 무슨 축제가 있어, 평소 운행하던 버스가 운행하지 않아, 산티아고 데 콤포스텔라로 가는 갈림길 마을에 내려 줄 테니 택시를 타고 가라는 얘기였다.

우여곡절 끝에 다시 찾아온, 묵시아에 갈 수 있는 기회를 잡아 더 없이 기쁠 수 없음이다. 그녀들과 택시요금은 공동 부담키로 합의보고, 우리는 버스 기사의 말대로 산티아고 데 콤포스텔라로 가는 갈림길인 '씨이(Cee)'라는 마을에서 하차하여 택시를 잡아타고 그렇게 고대하던 묵시아에 도착할 수 있었다. 30유로란다. 내가 20유로를 부담했다. 생각보다 저렴해서 좋았다.

더욱이, 그녀들은 이미 묵시아에 예약사이트를 통하여 알베르게를 잡아둔 상태라 그런 그녀들에게 부탁하여 같은 숙소에 머물러 있게 되어 알베르게를 찾느라 거리를 헤매는 수고를 덜 수 있어 좋지 않을 수 없었다.

그녀들과 함께 숙소에 도착한 이후, 그곳에 비치된 마을 안내도를 받아들고 마을 구경이라도 해 볼 참으로 혼자서 숙소를 나와 걸었다.

내일은 다시 산티아고 데 콤포스텔라로 돌아갈 계획이었던지라, 우선 버스 승차장의 위치를 확인하고서 안내도에 표시된 마을의 성당으로 발걸음을 옮겼다. 그나마 작은 마을이라 마을 성당을 찾는 건 그리 어려운 일이 아니었다. 입구에서 쓰인 안내문을 보고 저녁 7시에 미사가 있다는 것을 확인하고 돌아서는데, 바로 성당 뒤에 빌딩같이 큰 거대한 돌 비석이 서 있는 것이 아닌가!

그 형상이 가운데가 갈라진 직사각형 모양의 형체인데, 바로 그 앞 순례길 표지석에 'km 0.000'이라고 선명하게 적혀 있다. 이곳이 바로 땅끝인가 보구나 생각했다.

순례길의 끝과 종점을 알리는 것이 분명하다.
산티아고 데 콤포스텔라에서 피스테레를 경유하여, 묵시아의 바로 이 거대한 돌 비석까지 대략 120km를 더 걸으면 되는 곳이다.

얼마 전, 산티아고 데 콤포스텔라에 도착하여 나의 체력적인 상황 만 허락했더라면, 하루 20km를 걷는다고 볼 때, 대략 5, 6일 정도면 닿을 수 있는 거리인 것이다. 하지만 그런 기회조차 가져보지 못한 지금, 자신에게 조금의 원망과 후회만이 가득 남을 뿐이다.
그러한 마음이라도 달래볼 참에 마을 뒤편으로 자리 잡은 산 정상 으로 올라 기분전환이라도 해보기로 했다. 이따금 가파른 길을 마주

하기도 했으나, 보기보다 그리 높지 않은 산이라 십여 분 만에 정상에 다다를 수 있었다.

아름다운 묵시아의 모습을 한눈에 볼 수 있는 위치 좋은 자리를 잡고 수평선 너머로 홀로 떠다니는 보트를 바라보며, 세상 평온하고 여유로운 모습을 감상할 수 있었다. 잠깐 동안의 산의 정취와 묵시아의 경관을 눈에 담고서 산을 내려왔다.

산을 오르고 내리며, 조금은 허기지고 갈증도 난 터라 카페로 발걸음을 옮겨 외부 테라스의 빈 의자에 걸터앉아 간단한 식사와 함께 다시 여유로움을 즐겨보았다.

숙소로 돌아와 오늘 지나온 길을 기록으로 남기고서야, 겨우 샤워를 하고 저녁 7시에 있을 미사 시간 전까지 쉬어 보기로 했다. 오늘 이곳 묵시아로 오기 위해 겪었던 숱한 경험들이 이제는 한순간의 추억으로 변해간다.

경험이란, 좋던, 싫던 나의 일생에 중요한 선택의 기로에서 합리적이고 옳은 방향을 잡을 수 있도록 길잡이를 해주는 것 같다.

휴대폰의 진동 알람 소리에 눈을 떴다.
'음… 아직 30분 남았네… 서둘러 가봐야지.'
아직도 잠에서 덜 깬 정신을 가다듬으며, 정신이라도 차려 볼 기세로 화장실로 달려가 찬물을 얼굴에 적신 뒤, 저녁 7시 미사에 참례하기 위해 숙소를 나왔다.

묵시아의 해안 산책이라도 해볼 겸 해서, 이전에 지났던 길과 다른 해안 길을 택해 걸었다. 7시가 가까워지니 성당의 문이 열려 자연스레 의자에 앉아 조용히 기도했다. 말은 알아듣지 못하지만 오랜만에 성체를 모시니 감회가 새로웠다. 평화의 인사를 하는데 숙소에서 얼핏 보았던 한 청년과 인사를 하니 반가웠다. 인천 제물포 성당에 다니는 프란치스코라고 한다. 그는 피니스테레를 거쳐 묵시아까지 걷고 왔다니 부럽기도 했다.

숙소로 돌아오는 길목에서 점심 식사를 했던 식당의 앞길을 지나는데, 코를 자극하는 생선 굽는 냄새가 나를 유혹했다.

결국 식당 안으로 들어갔다. 어떻게 주문해야 할지를 몰라서 작은 생선구이 3마리를 먹고 있는 다른 사람의 테이블을 가리키며 같은 메뉴를 줄 것을 요청하고 주위 테이블에서 식사 중인 사람들을 물끄러미 바라보았다.

기다리는 동안 다른 테이블은 음식이 놓일 접시 보와 냅킨을 세팅해 주는 것 같은데, 나의 테이블에는 주문한 요리가 나올 때까지도 전혀 관심을 보이지 않는다. 그뿐만이 아니다. 주문한 요리도 달랑 생선 한 마리만 담은 접시가 나오는 것이 아닌가! 분명 생선 세 마리가 담긴 요리를 가리켰는데 말이다.

덥수룩한 흰 수염을 기른 행색이 초라해 보이는 늙은이에 대한 푸대접이라는 생각이 들자, 기분이 영 불쾌하지 않을 수가 없었다. 아니면 동양에서 건너온 초라한 방랑자 아니면 거지로 생각했는지….

하긴 그럴 만도 하다. 덥수룩한 수염에 남루한 옷차림 흐트러진 머리카락에다 핏기없는 얼굴이 분명 거지와 다를 바 없었으리라.

그래서 목이나 축일 겸해서 맥주 한 잔 시켜 마시고는 그곳을 나왔다. '별것도 아닌 것에 괜히 기분만 버렸잖아…'

혼잣말로 이런 생각을 하며, 숙소로 돌아오는 길에 마트가 눈에 띄어 내일 먹을 빵과 과일 등 이것저것 요기 거리를 한 아름 들고서 나왔다.

해 질 무렵의 바닷가를 바라보며 걷는 기분이 꽤 낭만적이란 생각이 잠시 우울해진 나의 마음이라도 달래주는 듯하여, 긴 벤치가 놓인 해안도로가 한편에 앉아 잠시 시간이라도 보내볼까 싶어 앉았다.

역시, 생선 한 마리로는 저녁 식사를 대신할 수 없었나보다. 그래서 마트에서 구입한 빵과 사과로 허기진 배를 달래며 한참 동안 석양을 만끽하였다.

아름답다는 피스테레의 석양보다도 더 아름다운 것 같은 이곳 묵시아에서 한가로이 시원한 바닷바람을 쐬며, 밝은 달빛 아래서 전형적인 이국의 정취에 갇혀 있건만, 오늘따라 집 생각이 많이 나서 그 어느 날보다 그리워진다. 그렇게 한참을 앉아 있으니, 슬슬 차가운 밤공기가 몰려와 조금은 한기가 느껴져 숙소로 발걸음을 옮겼다.

숙소 앞에 다다르니 버스에서 만나 택시로 동승해서 온 한국인 아가씨들이 오늘밤 마을 축제가 있다며, 같이 구경을 가자는 것이다. 아까의 일로 기분도 울적하고, 피곤했던지라 그냥 침대에 누워 이른 잠을 청해볼까도 싶었지만, 두어 번씩이나 같이 가자며 재촉하는 그녀들의 성의를 무시할 수만은 없어 따라나서기로 했다.

산티아고 까미노의 천사들

하지만 우리의 기대와는 달리 마을 축제 행사는 어디에도 없었다.

"아, 저희 때문에 괜히 헛걸음시켜 드린 것 같아 죄송해요…"

애써 가기 싫다는 나를 데려온 게 못내 미안한지 말을 건네는 그녀들이다.

"아닙니다. 괜찮아요. 덕분에 동네구경 잘했습니다."

그렇게 우리는 아쉬움 가득한 마음만 품은 채, 대낮처럼 환히 밝혀진 아름다운 묵시아 항구의 휘황찬란한 야경을 보며 숙소로 돌아왔다.

떨림의 길

DAY+48 2018년 6월 24일(일) 흐림

Routes of Santiago de Compostela in France + 45days

Muxia to Santiago de Compostela 0.0㎞ / 786.0㎞

40.0 km

Muxia   Santiago de Compostela

새벽 3시경 저절로 눈이 떠졌다.

'귀국 날짜가 점점 다가와서일까?'

다시 잠을 청해보지만, 쉽사리 잠들지 못한다. 그렇게 뒤척이기를 몇 시간째 하다 보니 벌써 새벽 6시다.

산티아고 데 콤포스텔라로 떠나는 첫차가 아침 7시 30분에 있어, 일어나 씻고 짐을 챙긴 뒤 아침을 먹으면 시간이 맞을 같아 피곤이 덜 가신 몸을 간신히 일으켜 세운다.

버스 승강장에는 이미 산티아고 데 콤포스텔라행 첫차를 기다리는 사람들이 줄지어 서 있다. 버스 요금으로 8유로를 지불하고 승차하니 빈자리가 안 보일 정도로 금세 가득 차 버린다.

나이가 지긋한 기사라 안정된 속력을 유지하며 달리는 버스 안에서 다들 행복한 미소를 지으며 지금의 이 분위기를 즐기는듯하다. 마치 이곳을 떠나기 싫은 나의 마음처럼 말이다.

버스로 두 시간 정도의 거리라 마지막으로 창밖 너머로 보이는 이곳의 풍경을 두 눈에 좀 더 담아두고 싶은 욕심에 서서히 밀려오는 졸음을 뿌리쳐도 보지만, 언제 잠이 들었는지도 모르게 졸다가 눈을 떠보니 버스는 이미 산티아고 데 콤포스텔라 시내로 진입하고 있었다.

'아! 이제 계획했던 모든 순례길 일정이 끝났구나~'
긴 한숨을 내쉬며, 뭔가 아쉬운 듯 볼멘소리를 내어본다.
'이제 마무리 잘하고, 무사히 귀국만 하면 되겠구나!'
묵시아로 떠나기 전, 예약했던 알베르게에 도착하니 마음이 편했다. 이제 모든 일정이 끝나 귀국만 남았구나.

알베르게 입구로 들어서자, 내 얼굴이 기억이 났던지, 그전보다 더 반갑게 인사하며 맞이해주는 주인아주머니시다.
"Hola~"
그녀에게 며칠 묵을 것이라는 의사를 전달한 뒤, 우선 하루 치의 숙박료를 지불하고서야 방으로 갔다.

정오 12시에 있는 순례자 미사까지는 아직 여유가 있어, 우선 샤워부터 시작했다. 그리고 침대에 누워 살며시 두 눈을 감아 본다. 뭔가를 생각하기 위해서라기보단, 그냥 그러고 싶었다.

기억 속의 길   401

늘 이곳을 찾을 때면, 이제는 습관처럼 미사 참례 전 야고보 성인
상 뒤에서 끌어 앉고 잠시 묵상하기도 하며, 무덤에 참배와 기도를
한다.

'이런 일상이 매일 기적처럼 일어난다면 얼마나 좋을까?'

뭔가에 사로잡힌 듯, 복잡해진 생각들로 가득 찬 머리를 앉고 자리
한 미사였기에, 거의 끝나가는 시점까지도 묵묵히 자리만 지켰을 뿐
이다.

아침 버스로 도착한 이후, 전혀 음식을 손대지 않았던 터라, 사실
미사 참례 전부터 시장기가 돌아서였다. 그리고 갑자기 일본 우동이
생각났음에, 또다시 일식집으로 향했다.

솔직히, 딱히 정해놓고 뭐가 먹고 싶은지도 이제는 잘 모를 지경이
다. 입맛이 없어서 그런 것은 아니지만, 나의 뇌리에 강하게 기억날만
한 음식이 없었기 때문이 아닐까?

예상대로 숙소에 돌아오니 피로가 급속도로 엄습해온다. 곧바로
침대에 누워 양말도 벗지 않은 채 이내 곯아떨어졌다.

선택의 길

DAY+49 2018년 6월 25일(월) 잔뜩 흐림

Routes of Santiago de Compostela in France + 46days

At Santiago de Compostela 0.0㎞ / 786.0㎞

산티아고 데 콤포스텔라에서의 머무르는 시간이 많다 보니, 자주 순례자 미사에 참례하게 되었다.

이제 귀국할 때가 되니 기념품을 살 생각에 여간 신경 쓰이는 게 아니다. 미사 후에 기념품 가게를 둘러보았으나 무엇을 사야 할지 판단이 잘 서지를 않는다. 게다가 선물을 구입할 돈과 배낭에 그것들을 넣을 여유 공간까지, 이것저것 따지다 보니 모든 것이 마땅치 않았다.

한참을 고르다 맘에 들어 집었다가도, 다시 내려놓기를 반복하다가 아무런 소득 없이 가게를 나와 버렸다. 그리고 다시 한 바퀴 둘러보다 조금 전의 가게로 들어서기를 두 시간째다.

결국 야고보 성인상이 그려져 있는 두 가지 종류의 선물을 샀다. 가격과 부피를 고려한 합리적인 선물들로 말이다. 부디, 마음에 들었으면 하는 마음으로 샀는데 잘 모르겠다. 주는 사람의 정성이 제일

중요하겠지만, 받은 이의 마음도 고려해야만 서로 즐겁고, 그 의미가 더욱 값진 빛을 낸다는 것을 우리는 알고 있다.

숙소로 돌아오는 길목에 열린 마트를 보고선, 문득 가족들 생각이 났다. 순례길에서 맛있게 음미하며 마셨던, 와인들을 사다가 가족 식탁에서 한 잔씩 따라 마시며, 순례길에서 자신이 즐긴 그때의 맛을 조금이나마 전달해줄 수도 있지 않나 싶은 마음에서였다.

'아직 시간이 있으니, 떠나기 전에 꼭 사야지…'

그렇게 혼잣말로 다짐하고선, 그냥 마트를 지나 계속 걸었다.

숙소에 도착하여 아주 오랜만에 후니 씨에게 안부 문자와 순례길 중 찍은 몇 장의 사진을 전송해주며, 곧 귀국을 할 거라는 소식을 전했다. 곧바로 그로부터 답장이 왔다.

'수염 좀 깎으세요.'

그의 짧은 답문을 보고서 혼자 한참을 웃은 듯하다. 그리고 화장실로 달려가 거울 속에 비친 자신의 모습을 한참 들여다보았다. 한국에서 이러고 다녔다가는 집을 잃고 거리를 배회하는 늙은 노인취급을 받기에 딱일 듯싶었다.

애초에 수염을 기른 상태로 귀국해서 가족들과 만나겠다는 생각을 했으나 굳이 가족들한테까지 지금의 초췌한 모습을 보이는 게 무슨 큰 의미가 있겠나 싶어 결심을 바꾸기로 한다.

그래서 우선 현재 수염 기른 모습을 사진으로 남기고 싶은 마음에 숙소 주인아주머니한테 부탁하여 수염을 기른 옆모습과 앞모습을 찍어 달라고 했다. 그리고 한 손에 가위를 들고 화장실로 조용히 걸음을 내디뎠다. 하지만 서운함이랄까? 무엇인지 모를 묘한 느낌이, 가위를 든 손이 가늘게 떨리고 있었다.

얼마나 기른 수염이었는지 가위질을 시작하고서 30분 정도를 지나서야 드디어 손에서 가위를 놓을 수 있었다. 정말 수염을 말끔히 밀어내고 나니, 새 사람으로 보였다.

'에이~ 이럴 줄 알았으면, 진작에 자를걸'

거울 속에 비친 나의 얼굴을 그렇게 한참 동안을 바라보며 웃고 또 웃고 있는데, 문밖에서 인기척을 느끼고서야 겨우 밖으로 나왔다. 아무튼, 이전보다 훨씬 얼굴이 건강해 보이는 것만은 사실이다.

오늘, 나는 이곳 산티아고 데 콤포스텔라에서 다시 새롭게 태어난 사람으로 탈바꿈하는 날이다.

간절함의 길

00.0 km

Santiago de Compostela   Santiago de Compostela

이른 새벽부터 잠에서 깨 다시 잠들기를 반복하다, 벌겋게 충혈된 눈을 비비며 겨우 잠자리를 털고 일어나 침대에서 내려온다. 그리고 아침을 먹는 둥 마는 둥 하다가, 결국엔 숙소를 나와 마트로 달려갔다. 어제의 결심을 실행할 작정으로 말이다.

마치 보물이라도 발견한 듯 흐뭇해하며, 양손에 낯익은 두 병의 와인을 집어 들었다. 백포도주와 적포도주다. 기쁨으로 가득한 미소에 젖은 가족들의 얼굴을 상기시켜보며, 나도 어느새 흐뭇한 미소와 함께 카운터로 다가갔다.

오늘도 어김없이 12시 순례자 미사에 참례했다.

그제도, 어제도, 오늘도 끊임없이 밀려드는 순례자들을 보며, 나도 저 사람들의 모습으로 이곳 산티아고 데 콤포스텔라에 입성했을 때를 떠올려 보니 지금 이 순간의 그들의 심정이 고스란히 느껴진다.

오늘 미사 때는 대성당 외부 공사로 일어나는 소음과 진동 그리고 발화물질 같은 냄새가 코를 자극했다. 아무래도 수백 년에 걸쳐 숱한 세월을 지나온 흔적이 그대로 묻어난 대성당 건물이니 보수작업이 필요한 것은 어쩌면 당연한 일인지도 모른다.

기나긴 시간을 이어 보존하려는 그들의 값진 노력이 없었다면, 산티아고 데 콤포스텔라 대성당이 아직까지 존재할 수 있었을까? 오히려 이 정도쯤은 감사하는 마음으로 인내하는 것 또한 어쩌면 순례자들의 몫인지도 모르겠다.

미사 후, 벌써 몇 번을 먹었는지도 모를 일식집으로 향해, 점심으로 일본식 우동을 주문했다. 저렴한 가격도 맘에 들지만 얼큰한 국물 맛이 자주 이곳을 들르게 했다.

그리고 다시 기념품 가게로 향했다. 그동안 딸들과 며느리한테 무엇을 선물할까 여러 번 고심한 끝에, 여기를 여러 번 오가며 눈여겨보았던 귀걸이를 3개 샀다. 그리고 내친김에, 붉은색 십자가가 박힌 조가비를 또 샀다. 사실, 귀국일이 점점 가까워져 오니, 더 이상 미룰 수가 없었던 일이다.

'마음에 들었으면 좋으련만…'

숙소로 돌아와 마시려고 사다 둔 채, 이따금 한 잔씩 마셨던 백포도주를 꺼내어, 한잔 따르고, 잠시 향과 맛을 음미하며 단숨에 들이켰다.

'이제 이 맛을 볼 시간도 얼마 남지 않았구나~'

오늘은 지루한 하루를 보내는 듯한 느낌이다. 그러다 보니, 더욱 귀국하고 싶은 충동이 생겨난다. 역시 내 집이 제일 좋다는 생각이 드는 건, 아이나 어른이나 매 한 가지인가 보다.

오늘이 산티아고 데 콤포스텔라에서의 마지막 밤이다.
긴 여정의 시간을 지나, 어느새 50여 일을 맞이하고 있는 스페인 산티아고 데 콤포스텔라에서의 밤이다. 오늘 밤을 지나 내일의 아침을 맞이하면, 지난 그 모든 추억을 이제 기억 속에만 간직한 채, 떠나야 하는 시간과 곧 마주해야 한다.

순례길을 걸으며, 그 숱한 시간들 속에서, 수없이 나를 스쳐 지나간 사람들과의 인연, 그리고 그 속에서 경험한 많은 일들, 또한 그것들과 정면으로 마주해야 했던 자신이 얼마나 많은 시행착오를 했던가?
하지만 결국엔, 이 모든 일 들이 하느님의 은총과 축복이 늘 나의 곁을 맴돌며 지켜주었기에 무사히 마칠 수 있었고, 그러기에 난 지금 감사의 말씀만으로는 부족한, 진심 어린 기도를 한없이 드리고 있다.

'다시 이곳에 올 수 있으려나?'
너무도 힘겨웠던 순간의 기억들만 상기하면, 모든 것을 잊어버리고 싶은 생각이 들기도 하지만, 진심으로 바라옵건대, 앞으로 3년 후 팔순이라는 나이에 건강한 몸과 마음으로, 다시 산티아고 순례길에 오를 수 있기를 간절히 기도하고 자신과 약속해본다.

끝의 시작

산티아고
데 콤포스텔라는
떠나게

작별의 길

DAY+51 2018년 6월 27일(수) 맑음

Routes of Santiago de Compostela in France + 48days

Santiago de Compostela to Paris(CDG) 0.0㎞ / 786.0㎞

2.0 hour

Santiago de Compostela   Paris(CDG)

드디어, 산티아고 데 콤포스텔라를 떠나는 날이 밝아왔다.

절대로 찾을 수 없는 답을 찾아 머릿속에 떠오른 수많은 생각들에 질문을 던지며 보냈기에 아직도 꿈속에서 헤매는 것만 같은 착각을 불러일으킨다.

벌써, 시계의 바늘이 8시이거늘, 아침 식사도, 떠날 준비도 안 된 상태로, 그저 침대 머리맡에 멍하니 앉아 창문 너머만 주시하고 있었다.

'후~우~ 이제 정말 가야만 하는구나.'

결국, 밤새 제대로 마음의 정리도 하지 못한 채, 머릿속은 온통 뒤죽박죽된 셈이다.

파리공항에서 이동하기가 쉽지 않다고 들었기에, 행여나 하는 마음에 필요한 말을 휴대폰의 번역 앱에 입력하며, 어서 현실 세계로 돌아가자며 자신을 달래어 본다.

지금 머물고 있는 이곳 알베르게도 오전 10시 전까지는 짐을 빼야하기에, 배낭을 꾸려 침대 옆이 아닌 보관 장소에 옮겨다 놓았다.

　'이제 정말 마지막으로 다녀와야겠구나.'

　산티아고 데 콤포스텔라의 대성당으로 발걸음을 옮겼다. 오늘 이곳에서 하는 나의 모든 행동은 마지막이기에 그 어느 때보다 부여하는 의미가 크다.

　대성당에 도착하니, 오전 11시가 조금 넘어섰다.

　산티아고 데 콤포스텔라에서의 마지막 미사이니 우선 야고보 성인상과 무덤에 참배하고 오늘의 묵주기도 등을 시작했다. 그런 후 순례자 미사에 참례했다. 여전히 밀려오는 순례자들과 관광객들로 인산인해를 이루는 순례자 미사 시간이다.

　감동의 느낌도, 후회와 아쉬움도 남지만, 글재주가 부족해 일일이 글로 표현하여 기록을 하지 못함에 안타깝기마저 하다. 그리고 왠지 가슴이 뭉클해짐으로 자연히 숙연해지는 자신의 모습을 그려보자니 눈시울이 뜨거워진다.

　'안녕! Santiago de Compostela!'

　나의 작은 외침이 하느님께 전해지길 바라며, 흐를 듯 말 듯한 두 눈가의 눈물을 훔치며 말없이 성당을 빠져나와 숙소로 발걸음을 돌렸다.

　숙소의 냉장고에 남겨 둔, 마지막 음식으로 간단히 요기를 한 후, 공항 가는 버스를 타기 위해 숙소를 나오며, 그동안 편히 쉴 수 있게 나에게 방을 내어준 주인아주머니에게 감사의 인사를 전하는 것도 잊지 않았다.

"무차스 그라시아스(Muchsa Grasias)!"

"아디오스(adiós), 아스따 루에고(Hasta luego)"

순례길을 걷는 동안은 저 말의 뜻을 몰라 의아해 했거늘, 이제 저 말속의 의미가 가슴속 깊이 파고든다.

터미널에 도착해 오후 2시 20분 공항버스에 승차하려 했지만, 20분 빠른 버스가 도착하여 배낭을 짊어지고 버스에 몸을 실었다. 급할 땐 25유로의 택시비를 지불하고 갈수도 있지만, 조금만 서두르면 저렴한 3유로에 공항으로 갈 수 있으니, 굳이 이용할 필요는 없다.

창가 너머로 순례자들의 모습이 보인다. 터미널을 출발한 공항버스는 산티아고 데 콤포스텔라 시내에 한번 정차 후, 승객들을 싣고 이내 도심을 빠져나와 달리기 시작했다. 그리고 30여 분을 달려 산티아고 데 콤포스텔라 공항 앞에 도착했다.

주로 국내선으로 이용되는 이곳은 지은 지 얼마 안 되어 보이는 아담하고 깨끗한 시설 그대로의 모습이다. 너무 일찍 도착해서 그런지, 한산해 보였던 공항은 고요하기까지 하다.

나를 프랑스 파리의 샤를드골 공항으로 데려다 줄 뷰엘링(Vueling) 항공사의 카운터를 찾아 갔지만, 너무 이른 탓에 오후 5시에나 체크인을 한다는 안내 문구를 발견했다.

'아! 또 기다림의 시간이구나'

먼저 배낭을 탁송하고 카운터를 마주한 채 자리에 앉았다. 사실, 오전에 출발하는 항공은 대부분이 경유지가 있어, 환승 시 제대로 환승 구간을 지나 탑승할 수 없을 것 같다는 생각에서 직항인 저녁 7시 파리행 항공권을 예매했었다.

하지만 막상 이곳에 와 보니 환승을 하더라도, 일찍 출발하는 것이 괜찮지 않았나 싶은 생각에, 사전 정보를 제대로 확인하지 못해 이렇게 불필요한 시간을 낭비하는 자신이 한편으론 애석한 생각마저 든다.

시간적 여유가 너무 많아 커피나 한잔하며, 그동안 써 내려간 일기 메모를 검토해 보기로 하였다. 조용하고 아늑한 공항에서 환히 밖을 내다볼 수 있는 창문 너머의 풍경을 배경삼아 일기를 읽어 내려가니, 앉기도 불편하고 좁은 공간에서 오가는 사람들의 눈치를 봐야 했던 알베르게 보다 더할 나위 없이 좋았다.

준비해온 간식으로 간단히 요기도 하며 시간을 보내느라니, 어느덧 긴 기다림의 시간을 뒤로 한 채, 체크인을 끝내고 검색대를 통과하게 되었다.

"삐익~ 삐익!"

예상했던 대로 "삐익!" 소리가 난다.

선물로 산 것 중에 야고보 성인의 모습을 한 알루미늄 제품에서 소리가 날 것을 미리 알고 있었다. 웬만한 것은 큰 배낭에 넣어 수화물로 보냈으나, 자그마한 선물들은 보조가방에 넣어 둔 채, 검색대를 통과한 것이 문제가 된 것이다. 설마, 설마 했던 일이 현실이 된 셈이다.

그 문제의 물건이 무엇인지 알고 난 검색요원은 한번 지그시 웃으며, 아무렇지도 않은 듯 가방을 개봉하라는 요청 없이 나를 통과시켜 주었다. 작은 공항이라 검색대를 빠져나오자마자 곧바로 내가 탑승할 항공사의 게이트를 발견할 수 있었다.

"3번 게이트다!"

하지만 탑승을 하려면 아직 50여 분을 더 기다려야 한다.

혹시나 하는 마음에 주변을 둘러보지만, 한국 사람은 보이지 않는다. 기내에 탑승하고서야 서울 광진구에 산다는 한국인 아가씨를 만나 파리공항 3T(제3 터미널)에서 2T(제2 터미널)까지 가는 방법을 알려 달라고 부탁하기도 했다.

산티아고 데 콤포스텔라 공항에서 파리공항까지 두 시간이 채 걸리지 않는다. 그러기에 이륙과 동시에 기내서비스를 한번 받고 나면 다시 착륙한다는 느낌이 들 정도로 짧은 거리인 셈이다. 잠시 후, 파리공항 3T에 도착한 비행기에서 내려, 그녀를 따라 3T에서 2T로 이동하는 모노레일로 찾아 걸어갔다.

공항 호텔인 IBIS에 머문다는 그녀에게 행여나 하는 마음에 하루 호텔 숙박료를 물어보니 170유로란다. 순례길에 익숙해진 탓일까? 그 숫자를 듣는 순간 입이 '떡'하고 벌어졌으니 말이다.

그녀에게 감사의 인사를 전하고 헤어진 후, 모노레일을 기다렸다. 일전에 김 프란치스코 형제 부부가 알려준 얘기인데, 파리공항에서 몽빠르나스역 부근 한인 하우스까지 가려면, 늦은 밤 시간에 위험도 하고, 이동도 어려울 것 같으니, 3T 부근에 있는 호텔에서 머문 다음 날 귀국하라고 권유한 곳이 바로 공항호텔인 IBIS였기에 그녀에게 슬쩍 가격을 물어본 것이었다.

민박 요금에 오가는 교통비를 감안하더라도, 조금은 비싸다는 생각이 들어 혼자의 능력으로 올리비에 하우스를 찾아가 보겠다는 생각이 들었다. 잠시 후, 도착한 모노레일에 탑승하여 2T까지 가는 데는 성공했지만 그 이후가 문제였다. 공항에서 몽빠르나스 역까지 가는 공항버스의 승차홈이 4번 홈인데 그곳을 찾는 데 아주 애를 먹었기 때문이다.

아무튼, 가까스로 밤 10시 30분경에 4번 홈에 도착하여, 마지막 버스인 10시 40분 몽파르나스행에 극적으로 승차할 수 있었다. 만약 버스를 타지 못하면 Ibis 호텔을 찾아가든지, 아니면 공항 내 벤치에서 자 볼까 생각했었는데 다행이었다.

심야요금으로 1유로 추가된 19유로를 버스 기사에게 직접 지불하고 한 시름을 놓는가 싶었으나, 이제 목적지에 도착하여 어떻게 숙소까지 찾아갈지의 문제가 남은 셈이다.

달리는 버스의 차장 너머로, 이미 자정에 가까워 영업을 종료하고, 간판의 네온사인 불빛마저 사라져 버린 채, 어둠 속에 굳게 닫힌 가게들의 문마저 한층 적막감을 자아내고 있다.

'거리에 물어볼 사람이라도 있으면 좋으련만…'

밤이 되면 길거리를 오가는 사람이 거의 없을 정도로 한산한 파리의 분위기를 조금 알기에, 행여나 그런 기회조차 갖지 못했을 때의 일이 떠올라 조바심마저 났기 때문이다.

산티아고 데 콤포스텔라 공항을 떠나기 전, 오늘 찾아갈 올리비에 하우스에 미리 연락을 취하기는 했지만, 어차피 내가 도착하지 않으면 올 때까지 기다리고 있을 주인아주머니 생각이 났다.

더욱이, 파리공항에 도착한 후로는 공항 Wi-Fi가 되지 않아, 전혀 연락을 못 한 상태이지 않은가. 드디어, 목적지 몽파르나스역 앞에 도착했다. 버스에서 내려 주변을 두리번거려 보지만, 이곳을 떠나 올

때의 낮과는 전혀 다른 분위기에 도저히 방향을 읽을 수 없었다.

깊어만 가는 밤의 정점을 달리는 파리의 시간 속에 갇혀버린 느낌이다. 그야말로 막막하다는 표현이 맞겠다. 그때 나도 모를 재치가 발동했으니, 아직 승차장을 떠나지 않은 버스기사에게 메모한 전화번호를 건네주며 대신 전화 해달라고 부탁하며 1유로를 건네주었다.

그의 눈빛은 나의 현 상황을 정확히 읽고 있는지, 손을 저으며 돈은 받지 않고, 통화를 해주겠다는 의사를 해 보이는 기사다.

"Thank you! Thank you!"

그런데 문제는 숙소 전화번호로 연결을 시도 하던 기사가 머리를 절레절레 흔들며 안된다는 표정이다. 신호가 나타났다가도 금방 사라져버리기를 반복하더니, 어렵사리 연결이 되었다. 이럴 때 보면, 우리나라 IT 기술의 발전과 서비스 보급률이 얼마나 대단하고, 자랑스러운지 새삼 느끼지 않을 수 없었다.

통화연결이 되자, 자신의 손에 든 휴대폰을 건네주는 기사에게, 다시 고개 숙여 감사함을 표하고, 올리비에 주인과 통화를 시작했다.

"안녕하세요. 카타리나 자매님!…"

그렇게 간신히 통화 연결이 되고, 데리러 오겠다는 주인아주머니의 배려를 접어둔 채, 택시를 타고 그쪽으로 찾아가겠다는 의사를 전달했다.

자정이 훨씬 지난 시간까지 나를 기다리다 지쳐 있을 그녀에게 미안한 마음에서 도저히 부탁할 염치가 나지 않았음이다.

주인아주머니와의 통화를 끝내고, 다시 한 번 버스기사에게 정중히 고개를 숙이며 감사의 인사를 전했다.

그가 하는 말을 알아듣지는 못했지만, "괜찮다. 조심해서 찾아가라."는 뉘앙스인 듯하다. 그렇게 버스에서 내려오는 순간, 바로 뒤에 대형 택시에서 손님이 내리고 있었다. 내가 헤매지 않고 타라고 대령한 것처럼 놀라울 뿐이다.

'하루하루가 긴장의 끈을 늦출 수 없는 시간의 연속 같지 않은가?'

산티아고 순례길을 시작하기 위해, 처음 도착한 이곳에서부터, 이제는 순례길을 끝내고 돌아가기 위해 다시 찾아 마지막을 보낼 이곳까지, 두 달이라는 시간을 보내는 동안 단 하루도 긴장하지 않은 적이 없고 순간순간 가슴에 사무쳤던 나의 이 기나긴 여정!

십여 분을 달려 올리비에 하우스 앞에 나를 내려놓고 간 택시의 뒷모습이 유유히 어둠 속으로 사라지는 동안, 현관문 앞에서 기다리며 서성이는 카타리나 자매의 모습이 시야에 들어왔다.

"아이고, 자매님 밤늦게까지 기다리게 해서 정말 죄송합니다…"

다시 만난 반가움 대신 미안함을 표하는 자신이다.

"아니에요, 이렇게 무사히 오셔서, 얼마나 감사한지 모릅니다."

"피곤하실 텐데, 어서 안으로 들어가시죠~."

웃으며 괜찮다는 말을 계속하는 그녀다.

카타리나 자매를 따라 일전에 묵었던 방으로 들어가니, 깨끗이 정리된 방안으로 은은하게 느껴지는 향이 긴장으로 지쳐있을, 나의 몸과 마음에 평온한 안식처를 가져다주는 것만 같았다.

잠시 침대에 누워 있으니 바깥에서 눌러대는 벨소리가 내방까지 들릴 정도로 울려댄다. 설마, 자정이 훨씬 넘은 시간에 집으로 들어서며 내던 소음 때문에, 이웃 주민의 항의라도 하는가 하고, 죄송한 마음에 잔뜩 긴장을 하고 있는데….

"똑똑똑"

"예, 자매님! 들어오세요." 그녀의 눈치를 보는 자신이다.

"저기요! 한국이 독일을 2대 0으로 이겼대요."

"네? 혹시, 축구 말씀하시는 거예요?"

"아~ 모르고 계셨구나? 순례길 하시느라…."

하긴 내가 산티아고 순례길을 걷는 동안, 2018년 베이징 월드컵이 한창 열리고 있었고, 오늘 한국이 독일과 16강 진출을 놓고 최종 예선, 숙명의 한판 승부를 벌이는 날이었던 것이다.

아무리 그래도 그렇지, 그것도 자정이 훨씬 지난 이 시간에 이웃끼리 얼마나 친하길래 남의 집 초인종을 거침없이 누르고 찾아와 한국의 승전소식을 축하한다는 한마디를 던지고 갈 수 있을까? 이러한 분위기가 우리네의 정서와 너무 달라 당황함을 감출 수 없었다.

가치관의 차이랄까?

참으로 이해하기 어려운 재미있는 나라라고 생각이 들었다. 층간 소음 정도에 이웃 간에 잦은 마찰로 서로 마음을 상해, 최악의 상황에 이르는 우리의 현실과 비교해서 얼마나 인간다운 정을 느낄 수 있는지 깨닫게 하였다.

그 이후로 나를 기다리느라 잘 시간을 놓쳐버린 카타리나 자매와 한참을 나의 순례길 여정에 대한 이야기를 나누었다.

불행히도 내가 순례길을 걷는 동안에 카타리나 자매는 무리한 운동 탓에 심한 고통을 동반한 어깨 근육의 파열로 오랫동안 팔을 쓰

산티아고 까미노의 천사들

지 못하고 한동안 고생을 하다가, 사실 오늘부터 조금 나아져 움직일 수가 있었다는 것이다.

그녀와 거의 대화를 마칠 때쯤 해서, 처음 이곳에 도착하여 순례길에 불필요한 물건이라며 조언을 받아 맡겨둔 가이드북과 노트 등을 다시 돌려받고서야 아쉬움을 뒤로 한 채, 서로의 잠자리로 향했다.

'무사히 이곳에 도착할 수 있도록 인도하여 주시고, 보살펴주신 예수님과 성모님께 감사드립니다.'

방으로 돌아온 후, 오늘의 일들을 상기시키며 조용히 눈을 감은 채로 감사의 기도를 드렸다. 그리고 지금쯤 시차로, 아침일 것 같은 한국의 가족들에게 파리 도착의 무사귀환 소식을 전하고자 문자를 보내는 것을 마지막으로 잠을 청하였다.

희미하게 보이는 손목시계의 바늘이 새벽 2시를 가리키고 있음을, 서서히 내려앉는 눈꺼풀 사이로 보인다.

혼돈의 길

DAY+52 2018년 6월 28일(목) 맑음

Routes of Santiago de Compostela in France + 49days

Olivie House to Paris(CDG) 0.0㎞ / 786.0㎞

3.0 km

Olivie House   Paris(CDG)

　천천히 눈을 뜨자 기다렸다는 듯 햇살이 창문을 뚫고 나의 눈을 자극하기 시작한다. 밤새 침대에 의지하며 누웠던 허리를 세워 바른 자세를 취했다. 그리고 조용히 묵주기도를 시작했다. 이제는 마치 완전한 일상생활로 귀환이라도 한 듯한 기분이 든다. 순례길이 완전히 끝났음을 몸도 마음도 일찍이 감지하고 있었던 터이다.

　묵주기도를 마칠 때쯤 하여, 아침 식사를 하라는 카타리나 자매의 소리에 끝나지 않을 것 같던 기도를 멈출 수 있었다. 이제 막 요리를 끝냈는지, 손에서 고무장갑을 벗더니 나의 인기척을 느꼈는지 뒤돌아 반갑게 인사를 건네는 그녀다.

　"잘 주무셨어요?

　"늦잠을 주무시는 것 같아 일부러 깨우지 않았어요. 어서 식사하세요!"

그녀가 아침 식사로 내놓은 요리는 비빔밥이었다. 채를 썬 몇 가지 채소를 하얀 쌀밥에 올리고, 그 위로 달걀 프라이, 그리고 고추장을 듬뿍 담아낸 전형적인 한국의 비빔밥 모습 그 자체였다. 더욱이 구수하게 끓여낸 된장찌개까지, 그야말로 한국과 비교해 손색이 없을 정도의 비주얼을 자랑했다.

"자매님! 이거 비빔밥 아닙니까?"
"네, 한국 음식이 그리우실 것 같아 없는 솜씨 좀 부려보았어요!"
"입맛에 맞아야 할 텐데… 걱정이네요."
"무슨 말씀을요. 이렇게 맛있어 보이는 비빔밥을 얼마 만에 보는지 너무 감동적입니다."

솔직히 비빔밥이 나온 것도 감사할 일이지만, 순례길 이후 처음으로 맛보는 흰 쌀밥이 아닌가! 그녀의 배려에 감사 인사를 하고, 쓱쓱 비벼 한 숟가락 크게 떠서 입에 넣는 순간 그야말로 맛이 환상적이었다. 비빔밥 한 그릇에 가슴마저 찡해져 눈물이라도 날 것만 같았다.

"한국에서 먹는 비빔밥보다 훨씬 맛있습니다."

그러자 카타리나 자매님이 활짝 웃으며, "그래요. 형제님이 맛있게 드시니 저도 기분이 좋은데요!"라고 한다. 그동안 올리비에 하우스를 다녀간 순례자 중에서, 유일하게 나한테만 아침밥을 챙겨주었다고 하니, 얼마나 고마운지 몸 둘 바를 몰랐다.

그동안은 남편이 식사를 챙겨줬었는데, 오늘부턴 자기가 식사를 챙기게 되어, 특별히 준비해 본 것이라면서 맛있게 잘 먹어 줘서 고마워하는 그녀다.

귀국 항공시간까지는 아직은 여유가 있었던 터라, 비행기에 실을 수화물과 기내로 들고 갈 가방과 구별하여 미리 짐을 챙겨 두었다.

'이제 조금 후, 떠나면 되는구나!'

그리고 잠시 숙소 부근의 공원이나 산책하며, 파리에서의 마지막 여유를 누려 볼 참으로 오전 11경이 다되어 숙소를 나와 발걸음을 옮겼다.

가끔 TV에서 접했던 파리의 모습은 대기오염으로 시야가 탁하고, 금방이라도 비가 올 듯 흐린 하늘이었건만, 오늘은 구름 한 점 없는 청명한 하늘을 보여준다.

나무 그늘 밑 벤치에 앉아 조용히 묵주기도를 하였다. 그리고 시원한 바람을 살며시 맞으며, 넓은 공원 잔디의 풀 내음까지 맡으며 물끄러미 바라본다.

벤치에 나란히 앉아 있는 노부부의 다정한 모습, 유모차를 밀고 가는 엄마의 모습, 단체 소풍이라도 나온듯한 어린아이들의 행렬, 그사이를 조용히 대화를 나누며 산책하는 사람들, 언제부터 시작했는지 벌써 이마에 땀 구슬이 맺힌 운동하는 사람 그리고 한국에서는 상상도 할 수 없을 공원 잔디밭에 누워 선탠(suntan)을 즐기는 사람들까지, 저마다의 다양한 모습으로 자신의 시간을 여유롭게 즐기는 이들의 모습을 나무 그늘 벤치에 앉아 한참을 바라봤다.

'여유도 즐길 줄 아는 사람만 즐길 수 있나 보다!'

'평생을 가정과 일만 생각하며 살아온 세월 동안, 여유라는 단어는 그저 허황된 자의 꿈 정도로 생각했던 자신이었지 않았는가!'

'그리고 이제서야 자신을 위한 삶을 바라 볼만 하니, 내 나이 벌써 팔순에 가까워져 있구나!'

세차게 머리를 흔들며, 자리를 털고 일어났다. 공원 벤치에 가만히 앉아 여유로운 시간을 보내려 했던 의도와는 달리, 괜스레 생각만 복잡해져 더 이상 앉아 있을 수가 없었다.

'오늘 점심은 한인 식당을 찾아 한식을 먹어 볼까?'
순례 전 생장을 가기 위해, 이곳 올리비에 하우스에 잠시 머물렀을 때, 카타리나 자매가 맛집이라며 알려준 장소가 있어 그리로 가보았다.
하지만 그곳을 찾을 수 없었다. 순례 때나 지금이나 여전히 길 찾는 것에는 소질이 없나 보다. 하는 수 없이 발길을 돌려, 일전에 숙소 근처에서 발견한 한인 식당인 '정식당'을 찾았다. 어설픈 한국말을 구사하던 현지인 직원을 기억하고 있었다.

오늘 나의 점심 메뉴는 '돼지고기 두루치기'다. 식사를 하던 중 문득 든 생각이, '어쩌면 여기가 그녀가 말한 그곳이 아닐까?'라는 생각이 들기도 한다.
한국에서 먹던 맛과는 재료의 문제인지 뭐가 부족한 맛이지만, 한 끼 음식으로 먹기엔 그만이지 싶었다. 그렇게 점심까지 해결하고, 숙소로 돌아오던 시간이 오후 2시경을 달리고 있다.

저녁 9시발 파리공항 출발이라, 아직 시간적인 여유가 많았으나, 낯선 이곳에서 오래 머물러 있기보다, 공항 분위기도 파악할 겸해서 일찍 나서는 게 좋겠다는 판단에 서둘러 짐을 챙겼다.
"자매님! 저는 이만 가보겠습니다."
"그동안 신세 많이 졌네요. 편히 쉬고 갑니다."

"아~ 벌써 가시게요? 아직 시간이 많이 남았는데요?"

"공항에 미리 가서 쉬는 게, 마음이 편할 것 같아서요."

그리고 그동안, 그녀가 베풀어준 감사의 마음에, 그동안 순례길에서 사용하던 수지침 압봉을 그녀의 아픈 어깨 부위에 붙여주고선, 남은 여분을 사용하라며 건네주었다.

"그럼, 순례 완주 기념으로 공항버스 타는 곳까지 모셔다드릴게요!"

"아이고 감사합니다. 그럼, 거기까지만이라도 부탁드립니다."

그녀의 배려를 사양하는 것도 경우가 아닌 것 같아 흔쾌히 수락했다.

사실, 배낭 무게도 만만치 않은 데다, 뜨거운 햇볕 아래에서 2km 정도의 거리를 걷는다는 것이 결코 쉬운 일만은 아니었기에, 택시를 탈까 생각을 했었다. 그런 나에게 데려다주겠다니, 그녀의 고마움에 거절을 할 수 없어 그러라고 한 것이다.

그렇게 그녀의 차에 탑승한 지 얼마 되지 않아, 공항버스가 멈추는 몽파르나스 역에 도착했다.

"이제, 정말 작별인사를 해야겠군요. 그동안 감사했습니다."

"조심히 귀국하세요. 그리고 꼭 'CDG'로 가는 버스를 타세요."

마지막까지 안심이 안 되는지, 'CDG'로 가는 버스를 꼭 타라며 신신당부하는 그녀다.

"아이고~ 걱정하지 마세요."

"네, 그럼 이만 가보겠습니다."

정중히 고개까지 숙이며 인사를 한 그녀는, 이내 핸들을 돌려 집으로 돌아갔고, 이제 홀로 남은 난 버스 오기만을 기다렸다. 그리고 이내, 'CDG'라는 안내자막이 나오는 버스 한 대가 멈춰 서는 것을 확인하고 승차를 하려다, 문득 비아나에서의 일이 뇌리를 스치고 지나간다.

'음… 이걸 어쩌나?'

무거운 배낭을 아래 짐칸에 넣을지, 아니면 좌석 옆에 놓을지 망설이고 있는데, 도대체 버스 기사는 관심이 없다는 듯 딴청만 부린다. 뒤에서 차례를 기다리는 승객도 있고 해서, '에라, 모르겠다'며 좌석 옆에다 턱 하니 놓아 버렸다.

물론, 아무 일도 일어나지 않았고, 기사도 공항에 도착하는 때까지 전혀 관심이 없다는 듯 운전에만 온 신경이 집중했다. 약간의 정체 구간도 있었지만, 그럭저럭 이른 시간에 도착한 듯하다.

'역시, 일찍 나오기를 잘했어!'

그렇게 자신의 판단이 맞았음에 잠시 흐뭇해하며, 체크인을 위해 인포메이션 센터(Information Center)로 향했다. 인천공항으로 가는 항공편의 체크인 카운터의 위치를 확인하기 위해서다.

확실히 산티아고 데 콤포스텔라 공항과는 비교도 되지 않을 정도로, 굉장한 규모를 자랑하는 파리공항이다.

안내원에게 프린트된 '전자티켓(E-ticket)'을 보여주니, 친절히도 메모지에 체크인을 할 수 있는 카운터 번호를 적어 건네준다.

나의 체크인 번호는 '2E-11'였다. 오늘 집으로 돌아갈 수 있는 마지막 창구인 셈이다. 카운터 번호를 알았으니, 이제 찾을 일만 남았다. 하지만 그 또한 나에게는 쉬운 일이 아니었다.

우리의 인천공항처럼 잘 짜인 동선은 고사하고, 일단 너무 복잡하다는 생각뿐이다. 그리고 공항 내 이동 거리도 너무 멀 뿐만 아니라 안내표지판의 방향설정도 의문이 갈 정도로 나를 헷갈리게 한다. 그나마, 일찍 서두른 덕분에 시간의 여유가 많아 크게 당황하지 않은 게 얼마나 다행인지 모르겠다.

'아! 저기 있군!'

자그마치 삼십 여분 동안 주위를 헤매며 찾은 카운터다. 그런데 뭔가 이상하다. 여기가 그 안내원이 써준 카운터 번호가 맞는 것 같은데, 체크인하는 승객이 단 한 명도 보이지 않는다.

앞뒤 좌우를 아무리 둘러봐도 줄 서 있는 사람이 보이지 않아, 카운터에서 열심히 타자를 치는 직원에게 '전자티켓(E-ticket)'을 내밀어 보이니, 한참을 쳐다보고선, 'L-28'로 가라는 것이다.

'이런~.'

'L-28' 카운터로 가려면, 어떻게 가야 할지 알 수가 없었다. 낭패다. 조금의 당황함을 감추지 못한 채, 머뭇거리는 사이 누군가 내 옆으로 오더니 인사를 건네는 이가 있다. 그리고 따라오라고 손짓하며 모노레일 타는 곳까지 데려다주겠다는 것이 아닌가?

관광객으로 보이는 일반 승객인 듯한 흑인 아가씨인데, 언제부터 나를 주시했는지는 몰라도, 카운터 앞에서 어쩔 줄 몰라 하는 나의 모습을 발견하고 도움이라도 주고 싶은 마음에서 왔다고밖에는 달리 이해가 되지 않는다. 어쨌든, 모노레일을 찾아 타고서 이동을 해야 하는 나에게 얼마나 고마운 일인가.

"Thank you~ Thank you!"

어찌 된 영문인지는 몰라도, 도움을 받았으니 당연히 감사함의 인사는 하는 게 도리가 아니겠는가? 그렇게 무사히 모노레일을 타고 이동을 한 후, 변경된 카운터를 찾으니 다행히 대한항공이라 직원이 한국인이었다.

'아~ 이제 정말 안심이구나!'

그렇게 우여곡절 끝에 수화물 탁송 및 체크인을 끝내고 마지막인 검색대까지 빠져나오고 나니, 온몸의 기운이 빠져 축 처지는 느낌이다. 그리고 잠시 후, 배고픔과 갈증마저 밀려온다.

주머니를 뒤져보니 유로 지폐와 동전이 남았기에, 지폐는 한국에 귀국하면 환전하기로 하고, 남은 동전으로 샌드위치 한 개와 물 한 병을 사서 갈증과 허기짐을 채웠다.

'휴~ 우~'

이제 정말로 모든 준비를 끝내고, 비행기에 탑승할 차례만 기다리면 된다. 비행기 탑승시간까지는 아직 여유가 많아, 그동안 써 내려간 일기 메모를 검토하며 오늘의 이야기도 적어보았다.

주위를 둘러보니, 한국 사람이 대부분이다. 아마도 다들 나와 같은 항공편일 텐데…. 그러자 문득, 순례길에서 만난 이들이 생각났다. 순간, 혹시나 하는 마음에 세세히 살펴보았으나, 한 명도 보이지 않는다. 지금쯤, 다들 어디서 무얼 하고 있을까?

아직 순례길을 걷는 이도, 나보다 먼저 귀국한 이도 있을 텐데 말이다.

마침내, 기나긴 기다림에 부응이라도 한 듯, 비행기 탑승 수속이 시작되었다.

이제 곧, 비행기가 활주로를 벗어나 이륙을 하고 나면, 하늘에서 무려 11시간 이상을 비행할 것이다. 그리고 착륙을 하고 나면 한국 땅을 밟고 있을 자신과 마주할 것이다. 그러고 나면, 이제 나의 가슴과 기억 속에서만 존재할, 지나온 순례길의 여정일 테다.

삶의 길

DAY+53 2018년 6월 29일(금) 맑음

Routes of Santiago de Compostela in France + 50days

Paris(CDG) to Incheon 0.0㎞ / 786.0㎞

11.0 hour

Paris(CDG)　　　　　　　　　　　　　　　　　　　　　Incheon

　기나긴 기다림 속에서의 먼 여정을 떠나, 이제 곧 원래의 자리로 되돌아올 시간이 기다린다.

　오랜 장시간의 비행으로 기내의 희미한 취침 등 아래에서 대부분의 승객은 잠이 든 채로 저마다의 꿈을 꾸는 이 시간, 홀로 두 눈은 감았지만 정신만은 맑게 깨어 있는 상태로 기도를 드렸다.

　창밖으로 서서히 우리나라의 해협이 시야에 들어오고, 서해의 바다 냄새마저 코를 자극하는 듯하다. 곧, 착륙을 알리는 기내 안내방송이 흘러나오고, 긴 잠에서 깨어난 승객들이 일제히 기대와 설렘으로 가득 찬 환한 미소를 지으며 내릴 준비를 서두른다.

　드디어, 하늘에서 보낸 11시간 이상의 비행을 끝내고, 오후 3시 30분경 인천공항에 도착하였다.

비행하는 동안 잠시 꺼둔 휴대폰의 전원을 켜고서, 딸 루치아에게 무사히 도착했음을 문자로 알렸다. 그리고 이내 자동 출입국심사 게이트를 통과하여 수화물을 찾는 대기 장소로 발걸음을 향했다.

세계 1위의 공항서비스를 자랑하는 인천공항답게, 그 많은 수화물이 컨베이어 벨트를 따라 신속히 주인을 찾아갔다. 나의 배낭도 상처하나 없이 무사히 나의 품으로 돌아왔으니 얼마나 고마운지.

이제 마지막으로 세관 검색대를 통과하고 나면, 그리운 가족들을 만날 수 있는 것이다. 다행히 가족들과 함께 자축파티를 하며 마시려고 스페인에서 사 온 와인 두 병도 세관에서 전혀 문제가 되지 않아 무사히 통과했다. 이로써 계획했던 나의 스페인 산티아고 순례길을 완전한 무사고와 함께 마무리한 셈이다.

심장이 왜 이리도 두근거리고 손바닥에는 땀이 맺히는지 모르겠다. 저기 보이는 출국장의 게이트 너머에 순례길 내내 나를 걱정했고 애타게 기다리고 있는 아내 데레사와 아들 베드로, 딸 루치아의 모습이 아련히 보여 달려가고 싶은 충동을 느꼈다.

게이트를 나오자마자 반가운 마음에 서로를 포옹하며 그동안의 걱정과 불안을 떨쳐버렸다, 역시 가족밖에 없음을 다시 한 번 느끼는 순간이다.

"여보 고생했어요. 무사히 돌아오셔서 감사해요."

"아빠, 고생 많이 하셨죠? 얼굴이 너무 좋아 보이시네요."

나는 말없이 미소 지어 보이며, 가족들의 얼굴을 번갈아 바라보았다.

"이렇게 보니 너무 반갑고 좋구나. 그동안 다들 걱정 많이 했지? 가족들 덕분에 별 탈 없이 잘 돌아와서 나도 기쁘고 마음이 한결 편안하구나."

그리고 아내, 아들, 딸과 이 순간을 기억하며 다정하게 기념사진을 찍었다. 순례길을 간다고 가족들에게 처음 이야기했을 때, 그 누구보다 반대했던 나의 가족들, 그리고 결국 순례길에 올랐을 때 가장 응원을 해주던 나의 가족들이다.

"애들아, 이제 어서 집으로 가자꾸나!"
50여 일간의 여정 동안 늘 나와 함께 했던 그 배낭을 이제는 주차장까지 가는 짧은 시간이지만 아들이 짊어지고 간다.
'어떤 기분일까? 지금 나의 무거운 배낭을 지고 있는 아들의 마음은?'
'아버지가 그 배낭을 지고 뜨겁게 내리쬐는 햇볕 아래서, 도무지 끝도 보이지도 않는 길을, 숱한 시간과 싸우며 걸어가야만 했던, 그 지난날의 여운을 조금이라도 이해하고 느낄 수 있을까?'
솔직히, 조금이나마 그래 주기를 간절히 바라본다.
한 시간 정도 차로 달려 드디어 집에 도착했다. 그렇게도 오고 싶었던, 꿈속에서라도 간절히 돌아가고 싶었던 나의 집이다. 문을 열고 현관을 들어서니, 평소엔 몰랐지만 이렇게 넓은 공간이었는지 새삼 느껴진다.
그리고 문득, 아침에는 파리의 올리비에 하우스에 있었던 것 같은데, 지금은 한국의 나의 집에 있다는 사실이 마치 그곳과 이곳이 이웃집 정도의 거리에 있었나 싶은 착각을 불러일으키고 있었다.
나의 산티아고 순례길의 여정은 이렇게 막을 내렸지만, 순례길 이후 그 길에서 생각하고 느꼈던 감정, 그리고 깨달음을 통한 나의 제2의 인생의 순례길은 이제부터 시작이다.

에필로그

순례

길을

마치

며

나는 이 글을 쓰면서 성취감과 자신감을 갖게 되었고, 그동안 쌓였던 많은 응어리가 치유되면서 정신적 육체적으로 건강이 회복되었다. 지나온 내 인생을 되돌아보면 잘한 것보다는, 잘못한 것이 더 많은 것을 알 수 있었고, 살아온 길이 결코 불행의 길이 아니었고, 행복했던 삶이었음을 깨달을 수 있었다.

순례길에서 내가 헤맬 때마다 막힘없이 해결된 것은 처음부터 끝까지 함께 하시어 순례를 할 수 있도록 천사들을 보내 주시고 보살펴 주시었기에 무사히 마칠 수 있었다고 단언하고 싶었다, 나의 능력이 아닌 오직 주님의 이끄심이라고 감히 말할 수 있고, 이렇게 새 삶의 인생을 살아갈 수 있도록 이끌어 주신 하느님께 찬미와 감사를 드린다.

나는 글을 쓰는 작가는 아니지만 산티아고 순례길을 걸으며 느낀 것을 기록하면서 오히려 은총을 더 많이 받았다. 그것은 이 순례길을 걸으며 묵상하고 회개하면서 나의 내면을 발견할 수 있었고 나의 내외적 갈등이 치유될 수 있었기 때문이다. 그러기에 순례길은 걷기만 하는 길이 아닌, '치유와 은총'을 주시는 길은 아닐까 하는 생각도 들었다.

"항상 기뻐하십시오, 늘 기도하십시오, 어떠한 처지에서도 감사하십시오, 이것이 그리스도 예수를 통해서 보여 주신 하느님의 뜻입니다(1데살 5.16~18)."라는 성인의 말씀처럼 세상을 긍정적인 시선으로 바라보고, 매사를 기쁘게 받아들이며, 늘 기도하고 봉사하면서 살아가고자 다짐해 본다.

더불어 순례길에 많은 기도와 격려를 해주신 모든 분에게 감사를 드리며 한 분 한 분 기억하고 싶다.

사랑하는 가족들, 청담동 성당 상아의보탑 레지오 단원들, 가톨릭 수지침봉사회 청담동 성당 봉사자들, 순례길을 위해 동기부여와 협조해 주신 신 토마스 형제, 격려해주신 안나 재단 이사장 홍 프란치스코 형제, 처음부터 끝까지 순례방법을 안내해주고 이 책을 쓰도록 도와준 허재훈 씨, 천안의 문 프란치스코, 프란치스카 부부, 부천의 김정은 양, 수원의 김 프란치스코·안젤라 부부, 순례길에서 같이 걸으며 책을 쓰도록 독려해주신 불광동 성당 이 바실리오 형제와 에밀레 자매, 창원 월영 성당 이 요셉 형제, 대전의 배로니카 자매, 김천 황금성당 베로니카 자매, 파리 올리비에 하우스 카티리나 자매와 태릉에 산다는 최하나 씨, 그리고 특히 내가 극심한 통증으로 고통받고 있을 때 통역과 병원수속을 제 일처럼 도와주었던, 나의 생명의 은인인 호주교포 윌리암박 선생과 그 통증을 무료로 치료해주신 부르고스 대학병원 담당 의사 선생님과 간호사 그리고 순례자들을 배려해주는 스페인 정부 당국에도 깊은 감사를 드리며, 이들 모두에게 하느님의 은총과 평화와 행복이 늘 함께하기를 기도드린다.

나는 깨달았네,

왜 그토록 산티아고 순례를 하도록

초지일관(初志一貫) 굽히지 않고,

강행토록 이끌어 주시었는지를…,

지난날을 반추하며 깊이 묵상하고 반성하여,

고통을 통해서 그동안의 삶이 얼마나 행복했는지를,

그리고 지금도 행복한지를 깨달아,

비록 한때의 실수로 많은 것을 잃고 방황했지만,

이제부터 정화된 심신으로 지난 것에 연연하지 아니하고,

긍정적인 마음가짐으로,

여생을 은인들에게 보은하는 마음으로 봉사하면서,

건강하고 평화 누리며 행복하게 살아가라는

하느님께서 계시해주신 은총이라고….

순례 일정

2018년 5월 7일~2018년 6월 29일

차수	날짜	요일	출발	도착	km day	km Total
0	5.7	월	인천공항	파리 CDG 공항	0	0
0	5.8	화	파리 CDG 공항	올리비에 하우스	0	0
0	5.9	수	올리비에 하우스		0	0
0	5.10	목	올리비에 하우스	Saint Jean Pied de Port	0	0
1	5.11	금	Saint Jean Pied de Port	Orisson	8	8
2	5.12	토	Orisson	Orreaga/Roncesvalles	17	25
3	5.13	일	Orreaga/Roncesvalles	Zubiri	23	48
4	5.14	월	Zubiri	Pamplona	20.5	68.5
5	5.15	화	Pamplona	Uterga	17.5	86
6	5.16	수	Uterga	Villatuerta	26	112
7	5.17	목	Villatuerta	Los Arcos	26	138
8	5.18	금	Los Arcos	Viana/Logrono	28.5	166.5
9	5.19	토	Logrono	Navarrete	13	179.5
10	5.20	일	Navarrete	Azofra	24	203.5
11	5.21	월	Azofra	SantoDomingo de la Calzada	15.5	219
12	5.22	화	Terradillos de los Templarrios	Villamayor del rio	18	237
13	5.23	수	Villamayor del rio	San Juan de Ortega	29.5	266.5
14	5.24	목	San Juan de Ortega	Burgos	26.5	293
15	5.25	금	Burgos		0	293
16	5.26	토	Burgos		0	293
17	5.27	일	Burgos	Hornillos del Camino	21.5	314.5
18	5.28	월	Hornillos del Camino	Castrojeriz	21	335.5
19	5.29	화	Castrojeriz	Fromista	25.5	361
20	5.30	수	Fromista	Carrion de los Condes	19.5	380.5
21	5.31	목	Carrion de los Condes	Terradillos de los Templarrios	27	407.5

산티아고 까미노의 천사들

차수	날짜	요일	출발	도착	km	
					day	Total
22	6.1	금	Terradillos de los Templarrios	Bercianos del Real Camino	24	431.5
23	6.2	토	Bercianos del Real Camino	Mansilla de las Mulas	26.5	458
24	6.3	일	Mansilla de las Mulas	Leon	18	476
25	6.4	월	Leon	San Martin del Camino	26	502
26	6.5	화	San Martin del Camino	Astorga	21.5	523.5
27	6.6	수	Astorga	Foncebadon	25	548.5
28	6.7	목	Foncebadon	Ponferrada	27	575.5
29	6.8	금	Ponferrada	Villafranca del Bierzo	22.5	598
30	6.9	토	Villafranca del Bierzo	La Faba	25	623
31	6.10	일	La Faba	Triacastela	27.5	650.5
32	6.11	월	Triacastela	Sarria	18.5	669
33	6.12	화	Sarria	Portomarin	23	692
34	6.13	수	Portomarin	Palas de Rei	25	717
35	6.14	목	Palas de Rei	Arzua	29.5	746.5
36	6.15	금	Arzua	O Pedrouzo	19.5	766
37	6.16	토	O Pedrouzo	Santiago de Compostela	20	786
38	6.17	일	Santiago de Compostela			
39	6.18	월	Santiago de Compostela	FATIMA 성모님 발현지		
40	6.19	화	FATIMA 성모님 발현지			
41	6.20	수	FATIMA 성모님 발현지	Santiago de Compostela		
42	6.21	목	Santiago de Compostela			
43	6.22	금	Santiago de Compostela	Finisterre		
44	6.23	토	Finisterre	Muxia		
45	6.24	일	Muxia	Santiago de Compostela		
46	6.25	월	Santiago de Compostela			
47	6.26	화	Santiago de Compostela			
48	6.27	수	Santiago 공항	파리공항. 올리비에 하우스		
49	6.28	목	올리비에 하우스	파리 CDG 공항(2T)		
50	6.29	금	파리 CDG 공항(2T)	인천공항(2T)		

apitulum huius Almae Apostolicae et Metropolitanae Ecclesiae Compostellanae, sigilli Altaris Beati Iacobi Apostoli custos, ut omnibus Fidelibus et Peregrinis ex toto terrarum Orbe, devotionis affectu vel voti causa, ad limina SANCTI IACOBI, Apostoli Nostri, Hispaniarum Patroni et Tutelaris convenientibus, authenticas visitationis litteras expediat, omnibus et singulis praesentes inspecturis, notum facit: HOMINEM

Jung WOON Su

hoc sacratissimum templum, perfecto Itinere sive pedibus sive equitando post postrema centum milia metrorum, birota vero post ducenta, pietatis causa, devote visitasse. In quorum fidem praesentes litteras, sigillo eiusdem Sanctae Ecclesiae munitas, ei confert.

Datum Compostellae die 16 mensis Junii anno Dni 2018

Segundo L. Pérez López
Decanus S.A.M.E. Cathedralis Compostellanae

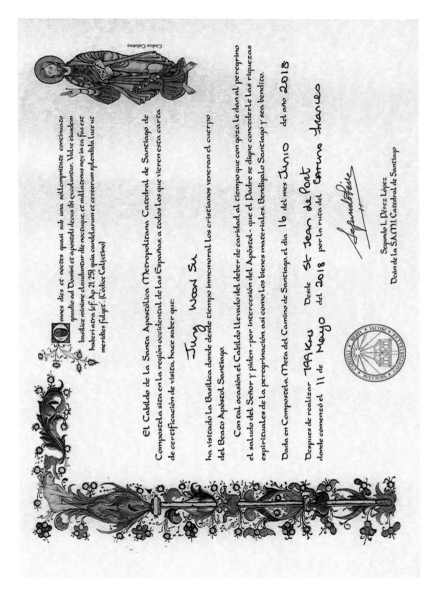

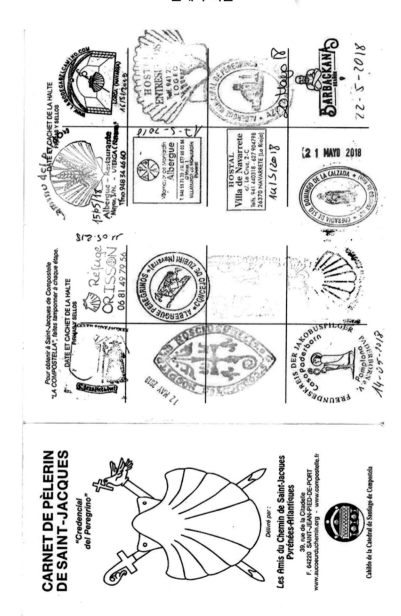

산티아고 까미노의 천사들